中国社会科学院俄罗斯东欧中亚研究所
中国社会科学院"一带一路"研究中心
中国社会科学院上海合作组织研究中心

"一带一路"高质量发展

High–quality development of
the Belt and Road initiative:
understandings, practices and prospects

认识、实践与前景

孙壮志 等 著

人民出版社

编委会名单

主　　编：孙壮志
副 主 编：李振利
执行主编：郭晓琼

编委会成员（按姓名字母顺序）：

白云真	冯绍雷	高际香	高晓慧	郭晓琼	韩　璐
胡　冰	蒋　菁	李丹琳	李向阳	李振利	林跃勤
刘华芹	刘　乾	农雪梅	牛义臣	孙壮志	王晨星
韦进深	邢广程	徐　刚	许　涛	于树一	张昊琦
张红侠	赵会荣	郑雪平			

目　录

认 知 篇

实 践 篇

前 景 篇

代序：人类社会只有联动发展才能命运与共

于洪君

2023 年是习近平主席提出"一带一路"国际合作倡议 10 周年。2023 年10 月，第三届"一带一路"国际合作高峰论坛将在北京举行。值此重要时刻，中国社科院俄罗斯东欧中亚研究所所长孙壮志领衔撰写的《"一带一路"高质量发展：认识、实践与前景》，将由人民出版社付梓发行。由于我亦长期关注并且也在持续研究"一带一路"问题，孙壮志同志希望我为本书问世写几句话。考虑到这是一个向同行学习的极好机会，我通览书稿后，深受启迪，因而欣然从命。

我们都记得，2013 年 9—10 月间，习近平主席以中华人民共和国新任国家元首的身份，对中国的两个重要邻国——中亚的哈萨克斯坦和东南亚的印度尼西亚，进行了意义非凡、影响深远的历史性访问。

在位于哈萨克斯坦首都阿斯塔纳的纳扎尔巴耶夫大学，习近平主席立足中哈两国关系，放眼整个欧亚大陆，高屋建瓴地阐述了这样一个重要思想："为了使我们欧亚各国经济联系更加紧密、相互合作更加深入、发展空间更加广阔，我们可以用创新的合作模式，共同建设'丝绸之路经济带'"。他表示："这是一项造福沿途各国人民的大事业"，我们可以从几个方面"先做起来，以点带面，从线到片，逐步形成区域大合作"。

在东南亚国家联盟总部所在地即印度尼西亚首都雅加达，习近平主席在该国议会发表演说时强调指出："东南亚地区自古以来就是'海上丝绸之路'

1

的重要枢纽。中国愿同东盟国家加强海上合作,使用好中国政府设立的中国—东盟海上合作基金,发展好海洋合作伙伴关系,共同建设 21 世纪'海上丝绸之路'"。

当年 10 月,新中国成立以来的首次周边外交工作座谈会在北京举行。习近平总书记在会上阐明了新时期我国周边外交的基本方针和主要任务。他强调:在争取实现中华民族伟大复兴、全面发展同周边国家关系的过程中,我们"要同有关国家共同努力,加快基础设施互联互通,建设好丝绸之路经济带、21 世纪海上丝绸之路"。

自那时起,倡导并全力推动"一带一路"国际合作,成为中国共产党既为本国人民谋复兴、又为人类社会谋大同的又一战略性举动,成为中华民族既与世界各国同行、又与时代发展同步的又一历史性抉择。中国与欧亚各国共建"丝绸之路经济带"、与东南亚各国共建"21 世纪海上丝绸之路"的两大构想和主张,在国内外获得了"一带一路"的美称。"一带一路"倡议,不但引起了周边国家和国际社会的广泛关注,同时也促进了世界经济发展、国际贸易秩序和全球治理格局的急速变革。

从那时起,探寻"一带一路"动因、追踪"一带一路"进程、参与"一带一路"合作、研究"一带一路"走势,成为史无前例且经久不衰的国际现象。中国为推进"一带一路"国际合作稳步发展、包容发展、持久发展而发起成立亚洲基础设施投资银行,得到广大发展中国家和部分发达国家积极响应,就是一个鲜明例证。

也正因为如此,曾经担任过泰国副总理、世界贸易组织(WTO)总干事、联合国贸易和发展会议秘书长的素帕猜先生一语道破真谛:"一带一路"倡议根据互相同意、集体协商和利益分享原则,为发展合作开辟一条新的道路。此外,素帕猜先生还极富先见地指出:"一带一路"不但可以构建以发展为主导的包容性全球化,缺乏"仁爱"的全球治理也亟须"一带一路"倡议。

2015 年 3 月,中国有关部门受政府委托,发表了有关"一带一路"建设的白皮书。这份重要文件详细地阐明了"一带一路"倡议提出的时代背景、主要任务、行为准则、努力方向。全力推动"一带一路"国际合作，作为新时代我们党和国家所承担的光荣而艰巨的历史使命，载入了中国共产党的章程和中华人民共和国宪法，并且多次写入党的重要会议文件和政府工作报告。

在实践中，我们推动共建"一带一路"、拓展和深化新型国际合作，始终着眼于"五通"，即政策沟通、设施联通、贸易畅通、资金融通和民心相通。实现"五通"所遵循的指导原则，始终是"共商""共建""共享"。建设"六大经济走廊"，即中蒙俄、新亚欧大陆桥、中国—中亚—西亚、中国—中南半岛、中巴、孟中印缅经济走廊，则是"一带一路"国际合作全面推进的首要着力点。

当然，随着时间的推移和实践的发展，无论中国自身还是国际社会，有关"一带一路"的理解和认知都在不断升级，对于"一带一路"国际合作的需要，更是不断拓展和深化。"一带一路"国际合作的地理范围，很快从中国周边延伸到全世界各个角落。从中亚、东南亚、东北亚、南亚、西亚到广袤的南太平洋，从非洲、拉美到欧洲乃至北美大陆，"一带一路"项目无处不有，"一带一路"成果无处不在。"产能合作""中欧班列""本币互换""跨境园区""电子商务""绿色发展""智慧城市""数字经济"等新合作方式、新经济业态，以及新经济走廊建设、公共卫生合作、人力资源合作、第三方合作，都被纳入"一带一路"国际合作进程中来。

10 年来，时光荏苒，岁月如歌。无论国际舞台如何风云变幻，世界格局怎样深刻重组，中国倡导和推进"一带一路"国际合作的努力从未止歇。中国与合作伙伴共建"一带一路"的成就，举世公认，经验有口皆碑。到 2023 年 8 月底，世界上已有 150 多个国家、30 多个国际组织和机构，与中国政府或政府有关部门签署了"一带一路"国际合作文件。共建"一带一路"的原则和目标，不仅连续成为上海合作组织、金砖国家的主要会议议题，同时还多次载入联合国大会等国际组织与机构的相关文件。

如今，国内外有关"一带一路"国际合作的研究成果和学术论著已经浩如烟海，拥有不同政治文化背景和不同价值观取向的专家学者，见仁见智。我认为，"一带一路"作为当代中国贡献给人类社会的一件最大公共产品，不是中国的"独角戏"或"独奏曲"，而是国际社会的"大合唱"和"交响乐"。中国倡导和推动"一带一路"国际合作，不是构建"以我为主""独有独享"的地缘政治小圈子，而是要以自己的发展带动世界的发展，以独具一格的中国方案、中国方式、中国方向，带动和引领新一轮经济全球化，为人类共同发展和进步注入新动能。

实践已充分证明并将继续证明，中国倡导并推动"一带一路"国际合作，不仅给参与合作的伙伴国带来了许多有目共睹的物质成果，诸如现代化交通设施、新型工业园区和高水平的文教卫生项目，拉动了广大发展中国家即全球南方国家的贸易繁荣、投资增长、就业改善、民生向好、社会稳定，同时还极大地冲击了西方主导的旧的世界经济关系，打破了丛林法则条件下、强权政权环境中以大欺小、以强凌弱、以富暴贫的旧国际格局和国际秩序。其主要表现是：

首先，"一带一路"框架下的广泛经济合作，为新一轮经济全球化开辟了新路径、新前景。2008年国际金融危机爆发后，西方国家的保守主义、孤立主义、单边主义逆势来袭，反全球化、反区域一体化的排外风潮和社会运动日甚一日。作为人类社会经济活动必然产物和发展方向的全球化进程，遭遇到了前所未有的困难、挑战和挫折。中国提出并全力推动的"一带一路"倡议，秉持义利并重、以义为重的崇高理念，完全符合世界发展潮流，也完全适应时代进步需要。这样的国际合作，为国际社会，首先是全球南方国家，提供了共同发展、联动发展、互利发展、融合发展的新方向。从本质上说，这就为经济全球化启航确定了新方向、开辟了新里程。

其次，"一带一路"为人类社会破解共同发展难题提供了新选择、新方案。当今时代，无论任何国家和民族，都必须将发展作为繁衍生存并走向未来的首要前提。但由于历史文化背景和社会制度选择千差万别，不同国家与民族的发展路径和结果往往大相径庭。与此相关联的理念与政策之争，通常持续不已。中国倡导并大力推进的"一带一路"国际合作，不仅为中国自身更好地利用两种资源、两个市场，实现国内外两个循环相互促进打开新思路，更重要的是为世界各国实现发展战略、区域规划、政策法规、管理方式、安全标准乃至机制体制广泛对接注入新动能，为人类社会共同解决合理发展、均衡发展、可持续发展问题积累了新经验。

最后，"一带一路"为世界各国互学互鉴、人类文明共存共荣树立了新标杆和新范式。人类社会从来都是充满矛盾和冲突的对立统一体。处于不同发展阶段并具有不同表现形态的人类文明，既彼此区别又相互影响。中国在倡导和推动"一带一路"国际合作的过程中，旗帜鲜明地提出了不同于西方"文明冲突论"和"文明对立说"的新型文明观。这种文明观强调，文明多元平等是人类社会的基本特征，也是世界进步的动力源泉；文明没有高低优劣之分，只有时代区域之别；文明差异不应成为世界冲突的根源，而应成为人类共同进步的动力。基于这样的文明观，中国推动构建"一带一路"，既不输出价值观体系也不输出治理模式；既不强人所难也不勉为其难。我们的目的，就是要推动各国人民携手并肩，风雨同舟，坚持走相互依存、安危与共、繁荣与共的命运共同体之路。

2017 年 5 月，中国成功地举办了首届"一带一路"国际合作高峰论坛。包括中国在内的 29 位国家元首、政府首脑以及联合国秘书长等 140 多个国家、80 多个国际组织的 1600 多名代表出席了此次论坛。论坛期间达成的 5 大类、76 个大项和 270 多项具体成果，彰显了"一带一路"国际合作的巨大潜力和光明前景。习近平主席在论坛开幕式上指出，历史积淀下来的"和平合作、开放包容、互学互鉴、互利共赢"的丝路精神，"这是人类文明的宝贵遗产"。他庄严地呼吁和号召国际社会，在这个挑战频发的世界，我们要将"一带一路"建成"和平之路""繁荣之路""开放之路""创新之路""文明之路"。

2019 年 4 月，中国举办了第二届"一带一路"国际合作高峰论坛，同时举办的还有来自世界各地的"一带一路"企业家大会。会议期间形成的最终成果共 6 大类 283 项，同时还发布了《廉洁丝绸之路北京倡议》《"创新之路"合作倡议》《绿色投资指导原则》等重要文件。"一带一路"国际合作"应潮流、得民心、惠民生、利天下"的本质属性得到越来越广泛的认可。习近平主席向国际社会宣告：中国愿同各方一道，"以绘制'工笔画'的精神，共同推动'一带一路'合作走深走实、行稳致远、高质量发展，开创更加美好的未来。"

2023 年 10 月召开的第三届"一带一路"国际合作高峰论坛，不仅是本年度中国主场外交的一个最重大举动，同时也是本年度国际事务的一个最具影响力的大事件。通过这次盛会，我们不但会更加全面地总结"一带一路"国际合作的成果与经验，同时还会擘画人类社会这一旷世伟业的美好未来。

孙壮志先生和他的团队以及本书作者，从不同角度，对"一带一路"国际合作的现状与前景进行了全面而深入地分析，并对"一带一路"国际合作面临的新机遇和新挑战进行了客观而系统的梳理。我相信，这本书的问世，一定会进一步丰富我们对"一带一路"国际合作的了解和认知，为"一带一路"国际合作提供不可多得的理论支持和智力贡献。

2023 年 9 月

认 知 篇

高质量共建"一带一路"①

习近平总书记关于推进"一带一路"建设的重要论述是习近平经济思想的重要组成部分。2013 年秋,习近平总书记提出了共建丝绸之路经济带和 21 世纪海上丝绸之路重大倡议。"一带一路"倡议顺应时代潮流,秉持共商共建共享原则,弘扬开放包容、互学互鉴的精神,坚持互利共赢、共同发展的目标,奉行以人为本、造福于民的宗旨。经过多年努力,"一带一路"建设成果丰硕。共建"一带一路"正在成为我国参与全球开放合作、改善全球经济治理体系、促进全球共同发展繁荣、推动构建人类命运共同体的中国方案。

一、重大意义

世界多极化、经济全球化、文化多样化、社会信息化深入发展,人类社会充满希望。同时,国际形势的不稳定性不确定性更加突出,世界经济缓慢复苏、发展分化,国际投资贸易格局和多边投资贸易规则酝酿深刻调整,各国面临的发展问题依然严峻。新一轮科技革命和产业变革正在重构全球创新版图、重塑全球经济结构。

共建"一带一路"顺应了经济全球化的历史潮流,顺应了各国特别是广大发展中国家对促和平、谋发展的愿望。"一带一路"建设有利于沿线各国发挥

---

① 作者:孙壮志,中国社会科学院俄罗斯东欧中亚研究所所长、中国社会科学院习近平新时代中国特色社会主义思想研究中心研究员;郭晓琼,中国社会科学院俄罗斯东欧中亚研究所研究员,中国社会科学院习近平新时代中国特色社会主义思想研究中心研究员。

自身优势，破解发展难题。共建"一带一路"顺应了全球治理体系变革的内在要求，彰显了同舟共济、权责共担的命运共同体意识，为完善全球治理体系变革提供了新思路新方案。作为世界第二大经济体，中国愿意在力所能及的范围内承担更多责任义务，为人类和平发展作出更大的贡献。

对我国来说，首先，共建"一带一路"顺应了我国对外开放区域结构转型的需要。共建"一带一路"推动我国开放空间从沿海、沿江向内陆、沿边延伸，形成陆海内外联动、东西双向互济的开放新格局。其次，顺应了我国要素流动的需要。近年来，我国对外投资规模不断扩大、效益不断提升，已经出现了市场、资源能源、投资"三头"对外深度融合的新局面，只有坚持对外开放，深度融入世界经济，才能实现可持续发展。最后，顺应了我国加快实施自由贸易区战略的需要。加快实施自由贸易区战略是一项复杂的系统工程，要加强顶层设计、谋划大棋局，既要谋子更要谋势，逐步构筑起立足周边、辐射"一带一路"、面向全球的自由贸易区网络，积极同"一带一路"沿线国家和地区商建自由贸易区，使我国与沿线国家合作更加紧密、往来更加便利、利益更加融合。

共建"一带一路"旨在促进经济要素有序自由流动、资源高效配置和市场深度融合，推动沿线各国实现经济政策协调，开展更大范围、更高水平、更深层次的区域合作，共同打造开放、包容、均衡、普惠的区域经济合作架构。推进"一带一路"建设既是中国扩大和深化对外开放的需要，也是加强和亚欧非及世界各国互利合作的需要。正如习近平总书记强调的，中国提出"一带一路"倡议，就是要为国际社会搭建合作共赢新平台。这个倡议源自中国，属于世界，始终秉持共商共建共享原则，致力走出一条和平、繁荣、开放、绿色、创新、文明之路，为各参与国带来新的发展机遇。

二、丰富内涵

共建"一带一路"本着和平合作、开放包容、互学互鉴、互利共赢的丝路精神推进合作,为世界经济增长开辟了新空间,为国际贸易和投资搭建了新平台,为完善全球经济治理拓展了新实践,为增进各国民生福祉作出了新贡献,成为共同的机遇之路、繁荣之路。

弘扬开放包容、互学互鉴精神。习近平总书记指出,弘扬丝路精神,就是要促进文明互鉴。古代丝绸之路是一条贸易之路,更是一条友谊之路。在中华民族同其他民族的友好交往中,逐步形成了以和平合作、开放包容、互学互鉴、互利共赢为特征的丝绸之路精神。在新的历史条件下,我们提出"一带一路"倡议,就是要继承和发扬丝绸之路精神,把我国发展同沿线国家发展结合起来,把中国梦同沿线各国人民的梦想结合起来,赋予古代丝绸之路以全新的时代内涵。文明因交流而多彩,文明因互鉴而丰富。文明交流互鉴,是推动人类文明进步和世界和平发展的重要动力。"一带一路"倡导推动不同文明相互尊重、和谐共处,让文明交流互鉴成为增进各国人民友谊的桥梁、推动人类社会进步的动力、维护世界和平的纽带;倡导从不同文明中寻求智慧、汲取营养,为人们提供精神支撑和心灵慰藉,携手解决人类共同面临的各种挑战。弘扬丝路精神,就是要尊重道路选择。一个国家的发展道路合不合适,只有这个国家的人民才最有发言权。不能要求有着不同文化传统、历史遭遇、现实国情的国家都采用同一种发展模式。各国体量有大小、国力有强弱、发展有先后,但都是国际社会平等的一员,都有平等参与地区和国际事务的权利。"一带一路"倡议坚持相互尊重、平等相待,尊重各国自主选择的社会制度和发展道路,尊重彼此核心利益和重大关切,客观理性看待别国发展壮大和政策理念,努力求同存异、聚同化异。

坚持互利共赢、共同发展目标。习近平总书记提出,中国追求的是共同发展。我们既要让自己过得好,也要让别人过得好。中华民族历来注重敦亲睦邻,讲信修睦、协和万邦是中国一以贯之的外交理念。中国倡导的新机制新倡议,不是为了另起炉灶,更不是为了针对谁,而是对现有国际机制的有益补充和完善,目标是实现合作共赢、共同发展。中国对外开放,不是要一家唱独角戏，而是要欢迎各方共同参与；不是要谋求势力范围，而是要支持各国共同发展；不是要营造自己的后花园，而是要建设各国共享的百花园。

秉持共商共建共享原则。共商，就是集思广益，好事大家商量着办，使"一带一路"建设兼顾各方利益和关切，体现各方智慧和创意。共建，就是各施所长，各尽所能，把各方优势和潜能充分发挥出来，聚沙成塔，积水成渊，持之以恒加以推进。共享，就是让建设成果更多更公平惠及各国人民，打造利益共同体和命运共同体。这一倡议的初衷和要实现的最高目标，就是在"一带一路"建设国际合作框架内，各方秉持共商共建共享原则，携手应对世界经济面临的挑战，开创发展新机遇，谋求发展新动力，拓展发展新空间，实现优势互补、互利共赢，不断朝着人类命运共同体方向迈进。

坚持正确义利观。推进"一带一路"建设，要处理好我国利益和沿线国家利益的关系，政府、市场、社会的关系，经贸合作和人文交流的关系，对外开放和维护国家安全的关系，务实推进和舆论引导的关系，国家总体目标和地方具体目标的关系。"一带一路"建设不仅仅着眼于我国自身发展，更要以我国发展为契机，让更多国家搭上我国发展快车，帮助他们实现发展目标。要坚持正确义利观，以义为先、义利并举，不急功近利，不搞短期行为。推进"一带一路"建设，要诚心诚意对待沿线国家，做到言必信、行必果。要本着互利共赢的原则同沿线国家开展合作，让沿线国家得益于我国发展。要实行包容发展，坚持各国共享机遇、共迎挑战、共创繁荣。"一带一路"沿线国家国情和发展阶段不同，文化上也存在差异，共处时必须相互尊重、包容差异，共事时必须帮贫扶弱、均衡发展。"一带一路"建设是沿线各国共同的事业，需要大家一起努力，合作好、发展好、分享好。

三、基本路径

"一带一路"倡议顺应了时代要求和各国加快发展的愿望，提供了一个包容性巨大的发展平台,具有深厚历史渊源和人文基础,能够把快速发展的中国经济同沿线国家的利益结合起来。习近平总书记在 2014 年 11 月 4 日中央财经领导小组第八次会议上强调,要做好"一带一路"总体布局,尽早确定今后几年的时间表、路线图,要有早期收获计划和领域。推进"一带一路"建设要抓落实,由易到难、由近及远,以点带线、由线到面,扎实开展经贸合作,扎实推进重点项目建设,脚踏实地、一步一步干起来。

积极推动互联互通。习近平总书记强调,我们希望同"一带一路"沿线国家加强合作,实现政策沟通、设施联通、贸易畅通、资金融通、民心相通,共同打造开放合作平台,为地区可持续发展提供新动力。共建"一带一路",关键是互联互通。我们要建设的互联互通,不仅是修路架桥,不光是平面化和单线条的联通,而更应该是基础设施、制度规章、人员交流三位一体,应该是政策沟通、设施联通、贸易畅通、资金融通、民心相通五大领域齐头并进。这是全方位、立体化、网络状的大联通,是生机勃勃、群策群力的开放系统。要打造全方位的互联互通,推动形成基建引领、产业集聚、经济发展、民生改善的综合效应。

明确推进"一带一路"建设的要求。在推进"一带一路"建设方面,要切实推进规划落实,重点支持基础设施互联互通、能源资源开发利用、经贸产业合作区建设、产业核心技术研发支撑等战略性优先项目。要切实推进统筹协调,坚持陆海统筹、内外统筹,加强政企统筹,鼓励国内企业到沿线国家投资经营,也欢迎沿线国家企业到我国投资兴业。要切实推进关键项目落地,实施好一批示范性项目,让有关国家不断有实实在在的获得感。要切实推进金融创新,打造多层次金融平台,建立服务"一带一路"建设长期、稳定、可持续、风险可控的金融保障体系。"一带一路"建设既要确立国家总体目标,也要发挥地方积极性。地方的规划和目标要符合国家总体目标,服从大局和全局。要把主要精力放在提高对外开放水平、增强参与国际竞争能力、倒逼转变经济发展方式和调整经济结构上来。要立足本地实际,找准位置,发挥优势,取得扎扎实实的成果，努力拓展改革发展新空间。

确定与沿线各国共建"一带一路"的重点方向。"一带一路"沿线国家市场规模和资源禀赋优势明显，互补性强，潜力巨大，前景广阔。要把握历史机遇，应对各种风险挑战，推动"一带一路"建设向更高水平、更广空间迈进。构建"一带一路"互利合作网络，在自愿、平等、互利原则基础上，携手构建务实进取、包容互鉴、开放创新、共谋发展的"一带一路"互利合作网络。共创"一带一路"新型合作模式，以"一带一路"沿线各国发展规划对接为基础，以贸易和投资自由化便利化为纽带，以互联互通、产能合作、人文交流为支柱，以金融互利合作为重要保障，积极开展双边和区域合作。打造"一带一路"多元合作平台，推动各国政府、企业、社会机构、民间团体开展形式多样的互利合作，增强企业自主参与意愿，吸收社会资本参与合作项目，共同打造"一带一路"沿线国家多主体、全方位、跨领域的互利合作新平台。推进"一带一路"重点领域项目，大力推进六大国际经济合作走廊建设，开办更多产业集聚区和经贸合作区，抓好重点领域合作。

根据形势变化不断扩展合作领域。稳妥开展健康、绿色、数字、创新等新领域合作，培育合作新增长点。着力深化环保合作，践行绿色发展理念，加大生态环境保护力度，携手打造"绿色丝绸之路"。着力深化医疗卫生合作，加强在传染病疫情通报、疾病防控、医疗救援、传统医药领域互利合作，携手打造"健康丝绸之路"。着力深化人才培养合作，倡议成立"一带一路"职业技术合作联盟，培养培训各类专业人才，携手打造"智力丝绸之路"。着力深化安保合作，践行共同、综合、合作、可持续的亚洲安全观，推动构建具有亚洲特色的安全治理模式，携手打造"和平丝绸之路"。加强基础设施"硬联通"以及规则标准"软联通"，畅通贸易和投资合作渠道，积极发展丝路电商，共同开辟融合发展的光明前景。实施好科技创新行动计划，加强知识产权保护国际合作，打造开放、公平、公正、非歧视的科技发展环境。

推动与各国发展战略对接合作。"一带一路"建设不是中国一家的"独奏曲",而是沿线国家共同参与的"交响乐"。习近平总书记指出,"一带一路"建设不是要替代现有地区合作机制和倡议,而是要在已有基础上,推动沿线国家实现发展战略相互对接、优势互补。"一带一路"已经与哈萨克斯坦"光明之路"、俄罗斯"欧亚经济联盟"、蒙古"草原之路"、土库曼斯坦"复兴丝绸之路"倡议实现对接合作,同欧盟"容克投资计划"、柬埔寨"四角战略"、老挝"变陆锁国为陆联国"战略等对接达成共识。"一带一路"还实现了与沙特阿拉伯"2030愿景"、埃及"振兴计划"、塔吉克斯坦"2030年前国家发展战略"、伊朗四大走廊及跨境走廊对接,积极推动同乌兹别克斯坦、阿塞拜疆、白俄罗斯、吉尔吉斯斯坦、土耳其等国经济战略对接。

四、主要成果

"一带一路"倡议自提出以来,经过各方不懈努力,共建"一带一路"取得扎扎实实的成就。

一是合作范围不断扩大。截至2023年9月,中国已与152个国家、32个国际组织签署200多份合作文件。共建"一带一路"已先后写入联合国、亚太经合组织等多边机制成果文件。

二是设施互联互通不断深化。一系列重大项目在沿线国家落地生根。中老铁路实现全线开通运营,客货运输量稳步增长;匈塞铁路塞尔维亚境内贝诺段顺利通车;雅万高铁最长隧道实现全隧贯通;瓜达尔港具备了全作业能力,正在成为区域物流枢纽和临港产业基地。中欧班列开辟了亚欧陆路运输新通道,为保障国际供应链产业链稳定畅通提供了有力支撑。

三是经贸交流与合作不断发展。截至2022年8月底,我国与沿线国家货物贸易额累计约12万亿美元,对沿线国家非金融类直接投资超过1400亿美元。我国已累计与30多个共建国家和地区签署"经认证的经营者"互认协议,贸易投资自由化便利化水平持续提升。

四是多元化投融资体系不断健全。成立多边开发融资合作中心基金,10家国际金融机构参与。截至 2022 年 7 月底,我国累计与 20 多个沿线国家建立双边本币互换安排,在 10 多个共建"一带一路"国家建立了人民币清算安排。人民币跨境支付系统的业务量和影响力稳步提升。

五是人文交流合作不断扩大。"鲁班工坊"等 10 余个文化交流和教育合作品牌逐步建立,其中"鲁班工坊"在 19 个国家落地生根。丝绸之路国际剧院、博物馆、艺术节、图书馆和美术馆联盟、"一带一路"国际科学组织联盟等运行良好,有力增进了不同文化之间的交流理解和认同。"丝路一家亲"行动持续推进,菌草、杂交水稻等"小而美、见效快、惠民生"的援外项目有效增进了共建国家民众的获得感、幸福感。

六是新兴领域国际合作不断拓展。深化数字与创新国际合作,打造了一批创新合作的新亮点。中国积极参与全球抗疫协作,与共建国家开展疫苗生产合作,为支持发展中国家抗疫作出积极贡献。践行绿色发展理念,印发实施《关于推进共建"一带一路"绿色发展的意见》等政策文件。以电子商务、移动支付等为代表的数字经济合作正在成为高质量共建"一带一路"的新领域。

五、发展方向

近年来,"一带一路"建设完成了总体布局,绘就了一幅"大写意",取得了实打实、沉甸甸的成就。面向未来,要聚焦重点、深耕细作,共同绘制精谨细腻的"工笔画",秉持共商共建共享原则,坚持开放、绿色、廉洁理念,努力实现高标准、可持续、惠民生目标,推动共建"一带一路"沿着高质量发展方向不断前进。

正确认识和把握新形势。总体上看,和平与发展的时代主题没有改变,经济全球化大方向没有改变,国际格局发展战略态势对我有利,共建"一带一路"仍面临重要机遇。同时,世界百年未有之大变局正加速演进,新一轮科技革命和产业变革带来的激烈竞争前所未有,气候变化、环境污染、疫情防控、难民危机等全球性问题对人类社会带来的影响前所未有,共建"一带一路"国际环境日趋复杂,要保持战略定力,抓住战略机遇,统筹发展和安全、统筹国内和国际、统筹合作和斗争、统筹存量和增量、统筹整体和重点,积极应对挑战,趋利避害,奋勇前进。

坚定不移扩大高水平开放。习近平总书记指出,"'一带一路'建设是扩大开放的重大战略举措和经济外交的顶层设计"。共建"一带一路"是和平发展、经济合作倡议,不是搞地缘政治联盟或军事同盟;是开放包容、共同发展进程,不是要关起门来搞小圈子或者"中国俱乐部";不以意识形态划界,不搞零和游戏。不管处于何种政治体制、地域环境、发展阶段、文化背景,都可以加入"一带一路"朋友圈,共商共建共享,实现合作共赢。中国坚持对外开放的基本国策,坚持打开国门搞建设,积极促进"一带一路"国际合作,努力实现政策沟通、设施联通、贸易畅通、资金融通、民心相通,打造国际合作新平台,增添共同发展新动力。在共建"一带一路"过程中,中国开放的大门只会越开越大,中国愿为世界各国带来共同发展新机遇,与各国积极发展符合自身国情的开放型经济,共同携手向着构建人类命运共同体的目标不断迈进。

持续夯实高质量发展根基。深化政治互信,发挥政策沟通的引领和催化作用,探索建立更多合作对接机制,推动把政治共识转化为具体行动、把理念认同转化为务实成果。深化互联互通,完善陆、海、天、网"四位一体"互联互通布局,深化传统基础设施项目合作,推进新型基础设施项目合作,提升规则标准等"软联通"水平,为促进全球互联互通做增量。深化贸易畅通,扩大同周边国家贸易规模,鼓励进口更多优质商品,提高贸易和投资自由化便利化水平,促进贸易均衡共赢发展。继续扩大三方或多方市场合作,开展国际产能合作。深化资金融通,吸引多边开发机构、发达国家金融机构参与,健全多元化投融资体系。深化人文交流,形成多元互动的人文交流大格局。培育人工智能、大数据、数字金融、电子商务、绿色能源等领域新增长点,着力再打造一批高标准、可持续、惠民生的优质项目,推动各方合作再上一层楼,合力绘就精谨细腻的"工笔画",共同实现高质量发展。

统筹考虑和谋划构建新发展格局和共建"一带一路"。加快完善各具特色、互为补充、畅通安全的陆上通道,优化海上布局,为畅通国内国际双循环提供有力支撑。加强产业链、供应链畅通衔接,推动来源多元化。民生工程是快速提升共建国家民众获得感的重要途径,要加强统筹谋划,形成更多接地气、聚人心的合作成果。

为国际社会提供更多公共产品。中国的发展得益于国际社会,也愿为国际社会提供更多公共产品。"一带一路"建设,倡导不同民族、不同文化要"交而通",而不是"交而恶",彼此要多拆墙、少筑墙,把对话当作"黄金法则"用起来,大家一起做有来有往的邻居。习近平总书记指出,我们将在传染病防控、公共卫生、传统医药等领域同各方拓展合作,共同护佑各国人民生命安全和身体健康。共建"一带一路"也着力解决发展失衡、治理困境、数字鸿沟、分配差距等问题,让世界各国的发展机会更加均等,让发展成果由各国人民共享。世界银行相关报告认为,到2030年,共建"一带一路"有望帮助全球760万人摆脱极端贫困,3200万人摆脱中度贫困。我们将本着开放包容精神,同愿意参与的各相关方共同努力,把"一带一路"建成"减贫之路""增长之路",为人类走向共同繁荣作出积极贡献。

习近平外交思想与周边命运共同体建设①

党的十八大以来,习近平总书记深刻把握新时代中国和世界发展大势,在对外战略、外交政策和外交工作等方面进行一系列重大理论和实践创新,形成了习近平外交思想。习近平外交思想是习近平新时代中国特色社会主义思想的重要组成部分,是以习近平同志为核心的党中央治国理政思想在外交领域的重要理论结晶,也是新时代中国对外工作的行动指南。习近平外交思想完整地揭示了中国和世界发展变化的大趋势,全面回答了新时代中国对外战略和政策的一系列重大理论和实践问题,为做好周边外交工作,推动构建周边命运共同体提供了根本指导。

一、构建人类命运共同体是习近平 外交思想的重要组成部分

习近平外交思想内涵丰富、体系完整,着眼于中华民族伟大复兴战略全局和世界百年未有之大变局,系统思考和阐释中国与世界的关系,是统揽中国外交全局的理论规范和行动指南。从党的十九大到党的二十大,是实现"两个一百年"奋斗目标的"历史交汇期",在中华民族伟大复兴历史进程中占有极其特殊的重要地位。习近平外交思想紧紧扣住服务中华民族伟大复兴和促进

---

① 作者:邢广程,中国社会科学院学部委员,中国边疆研究所所长、研究员,原文载于《当代世界》2021 年第 8 期。

人类进步这条主线,将推动构建人类命运共同体作为重要目标,将维护国家主权、安全、发展利益作为重要使命,积极推动全球治理体系改革,富有智慧地打造全球伙伴关系网络,着力推进周边外交,不断开创中国特色大国外交新局面。

坚持以维护世界和平、促进共同发展为宗旨,推动构建人类命运共同体,是习近平外交思想的重要组成部分。推动构建人类命运共同体是新时代中国在思想和理论方面对世界的重要贡献,是中国为全球治理提供的中国方案、中国智慧和对人类命运的深度思考。2013年3月23日,习近平主席在俄罗斯莫斯科国际关系学院发表题为《顺应时代前进潮流,促进世界和平发展》的重要演讲,首次提出人类命运共同体的理念。党的十九大报告专门就"构建人类命运共同体"作出深刻阐述。此后,习近平总书记在多个重要会议和重要场合指出,要构建人类卫生健康共同体、安全共同体、发展共同体、人文共同体、人与自然生命共同体等,进一步深化拓展了人类命运共同体的理论内涵。2021年7月,习近平总书记在庆祝中国共产党成立100周年大会上的讲话中强调,以史为鉴、开创未来,必须不断推动构建人类命运共同体。

全球化时代,世界各国相互依存度大大提高,面临的传统和非传统安全挑战层出不穷。面对"世界怎么了,我们怎么办"的时代之问,习近平总书记着眼全人类所面临的共同挑战,从人类历史文明进步和历史发展变化的视角,提出了人类命运共同体理念。这一重要理念不仅是应对人类共同挑战的有效方案,更是引导人类走向正确发展方向的行动指南。构建人类命运共同体理念深刻地反映了世界历史发展的大趋势,是一个内涵十分丰富的科学理论体系。习近平总书记从政治、安全、经济、文化、生态等多层面论证了构建人类命运共同体的必要性、重要意义和实现路径。这一重要理念日益产生广泛而深远的国际影响,先后被载入联合国多份不同层面决议和文件中,并正在从理念转化为行动。2020年以来,世界遭受新冠疫情的巨大冲击,这充分证明,各国命运相连、休戚与共,也充分证明了构建人类命运共同体的极端重要性和紧迫性。

需要强调的是,习近平总书记提出构建人类命运共同体理念实际上是对国内治理和全球治理的深度哲学思考。习近平总书记在宏阔的时空维度中思考民族复兴和人类进步的深刻命题。"共同体"的理念具有内在的逻辑性、深刻的理论性和很强的可操作性。中国对内提出"铸牢中华民族共同体意识"的思想,对外提出构建"人类命运共同体"的理念。"铸牢中华民族共同体意识"就是要实现中华民族的大团结和大融合,这是中华民族伟大复兴的必要条件。历史告诉我们:拥抱世界,才能拥抱明天;携手共进,才能行稳致远。构建"人类命运共同体"就是要从理念和实践两个维度推动人类发展进步,谋求人类的大团结,实现世界大同。只有团结与合作,才能主动地摆脱贫穷、困苦、战争和灾难,才能主动自觉地掌握自己的命运。而实现这些愿景,首先需要从培育人类命运共同体意识着手,同时强调坚守和弘扬和平、发展、公平、正义、民主、自由的全人类共同价值,逐步让人类命运共同体理念落地生根,在此基础上再构建人类命运共同体机制,逐步形成全球性的人类命运共同体网络框架。从中国外交全局和国际关系角度看,倡导人类命运共同体理念应首先从培育周边命运共同体意识开始。

二、中国推动构建周边命运共同体的理念与实践

构建人类命运共同体是中国向世界提出的愿景式方案,不可能一蹴而就,需要世界各国共同努力才能逐步实现。构建周边命运共同体与构建人类命运共同体的逻辑体系、理论体系和实践体系一脉相承。中国的和平发展需要良好的周边环境,需要与周边地区进行良性互动。2014年11月,习近平总书记明确提出,要切实抓好周边外交工作,"打造周边命运共同体"。构建周边命运共同体是构建人类命运共同体的重要组成部分,是构建人类命运共同体的关键环节和重要区域。

中国与周边国家山水相连、唇齿相依、休戚与共,也有很多跨境而居的民

族,存在民心相通的基础。同时,中国周边地区既是世界上最具发展活力和潜力的区域,也面临着各种风险和挑战。这里既有热点敏感问题,也有民族宗教矛盾。当前,地区恐怖主义、跨国犯罪、环境安全、网络安全、能源资源安全以及重大自然灾害所带来的挑战明显上升。这也是中国始终把发展与周边国家关系置于中国对外政策首位的一个重要考量。推动构建周边命运共同体,就是推动建设周边地区合作共赢的新秩序。构建周边命运共同体既是建设新型周边国际关系,也是构建新型周边国际秩序。推动构建周边命运共同体的创新之处在于,从中国与周边国家共同利益的视角来思考问题和制订行动方案。

中国在推动构建周边命运共同体方面的理念和政策十分丰富,如强调"与邻为善、以邻为伴",坚持"睦邻、安邻、富邻",特别是创造性地提出"亲诚惠容"理念和"正确义利观",让周边国家得益于中国发展,也使中国从周边国家共同发展中获得裨益和助力;注重亚洲国家合作的"舒适度";深化同周边国家互利合作的战略契合点、利益共同点和交汇点;构建"共同、综合、合作、可持续"的亚洲安全观,深入推进亚信各领域合作;加强同周边及世界上不同国家、不同民族、不同文化的交流互鉴,深刻阐释中国的文明观等。

"一带一路"建设是中国推动构建人类命运共同体和构建周边命运共同体的重要实践载体和平台。丝绸之路经济带倡议中的 6 条重要经济合作走廊的构建都与中国周边地区密切相关,中蒙俄经济走廊、新亚欧大陆桥经济走廊、中国—中亚—西亚经济走廊、中巴经济走廊、孟中印缅经济走廊和中国—中南半岛经济走廊将中国与周边国家的利益密切地串联起来,形成了相互嵌入式的区域合作利益共享网络。21 世纪海上丝绸之路分多条线路,将中国同周边海上邻国联系在一起,形成了海上合作网络。特别是中国与哈萨克斯坦的经济合作模式尤其具有代表性。中国与哈萨克斯坦在连云港共建物流合作基地,在中哈边境共建"霍尔果斯—东门"无水港,使得哈萨克斯坦这个中亚内陆国家借助新亚欧大陆桥走向了太平洋。对于中亚国家来说,中国不是一座山,而是纽带和桥梁,中亚国家借助这个纽带将自身的影响和利益延伸到太平洋地区。

上海合作组织是构建周边命运共同体的有效平台。事实上,上海合作组织的形成和发展历程本身就是周边命运共同体构建的极佳范例。苏联解体后,中国与俄罗斯和中亚三国需要解决历史上遗留下来的边界问题。这本来就是一件十分复杂和棘手的事情,中苏谈判多年都没有得到解决。但解决边界问题将中国与俄罗斯和中亚三国的历史命运紧紧地连在一起。在谈判进程中,中国与上述国家谈出了信任,谈出了友谊,谈出了合作机制——"上海五国"会晤机制,中国与这些国家的互信水平得到提升。边界问题的逐步解决并没有使这个合作机制终结,共同的利益契合与命运安排促使"上海五国"变成了上海合作组织并通过扩员不断发展壮大。上海合作组织所倡导的"上海精神"就是周边命运共同体理念的重要体现。可以预见,在构建周边命运共同体方面,上海合作组织还将发挥更大的示范作用。

三、持续深入推进周边命运共同体建设

持续深入推进周边命运共同体建设是践行习近平外交思想的题中应有之义,是构建人类命运共同体的必要途径,是中国与周边国家命运与共、和衷共济的根本要求。

坚持走和平发展道路是中国构建周边命运共同体的重要承诺和保证。中国走和平发展道路,不是权宜之计,更不是外交辞令,而是中国从人类历史、现实状态和未来发展趋势的判断中得出的深刻结论,是中国特色大国外交思想自信与实践自觉的有机统一。近代中国不断遭受西方列强的侵略和欺压,新中国成立以来,中国共产党团结带领中国人民实现了从站起来、富起来到强起来的伟大飞跃。中国也一再强调,中国永远不称霸、不搞扩张、不谋求势力范围,绝不会走帝国主义的老路。走和平发展道路,是我们党根据时代发展潮流和国家根本利益作出的战略抉择,是中国对国际社会关注中国发展走向的回应,更是中国人民对实现自身发展目标的自信和自觉。

坚持周边国家一律平等是中国构建周边命运共同体的重要原则和行动规范。中国是世界上邻国数量最多的国家之一,中国周边各国大小、贫富、强弱各不相同,这就决定了中国在与这些邻国处理关系时必须考虑到这些因素。中国在与周边国家发展关系时,坚持平等原则,不搞大国主义,不搞恃强凌弱,不输出"中国模式"。习近平总书记在中国共产党与世界政党领导人峰会上的主旨讲话中指出,在人类追求幸福的道路上,一个国家、一个民族都不能少;世界上所有国家、所有民族都应该享有平等的发展机会和权利;我们要直面贫富差距、发展鸿沟等重大现实问题,关注欠发达国家和地区,关爱贫困民众,让每一片土地都孕育希望。这就是世界第一大执政党所彰显的"大要有大的样子"。

坚持以对话和谈判的方式、互谅互让的原则和平解决历史遗留问题。中国与周边国家有丰富的解决领土主权和海洋权益争端的经验。其中一条重要经验是通过协商对话方式解决争端。目前中国已通过友好协商同 14 个陆地邻国中的 12 个国家彻底解决了陆地边界问题。这在世界上来说是很好的示范,也是很了不起的贡献。妥善解决同周边国家的分歧和争端,必须着眼于各国的共同利益尤其是安全利益,从低敏感领域和话题入手,积极培育解决问题的共识,逐步扩大合作领域和范围,逐步积累和增进战略互信,逐步减少相互猜疑,坚持以和平方式解决争端这一主线,富有智慧地管控潜在危机和不确定因素,实现周边争端和矛盾的平缓解决。

当然,我们也清醒地看到,推动构建中国与周边国家命运共同体不可能一帆风顺,必然会面临各种挑战,在美国对中国实施全面遏制的态势下,中国继续构建周边命运共同体就显得更为重要。周边国家是中国的邻国或者近邻,对中国的影响感知度最直接、最强烈。只要中国练好内功、持续保持发展势头,只要越来越强大的中国始终秉承"亲诚惠容"的理念,周边国家就会越来越紧密地与中国形成利益共同体,进而形成命运共同体。美国逆转中国周边国际环境和态势的可能性就会越来越小。

在周边国家命运共同体建设进程中,中国与周边国家需要共同理顺合作机制,避免出现"意大利面碗"现象,要确保周边命运共同体的构建更加顺畅和有效。从目前情况看,中国—中亚命运共同体和中国—东盟命运共同体的构建已经走在了人类命运共同体构建的第一方阵。新时代中俄全面战略协作伙伴关系为构建人类命运共同体提供了新型大国关系的典范,"上海精神"是构建周边命运共同体的精神财富。习近平总书记所倡导的全人类共同价值是人类命运共同体和周边命运共同体构建的灵魂。周边命运共同体中的"周边"理应是大周边的概念。中国与东北亚、中亚、西亚、南亚和东南亚的区域合作正在不断深入。大周边视域下的周边命运共同体理念与"亚洲命运共同体"的理念从空间上大体吻合。而亚太共同体的理念则更具有空间的跨度和合作潜力。所有这些完全符合习近平总书记提出的"构建周边命运共同体要有立体、多元、跨越时空的视角"这一深邃思想。

回顾改革开放40多年来中国同周边国家关系,中国的发展得益于良好的周边国际环境,周边国家也从中国发展中分享了巨大红利,中国与周边国家已经形成了利益共同体。展望未来,中国需要对周边环境进行再营造,将过去中国所拥有的良好周边国际环境升级加固,与周边国家一起剔除阻碍合作的观念性、机制性、传导性和功能性障碍,在利益共同体日见规模的基础上构建命运共同体,以命运共同体为导向实现中国与周边国家良好关系再塑造,从而为推动构建人类命运共同体积累更多经验、起到更多示范作用。

"一带一路"建设中的义利观①

一、问题的提出

从 2013 年 3 月习近平主席访非期间首次提出义利观起,它已成为新时期中国外交的重要理念。在 2014 年 11 月的中央外事工作会议及随后其他一系列重要场合,习近平主席明确强调"一带一路"建设要秉承正确的义利观。然而,我们看到,迄今为止中国学术界围绕这一议题所开展的系统研究凤毛麟角②。无论在理论上还是在实践上,这都不利于"一带一路"建设按照正确的方向顺利实施。

理论上我们必须面对的一个问题是,在"一带一路"倡议提出之前,中国与共建国就存在贸易投资合作;在"一带一路"倡议提出之后,中国与共建国仍然要推进贸易投资合作。那么,中国和共建国在"一带一路"倡议提出之后与提出之前的贸易投资合作究竟有什么区别,这是在国际学术交流中外方学者经常提出的一个问题,但在许多中国学者看来,这似乎不成为问题。现实中,国内学术界和舆论宣传部门对此做出的回应无外乎有以下两种:一是把"一带一路"倡议中的互联互通、合作机制多元化等特征与贸易投资合作挂

---

① 作者:李向阳,中国社会科学院亚太与全球战略研究院研究员。
② 截至本文完成时,笔者通过在中国知网上查询发现,把"一带一路"与义利观结合起来的文献几乎为零。即便是把义利观与中国外交政策结合起来的研究成果也屈指可数。参见秦亚青:《正确义利观:新时期中国外交的理念创新和实践原则》,《求是》2014 年第 12 期;李海龙:《论中国外交之正确义利观的内涵与实践》,《理论学刊》2016 年第 5 期。

钩,但这很难让国际同行接受;二是一种非常普遍的回应,即自"一带一路"倡议提出以来,中国与共建国的贸易投资增速加快,远远超过与非沿途国家之间的贸易投资增速。换言之,贸易投资增速快成为衡量"一带一路"建设成功的标志①。这种说法更缺乏说服力,因为按照这种逻辑,中国只要把与非"一带一路"国家的贸易投资合作转向"一带一路"共建国,"一带一路"就算成功了。这显然是荒谬的。"一带一路"建设的基本原则是共商共建共享,倘若不能让共建国或国际社会接受"一带一路"的内在逻辑,那就很难消除他们的误解和猜疑。

在实践层面,存在片面强调"利"或"义"的倾向。一种倾向是把"一带一路"建设的投资是否获益当成其成功与否的标志,无论是讨论投资的经济风险还是政治、安全风险都以围绕企业利润前景展开。这种考量无疑是必要的,但如果只专注"利",那么"一带一路"背景下的贸易投资合作与此前没有"一带一路"的贸易投资合作就无差异了。"一带一路"本身就失去了题中应有之义。另一种倾向是把"一带一路"看成只追求"义"的政府行为,甚至等同于对外援助。许多企业在参与"一带一路"项目投资中希望政府能够提供投资收益保障或财政补贴。从企业的角度出发,这种要求具有合理性,因为"一带一路"共建国中多数国家投资环境不佳,与中国的贸易互补性不强。不论是外资企业还是中资企业,不论是民营企业还是国有企业,他们都没有义务为了服务于国家战略目标而牺牲企业的利润最大化目标。因而,如果不考虑企业的投资利益,"一带一路"将失去可持续发展的基础。

在这种意义上,义利观可以说是"一带一路"的基本特征。能否真正贯彻、体现义利观的要求是决定"一带一路"成功的标志;反过来,"一带一路"建设的风险既可能来自忽略"利",也可能来自忽略"义"。只有兼顾"义"和

---

① 在"一带一路"的研究中,一个普遍的现象是把原有的贸易投资合作研究(如中国与共建国之间贸易投资合作的互补性研究、风险研究等)戴上"一带一路"的帽子,形成"一带一路"研究的"泛化"。参见李向阳:《"一带一路"面临的突出问题与出路》,《国际贸易》2017 年第 4 期。

"利"，"一带一路"才能实现真正意义上的成功。

二、秉承正确义利观是中国和平崛起的必然要求

义利观源于中国儒家文化。它既是一个伦理学问题，也是一种治国安民之道，因此自孔孟开始一直是历代先贤关注的持久不衰的议题。孔子是中国历史上义利观的开创者，其基本理念是重义罕言利，主张"君子喻于义，小人喻于利"。在两者之间的关系上强调以义制利，以义节利。孔子的义利观统一在义上，义为核心。与孔子的义利观相悖的是同时代墨子的尚利贵义。墨子主张将"兴天下之利，除天下之害"作为最高的价值追求，把利人与否看作义与不义之标准，提倡尚利就是贵义、贵义就是尚利的义利统一观。在两者的关系上，墨子的义利观是义利合一：以利为本，义利并举①。由此可见，在义和利的关系上，中国古代的先贤们自一开始就存在截然不同的立场。

从汉代"罢黜百家，独尊儒术"始，儒家义利观就占据主流意识形态地位。宋明理学的理欲之辩实质上是先秦义利之辩的继承和发展。明清时期对儒家传统、对宋明理学的批判，最核心部分仍是义利之辩②。尽管近代先贤对儒家的义利观进行了批判和发展，但这种轻功利的道德决定论还是被继承下来了。不过与先秦时代的义利观相比，现代意义上的义利观更强调两者的一致性和辩证关系。

儒家的义利观本质上是一种治国之道，把它运用到中国外交政策中就必须考虑国际关系领域的一系列特殊性。首先，秉承正确的义利观需要置于主权国家的博弈框架内。在国际关系中，行为主体是主权国家，国与国的关系不

---

① 不过张岱年先生在《中国哲学大纲》中明确指出，"墨家所谓利，乃指公利而非私利，不是一个人的利，而是最大多数人的利；儒家说利，则常指私利，而常以为私与利不可分。故儒家和墨家，虽一反利一重利而其所谓利，实非全然一事"。参见张宗磊：《孔子、墨子义利观之比较》，《广西社会科学》2001 年第 2 期。

② 赵懿梅：《朱熹义利观探微》，《黄山学院学报》2006 年第 6 期。

同于一国之内政府与个人的博弈关系,也不同于个人之间的博弈关系。一方面,国家利益不同于个人利益,它是满足或能够满足国家以生存发展为基础的各方面需要并且对国家在整体上具有好处的事物,包括领土完整、国家主权和文化完整等。同时,国家利益还涉及与统治者利益及被统治者利益的关系;涉及与国民个体及整体利益的关系;涉及与公共利益的关系;涉及原本的、理想的国家利益与现实的国家利益的关系;涉及实际存在的与口头声称的国家利益的关系。另一方面,与主权国家内部的博弈环境相比,主权国家之间的博弈环境最大的特征是缺少世界政府,因此国与国之间行为关系的协调取决于全球治理体系,主权国家之间的博弈比一国之内的个体博弈(或政府与个人之间的博弈)具有更大的不确定性。在上述背景下,"义"和"利"的衡量标准、互动关系、实现途径都要发生变化。其次,秉承正确的义利观需要考虑主权国家在规模、发展水平、社会制度、社会文化方面的差异。其中任何一种差异因素都可能成为国家利益之争的源泉,因此不同类型国家之间存在着天然的竞争、合作关系(敌人、竞争者、合作者、朋友等)。与此相适应,对不同类型国家实施义利观的动机与效果必然存在着差别。

最后,也是最重要的,秉承正确的义利观需要置于中国的国情与和平崛起的背景之下。中国的国情可以用一句话概括:拥有悠久文明的、发展中的社会主义大国。悠久的文明历史意味着中国并不必然走西方资本主义道路。现行的资本主义制度只有300年的历史,而中国则有五千年的文明史。从逻辑上不能推出资本主义制度是人类文明的终极制度这一结论,中国完全有可能走自己的发展道路。发展中国家这一特征决定了发展仍然是中国的第一要务,同时也决定了中国在国际社会中的地位。社会主义国家这一特征体现了中国的意识形态和发展道路选择不会因改革开放而放弃。大国特征不仅体现在中国的人口、国土规模上,更体现在迅速崛起的经济和综合国力上。在国际关系中,大国与小国的最大区别是大国有能力也有动力影响国际秩序(尽管按照人均收入水平大国有可能并不是位居前列的)。

基于上述背景,中国所倡导的义利观既是对中国传统文化的继承,又是对当今国际关系现状和中国国情的应对。习近平主席对义利观的表述最早出现在 2013 年 3 月出访非洲期间。随后,他在多个场合从不同角度对正确义利观的内涵以及如何指导中国外交和"一带一路"建设进行了阐述。

2013 年 10 月,在首次周边外交工作座谈上,习近平主席发表了题为《坚持亲、诚、惠、容的周边外交理念》,其中谈道:"要找到利益的共同点和交汇点,坚持正确义利观,有原则、讲情谊、讲道义,多向发展中国家提供力所能及的帮助"。①

2014 年 7 月习近平访问韩国期间在首尔大学发表了题为《共创中韩合作未来 同襄亚洲振兴繁荣》的演讲,其中专门就倡导合作发展理念,在国际关系中践行正确义利观做了如下论述:"'国不以利为利,以义为利也。'在国际合作中,我们要注重利,更要注重义。中华民族历来主张'君子义以为质',强调'不义而富且贵,于我如浮云'。去年,朴槿惠总统访华期间,在中韩商务合作论坛演讲时用汉语说'先做朋友,再做生意',生动反映了对义利关系的正确认识,深刻诠释了以义为先、先义后利的重要思想观念。在国际关系中,要妥善处理义和利的关系。政治上,要遵守国际法和国际关系基本原则,秉持公道正义,坚持平等相待。经济上,要立足全局、放眼长远,坚持互利共赢、共同发展,既要让自己过得好,也要让别人过得好。当前,经济全球化、区域一体化快速发展,不同国家和地区结成了你中有我、我中有你、一荣俱荣、一损俱损的关系。这就决定了我们在处理国际关系时必须摒弃过时的零和思维,不能只追求你少我多、损人利己,更不能搞你输我赢、一家通吃。只有义利兼顾才能义利兼得,只有义利平衡才能义利共赢。"②

2014 年 8 月习近平主席在出访蒙古国时发表了题为《欢迎大家搭乘中国发展的列车》的演讲,其中提到:"中国愿意为包括蒙古国在内的周边国家提

① 习近平:《论坚持推动构建人类命运共同体》,中央文献出版社 2018 年版,第 64—68 页。
② 转引自《习近平在韩国国立首尔大学的演讲(全文)》,新华网,2014 年 7 月 4 日。

供共同发展的机遇和空间,欢迎大家搭乘中国发展的列车,搭'快车'也好,搭'便车'也好,我们都欢迎,正所谓'独行快,众行远'。我多次讲,中国开展对发展中国家的合作,将坚持正确义利观,不搞我赢你输、我多你少,在一些具体项目上将照顾对方利益。中国人讲究言必信、行必果。中国说到的话、承诺的事,一定会做到、一定会兑现"。①

2014年11月,习近平主席在中央外事工作会议上发表了题为《中国必须有自己特色的大国外交》的讲话,其中谈道:"要切实加强务实合作,积极推进'一带一路'建设,努力寻求同各方利益的汇合点,通过务实合作促进合作共赢。要切实落实好正确义利观,做好对外援助工作,真正做到弘义融利。要切实维护我国海外利益,不断提高保障能力和水平,加强保护力度"。②

2016年4月29日,习近平主席在中共十八届中央政治局第三十一次集体学习时发表了题为《推进"一带一路"建设,努力拓展改革发展新空间》的讲话,其中谈道,"我国是'一带一路'的倡导者和推动者,但建设'一带一路'不是我们一家的事。'一带一路'建设不应仅仅着眼于我国自身发展,而是要以我国发展为契机,让更多国家搭上我国发展快车,帮助他们实现发展目标。我们要在发展自身利益的同时,更多考虑和照顾其他国家利益。要坚持正确义利观,以义为先、义利并举,不急功近利,不搞短期行为。要统筹我国同沿线国家的共同利益和具有差异性的利益关切,寻找更多利益交汇点,调动沿线国家积极性。我国企业走出去既要重视投资利益,更要赢得好名声、好口碑,遵守驻在国法律,承担更多社会责任"。③

从中可以看出,把义利观应用于指导中国的对外政策不仅是一种理论上

---

① 习近平:《论坚持推动构建人类命运共同体》,中央文献出版社2018年版,第151—155页。

② 习近平:《论坚持推动构建人类命运共同体》,中央文献出版社2018年版,第198—202页。

③ 习近平:《论坚持推动构建人类命运共同体》,中央文献出版社2018年版,第338—341页。

的创新,而且体现了中国的国情及全球治理改革的需要。其国际意义和历史意义已经得到了学术界的广泛认可①。在此我们着重讨论义利观的另一层价值:解决中国和平崛起中所面临的近而不亲问题。

　　和平崛起无论是对中国自身还是对外部世界都是全新的议题,其中中国与外部世界的关系是这一议题的焦点。原有的霸主担心崛起的中国会挑战现有的国际秩序和规则;原先与中国实力相似(甚至实力要强于中国)的国家对中国崛起怀有羡慕嫉妒恨的心态。这些都是大国崛起必然要面对的挑战。除此之外,周边国家对中国的和平崛起怀有猜疑和担忧。过去二十年,中国与周边国家的贸易投资联系日趋紧密,已成为多数国家最大的贸易伙伴、最大的出口市场,甚至最大的贸易顺差来源地,然而多数国家对中国和平崛起的认知并没有出现同步的提升,甚至在某些国家出现了相反的情形:担心经济上的依赖会导致政治上的依附,渲染所谓的"去中国化"②。这种近而不亲现象正在成为中国和平崛起的突出障碍。近而不亲现象表明,中国的崛起改变了外部世界对中国的认知。换言之,外部世界对中国的担忧是大国崛起过程中必然要面对的一种反应,为此,中国的对外政策需要做出相应的调整;同时,这也表明中国原有的对外关系模式已经不适应和平崛起的要求,尤其是与周边国家的交往不能再单纯地依靠"以经促政"的合作模式。正是基于这种变化,在 2013 年 10 月,党中央召开的周边外交工作座谈会上习近平主席提出了周边外交的新理念:亲诚惠容。与此同时,"一带一路"也应运而生。亲诚惠容与"一带一

---

　　① 　比如,提出正确义利观是中国国家身份定位的时代要求,体现了中国是坚定维护世界和平和国际正义的负责任大国,表明了中国永远和发展中国家站在一起的身份和立场,反驳了西方渲染中国推行新殖民主义的论调,等等。参见秦亚青:《正确义利观:新时期中国外交的理念创新和实践原则》;李海龙:《论中国外交之正确义利观的内涵与实践》。
　　② 　不久前,美国皮尤研究中心对 36 个国家所做的一项调查显示,2014—2016 年间在认同中国、美国、俄罗斯友好的国家中,中国的总体水平在上升,但在亚太地区的 7 个国家中有 5 个国家(按照不认同的水平高低排列分别为:越南、日本、韩国、菲律宾、印度)对中国的认同水平为负(相比对美国的认同水平)。参见 Margret Vice, "In global popularity contest, U. S. and China-not Russia-vie for first", Pew Research Center August 23, 2017, http://www. pewresearch. org/fact - tank/2017/08/23/in-global-popularity-contest-u-s-and-china-not-russia-vie-for-first/。

路"同时产生并非巧合。在逻辑上"一带一路"是落实新时期周边战略理念（亲诚惠容）的依托①。在这种意义上，亲诚惠容、周边命运共同体、"一带一路"与义利观具有内在的一致性。

义利观本质上是一种具有中国特色的经济外交理念。它不同于西方国家经济外交的"胡萝卜加大棒"。义利观突出了以义为先、合作共赢、共同发展的导向；而"胡萝卜加大棒"体现的则是以利为先、零和博弈及顺我者昌、逆我者亡的霸权导向。

三、"一带一路"框架内义利观的内涵和意义

作为一个伦理学理念，义利观被应用到中国的对外政策中适应了和平崛起的需求，从而成为一个有中国特色的经济外交理念。然而，要把这一理念落实到外交实践中，使之具有可操作性，这就需要我们进一步探讨义利观在"一带一路"框架内的表现形式。考虑到"一带一路"的基础是经济合作，义利观本身又是经济外交理念，为此我们试图从经济学意义上探讨它的内涵和意义。

（一）搭便车论

所谓搭便车在经济学意义上是指不付成本而坐享他人之利的投机行为，同时也是在集体行动中力求避免的一种结果。但从义利观的角度出发，中国允许周边国家或发展中国家搭中国经济发展的便车、快车。这种看似不公平的做法一方面反映了中国作为大国的担当，在一定范围内承担提供公共产品的责任；另一方面反映了中国与其他国家实现共同发展的价值观。事实上，近年来中国已经承担起周边国家和一些发展中国家搭便车的责任，比如许多周边国家与中国之间存在不对等的市场开放、对华长期存在贸易顺差等。

---

① 李向阳：《"一带一路"：定位、内涵及需要优先处理的关系》，社会科学文献出版社 2015 年版，第 16—17 页。

（二）跨期收益论

从博弈论的角度看，当面对"囚徒困境"时，博弈者（或参与者）究竟选择"合作"还是"不合作"很大程度上取决于他们所参与的是一次性博弈还是多次博弈。在多次博弈中选择"合作"的可能性要远大于一次性博弈中的可能性。这和中国文化中"路遥知马力、日久见人心""做生意先做朋友"理念是一致的。因此，要避免投机行为，实现以义为先，追求长期稳定合作，多次博弈是必要条件之一。

"一带一路"本身就不是一个短期项目。它是一个发展导向型的区域合作机制，其前提是以基础设施为核心的互联互通，这就决定了即使在企业投资意义上它也具有跨期特征。同时，"一带一路"还是和平之路、繁荣之路、开放之路、创新之路、文明之路，其目标是实现政策沟通、设施联通、贸易畅通、资金融通及民心相通，最终要实现命运共同体。因而，无论是在国家层面还是在企业层面都必须树立长期导向。

（三）予取论

义利观的核心是利益的分配。对于倡导者来说，这就是"予"（给予）和"取"（获取）的关系。确定国与国的利益分配、予与取的关系是实现正确义利观的必要条件。在与发展中国家经济合作过程中，这一点至关重要。"一带一路"沿途有众多发展中国家，甚至是最不发达国家。作为一种国际经济合作，"一带一路"首先要建立在优势互补的基础之上，但有些国家缺乏比较优势，它们与中国（乃至外部世界）缺乏优势互补。这种缺乏比较优势反映的是经济的不发展。这就需要为其创造新的比较优势。可以说，充分利用现有比较优势与开发新优势是"一带一路"建设需要优先处理的关系之一[①]。以巴基

---

① 李向阳：《构建"一带一路"需要优先处理的关系》，《国家经济评论》2015 年第 1 期。

斯坦为例,在实施"一带一路"之前,中巴就已经签署了双边自由贸易区协定,但由于巴基斯坦不具有比较优势,即便对华出口享受零关税待遇,但它可供出口的产品也很少,进口能力自然受到了限制,所以中巴之间的贸易额一直很低。

在经济学意义上,创造新的比较优势不是一件简单的工作,因为创造新的比较优势本身就意味着实现经济发展。一国长期处于经济不发展状态表明仅仅依靠内生力量无法打破原有的恶性循环,只有引入外生力量才有可能打破这种循环。理论上,打破这种恶性循环的出路有两种:一是对外援助,二是由政府间推动的经济合作。如果说前者更多意味着"输血",那么后者更注重的是"造血"。"一带一路"框架内的义利观所要实现的更多的是后者("先予后取,多予少取"),当然这并不否认"输血"的必要性("只予不取")。这是"一带一路"倡议为发展中国家,尤其是最不发达国家经济发展提供的药方。

(四)正外部性论

如果说搭便车论、跨期收益论、予取论都属于政府层面的主动选择,那么正外部性论则注重的是机制性安排。在经济学中,所谓外部性是指经济主体的行动和决策会使其他人受损或受益的情形。它进一步可分为正外部性(使其他人受益)和负外部性(使其他人受损)。很显然,义利观所要求的是正外部性,即企业在追求自身利益最大化的同时能够"赢得好名声、好口碑"。在"一带一路"建设中,如果没有政府主导推动,这种正外部性将无从谈起;反过来,如果没有企业参与(以市场为基础),"一带一路"也将失去可持续发展的基础(演变为对外援助项目)。不论是外资企业还是中资企业,不论是民营企业还是国有企业,它们都没有动力(当然在法律上也没有义务)以牺牲企业利益实现国家的战略目标,除非政府给予它们财政补贴。因而,这就需要一套制度安排,引导企业在参与"一带一路"建设过程中把企业的目标与国家的目标有机结合起来。如果做不到这种结合,企业参与"一带一路"建设就会产生负外部性,从而违背义利观的要求。在这种意义上,正外部性是"一带一路"成功的保证,也是其可持续发展的最终要求。

（五）义利观的界定

搭便车论、跨期收益论、予取论、正外部性论从不同角度阐释了义利观的要求或内涵。正确把握义利观的内涵不能仅从某一角度进行解读,否则就会出现偏颇,甚至歪曲义利观的要求。以搭便车论为例,这是微观经济学中力图避免的一种结果。搭便车意味着行为主体不承担义务只分享利益,这种投机主义行为会导致集体合作行为的解体。具体到"一带一路"建设中,作为倡导者,中国欢迎一些周边国家或最不发达国家搭上中国经济高速增长的便车,这是承担大国责任的一种体现,也反映了"一带一路"的公共产品特性。但如果允许所有（沿途）国家都来搭中国经济的便车,尤其是一些发达国家或大国搭便车,那么不仅中国经济无力拉动这辆便车,而且会鼓励有些国家的投机主义行为。这显然是和义利观的要求相悖的。"利者,义之和也"。要得到利益,就要讲求与道义的统一。再比如,在予取论中,"多予少取,只予不取"是核心内容,但如果把它机械地理解为中国与"一带一路"沿线国家经济合作的唯一标准,那最终将会导致中国让渡利益过多,"一带一路"失败。

在"一带一路"建设中,义利观不是一个简单的利益让渡概念,而是规范中国与沿线国家利益分配的理论体系。义利观的内涵应该包括其目标、适用范围、实现途径等一系列内容,不能抓住一点,不及其余。针对义利观的目标,习近平主席多次强调"国不以利为利,以义为利也"。他在 2014 年 11 月 4 日主持召开中央财经领导小组第八次会议时谈道:"丝绸之路经济带和 21 世纪海上丝绸之路倡议顺应了时代要求和各国加快发展的愿望,提供了一个包容性巨大的发展平台,具有深厚历史渊源和人文基础,能够把快速发展的中国经济同沿线国家的利益结合起来。要集中力量办好这件大事,秉持亲诚惠容的周边外交理念,近睦远交,使沿线国家对我们更认同、更亲近、更支持"①。这实际上是中国所要追求的"义"。简单地说,就是要通过"一带一路"让更多的国家认同中国的和平崛起或和平发展道路,提高中国的"软实力"。针对义利观的适用范围,我们也不能把搭便车、多予少取、只予不取机械地应用于所有国家和所有领域。在实施利益让渡的同时,基于市场原则(平等交换)的经济合作仍是"一带一路"建设的主体。相比之下,正外部性论更能体现义利观的基本要求。至于实现义利观的途径,下文我们将给予重点分析。我们可以把义利观理解为中国特色的经济外交理念,准确把握义利观的要求和内涵、实施正确的义利观事关"一带一路"的成败。

四、贯彻义利观的途径

政府是"一带一路"的倡导者,企业是其主要参与者,贯彻正确的义利观的核心是协调政府与企业、政府与市场的关系。具体地说,政府要以市场为基础,引导企业在实现利润最大化的前提下完成"义"的目标。在"一带一路"建设中,政府的职能大致可分为四类:一是宣传"一带一路"的外交理念。"一带一路"是一项前无古人的倡议,既不同于历史上的国际经济合作机制,也不同于现有的多边和区域合作机制。如何让外部世界正确理解"一带一路"是其顺利实施的前提条件。二是构建"一带一路"的合作机制。"一带一路"的一个突出特征是多元化合作机制,即与同一地区(国家)的合作会有多元合作机制,与不同地区(国家)的合作机制也各不相同。选择什么样的合作机制取决于国家间的战略关系,企业是无法决定的。三是搭建与"一带一路"相适应的政府间融资机制。"一带一路"既不是单纯的经济合作机制,也不是对外援助

---

① 《习近平论"一带一路"》,《学习活页文选》2017 年第 19 期。

项目。它是一种以发展为导向、受义利观主导的新型区域经济合作机制。现有的融资机制显然不能完全适应它的要求。四是政府需要引导企业服务于国家战略目标，这也是最难做的。一方面，政府拥有影响企业行为的资源和手段，比如，通过金融手段（开发性金融）引导企业的投资方向；通过财政手段（税收优惠、转移支付）引导企业承担一部分政府职能（多予少取、只予不取）；通过外交手段（政府间的合作协定）规范企业的跨国行为；通过行政手段（对企业经营者的聘用）干预国有企业的行为等。另一方面，更重要的是，政府需要构建一套相对稳定的制度安排，影响企业的预期和行为，使之服务于国家战略目标。这项职能就是要贯彻正确的义利观。

（一）促使企业在海外履行企业社会责任

履行企业社会责任是实现义利观的重要途径。从实践中可以看到，中国企业在海外能否履行企业社会责任对于国家声誉的影响至关重要。"近而不亲""政治与经济脱节"现象在很大程度上都源于中资企业在当地没有较好地履行企业社会责任。然而，企业社会责任的履行首先要和当地的法规秩序、营商环境联系在一起，大多数研究集中于如何促使企业在本国（或跨国公司东道国）履行企业社会责任。中国企业"走出去"处于起步阶段，作为母国如何促使跨国企业在海外履行企业社会责任还是一个新问题[1]。在这方面，（中国）政府所能发挥作用的领域体现在两方面：一是在国内构建商业法规、公司治理、市场（资本市场、消费市场）理念、企业文化体系，形成履行企业社会责任的制度环境。进而通过母公司对子公司的延伸影响提高中国企业在海外履行社会责任的意识。二是通过政府间合作对企业履行社会责任的效果进行监

---

① 汤胜：《在华跨国企业社会责任变动趋势及影响因素研究》，《国际贸易问题》2013 年第 3 期；盛斌、李秉勤、胡博：《公司社会责任、跨国企业与东道国政府的作用——来自中国地方案例的证据》，《南开学报》2009 年第 5 期；朱文娟：《完善我国跨国企业社会责任的思考》，《重庆理工大学学报》2012 年第 8 期。

督和评估①。鉴于履行企业社会责任的制度环境在中国国内尚不健全,因此,促使中国企业在海外履行社会责任任重道远。

(二)以经济走廊为载体,构建具有正外部性的合作机制

长期以来,在中国与发展中国家的经济合作中有一个突出的特征,即注重大型项目、基础设施项目、标志性项目的建设,缺少后续性投资和配套措施。其结果是,项目本身只体现了政府层面的合作,难以真正惠及普通民众。一旦出现政府或领导人更迭,这些项目的示范效应就会大打折扣。更重要的是,这种合作难以成为东道国民众对华认同或友好的载体,也无法达到亲诚惠容的目标。

"一带一路"所依托的经济走廊可以说是对原有合作载体弊端的一种纠正,体现了义利观和正外部性的要求。经济走廊以交通运输线(铁路、公路、航运、港口)为前提,但并不限于此。围绕交通运输线建设的产业园区、科技园区将对沿线国家经济产生溢出或辐射效应,带动当地就业,增加税收和居民收入。客观上,这对东道国经济提供了"造血"功能;对中国企业来说,以经济走廊为载体有助于快速形成规模效应,降低投资风险。

(三)构建理想的投资合作机制,消除道德风险

"一带一路"的基本原则是共商共建共享。理论上,它的参与者既有中资企业,也有共建国企业及区域外国家企业。不同类型企业的合作有可能产生正外部性,也有可能产生负外部性。如何依据不同的投资环境和投资项目搭建不同类型的投资组合对于实现正外部性、避免负外部性至关重要。第一种组合是中资企业独立投资、独立运营。在经济学意义上,这有助于消除负激励

---

① 在国际层面还存在一种合作机制,如经济合作与发展组织(OECD)制定了关于跨国公司社会责任的指南,但由于包括中国在内的绝大多数发展中国家不属于 OECD 成员,这项指南的作用并不大。

现象,实现国家战略目标,但同时有可能为东道国"索取高价"创造条件。比如,一条石油管线完全由中资企业投资,一旦外部环境(如政局)发生变化,东道国(路经国)就有可能不断要求提高过境费的标准。第二种组合是"中资企业+东道国企业"。这种组合会降低东道国的道德风险(降低的幅度取决于东道国企业持股的比例),但也会增加企业内部的负激励现象和协调组织成本。第三种组合是"中资企业+东道国企业+第三方企业"。这会进一步降低东道国的道德风险,但难以实现国家战略目标。当然,除此之外,作为一种开放的合作机制,"一带一路"建设中还可以有其他投资组合。如果考虑到中资企业前期所提供的基础设施投入(如交通运输线、产业园区运行所需要的"三通一平""九通一平"),如何保证中资企业投资的正常收益,避免第三方企业的"搭便车效应",这些问题会使不同合作机制的效果进一步复杂化。

(四)引导企业投资在产业层面进行合理布局,为实现正外部性创造外部环境

为实现义利观所要求的正外部性目标,履行企业社会责任、构建合理的载体与合作机制固然重要,但如果投资的产业布局不符合东道国的发展战略方向,或者不符合全球产业的发展方向,那么再优秀的企业也无能为力。有些产业短期看可能有良好的投资收益前景,并且是东道国经济发展所必需的,但从长期看可能会损害东道国的可持续发展。这就要求我们在长期利益与短期利益之间做出取舍。"一带一路"沿线国家在经济发展水平、资源禀赋、发展战略方面存在巨大的差异,因此合理的产业选择与布局是义利观的基本要求。在这方面,中国政府所倡导的"绿色丝绸之路"可以说是在不同国家产业选择中的一个"最大公约数"。

总之,秉承正确的义利观不仅是中国外交理念的创新,而且是"一带一路"建设能否取得成功的关键。要把它真正落实到"一带一路"建设中还有很长的路要走。

"一带一路"高质量发展的政治经济逻辑[①]

2019 年 4 月 27 日,习近平总书记在第二届"一带一路"国际合作高峰论坛记者会上强调,共建"一带一路"是一项长期工程,是合作伙伴们共同的事业。2019 年 10 月 28 日召开的中国共产党十九届四中全会会议强调,坚持互利共赢的开放战略,推动共建"一带一路"高质量发展。在从"富起来"到"强起来"的新时代,如何以绘制"工笔画"的精神,推动共建"一带一路"高质量发展,推动构建利益共同体、责任共同体与命运共同体三合一的人类命运共同体,成为理论创新的新学术增长点。"一个民族要走向世界,首先给世界贡献的不是国内生产总值(GDP),而是世界观。如果一个民族没有比以前曾引领世界的民族更先进的世界观,这个民族就无法走向世界,更不能引领世界。"[②]共建"一带一路"高质量发展不仅需要中国推进高质量经济外交,更需要中国完善全球发展模式,提升共商共建共享的全球治理能力。为此,中国学者需要承担起加强"一带一路"学术话语体系建设的使命与光辉担当,在共建"一带一路"建设中发出更多中国声音、注入更多中国理念,为共建"一带一路"高质量发展的新路径提供智力支持。

对于"一带一路"的研究,当下学者往往在政策实践层面加以分析,即使

[①] 作者:白云真,北京语言大学国际关系学院副教授,主要研究方向为全球政治经济学与中国对外战略。

[②] 张文木:《"一带一路"与世界治理的中国方案》,《世界经济与政治》2017 年第 8 期。

在理论研究中也时常以政治与经济相分离的二元论审视"一带一路"倡议的观念与行动,因而陷入碎片化的理解与分析中,难以呈现出"一带一路"倡议的总体性特征与全貌。可贵的是,一些学者将"一带一路"倡议纳入新时代中国特色社会主义政治经济学,或强调其对于全面开放新格局的意义,或侧重产能合作的政治经济学分析,①为进一步充分地考虑到国内政治经济与国际政治经济的相互作用及其张力提供了必要的学术准备。

在"一带一路"倡议实施中,生产的国际化与国家的国际化是两个密切相关且至关重要的政治经济要素与进程,因此对"一带一路"高质量发展的理解需要在政治经济理论与历史的基础上才能加以解决。"一带一路"倡议尽管并不是地缘政治联盟或军事同盟,但是与国家权力或政治因素并不分离。因此,研究者需要以政治经济学角度,特别是唯物史观的方法论理解与推进"一带一路"高质量发展。笔者以(跨国)生产与国家(国际化)之间历史辩证的相互关系为出发点研究"一带一路"倡议的变化及其趋势,避免"一带一路"高质量发展研究中的经济主义②,倡导"一带一路"高质量发展进程中推动社会、经济和政治转变的政策路径,进而联合那些彼此之间有政策意向性和一致性的国家,从而以推动人类命运共同体构建的方式来夯实"一带一路"高质量发展的政治经济基础。

一、理解"一带一路"的政治经济学

"一带一路"倡议包括政策沟通、设施联通、贸易畅通、资金融通、民心相

---

① 国家行政学院经济学教研部编:《新时代中国特色社会主义政治经济学》,人民出版社2018年版;周文、宁殿霞:《中国特色社会主义政治经济学:渊源、发展契机与构建路径》,《经济研究》2018年第12期。

② Marieke De Goede, "Beyond Economism in International Political Economy", *Review of International Studies*, Vol.29, No.1, 2003, pp.79-97; Richard K. Ashley, "Three Modes of Economism", *International Studies Quarterly*, Vol.27, No.4, 1983, pp.463-496.

通,具有增长、政治、道德与社会四大目标,①体现了中国与世界社会实践性联系的历史进程与现实趋势。随着人类生产等经济活动日益跨越国界,中国有愿望和决心与各方共建"一带一路",走共同发展之路,将中国人的命运与人类命运有机结合起来,协力推动构建人类命运共同体。对此,研究者需要坚持唯物史观,②对马克思主义政治经济学尤其是新时代中国特色社会主义政治经济学加以理解和认识。

我国学者比较注重分析贸易与金融等领域的合作,也论及"一带一路"倡议的产能合作,或将生产的国际化视为贸易与金融的补充加以考察。③ 由此,有关"一带一路"倡议的知识是细枝末节与碎片化的,需要从历史性与总体性的视角和方法研究更大范围的"一带一路"倡议,这是关乎目标和方法的重大问题。尤其是"一带一路"进行过程中具有许多新的历史特点的伟大斗争"需要唯物论,更需要辩证法"④,因而中国学者需要从唯物辩证法角度看待"一带一路"倡议,而不是仅仅以描述的方式将其具体化。⑤

(一)唯物史观与马克思主义政治经济学

马克思主义从唯物史观出发,将人类生产活动视为最基本的实践活动,以社会化的人类为其出发点。"为了生活,首先就需要吃喝住穿以及其他一些

① 白云真:《"一带一路"倡议与中国对外援助转型》,《世界经济与政治》2015 年第 11 期。
② 对于唯物史观的基本概念、范畴及其运用的当代阐释,参见李滨、杨蓉荣:《历史唯物主义基本概念范畴在国际研究层面的体现》,《欧洲研究》2019 年第 2 期。
③ 钟飞腾:《"一带一路"产能合作的国际政治经济学分析》,《山东社会科学》2015 年第 8 期;翟东升、王森:《夯实"一带一路"倡议的政治经济学理论基础》,《中央社会主义学院学报》2017 年第 5 期;盛斌、黎峰:《"一带一路"倡议的国际政治经济学分析》,《南开学报》(哲学社会科学版)2016 年第 1 期。
④ 张文木:《论"必须进行具有许多新的历史特点的伟大斗争"——兼谈认识世界基本矛盾的方法》,《太平洋学报》2018 年第 2 期。
⑤ 笔者曾经强调唯物史观对于"一带一路"倡议的跨国及其地缘政治经济研究的意义,参见 Bai Yunzhen, "The Amsterdam School and Its Implications for Chinese Scholars," in Bob Jessop, Henk Overbeek eds., *Transnational Capital and Class Fractions*, Routeldge, 2019, pp.180-184。

东西。因此第一个历史活动就是生产满足这些需要的资料,即生产物质生活本身,而且,这是人们从几千年前直到今天单是为了维持生活就必须每日每时从事的历史活动,是一切历史的基本条件。"①正是经过生产活动,各个社会以不同的方式结成一定的生产关系,以共同活动解决人类物质生活(与精神生活)需要问题。在唯物史观基础上,马克思主义关注生产关系中所蕴含的人与人的关系及其人的发展。"在所有旧唯物主义者和经济学家看到物与物的关系的地方,马克思看到的是人与人的关系。"②由此观之,马克思从人的主体意义理解生产关系、物质生活条件,那么个人的发展取决于其进行生产的物质条件。

对马克思而言,生产越来越不是个人的生产,而是社会化的生产。由于劳动分工的不断发展,在生产过程中处于不同地位的人往往相互竞争,其利益相对立,引起贫富分化,甚至导致斗争。同样的情况也会出现在各民族之间的相互关系之中。"以一定的方式进行生产活动的一定的个人,发生一定的社会关系和政治关系。……社会结构和国家总是从一定的个人的生活过程中产生的。……这些个人是从事活动的,进行物质生产的,因而是在一定的物质的、不受他们任意支配的界限、前提和条件下活动着的。"③马克思主义强调物质生产的现实关系,而且认为那种言过其实的注重重大政治历史事件的历史观是荒谬的,因而强调从经验而非抽象角度关注物质生产的现实前提下特定的社会政治关系及其与物质生产的关系。

以此推之,各民族彼此之间的交往形式以及内外部的生产是相辅相成的。"各民族之间的相互关系取决于每一个民族的生产力、分工和内部交往的发展程度。……然而不仅一个民族与其他民族的关系,而且这个民族本身的整

---

① 《马克思恩格斯文集》第1卷,人民出版社2009年版,第531页。
② 李惠斌:《分享与共享:建立新时代中国马克思主义政治经济学的一个重要取势——从曹典顺教授的"政治经济学与唯物史观的内在关联"说起》,《经济与管理评论》2018年第3期。
③ 《马克思恩格斯文集》第1卷,人民出版社2009年版,第523—524页。

个内部结构也取决于自己的生产以及自己内部和外部的交往的发展程度。"①
随着生产力的普遍发展,人们也普遍地建立起交往。在这一过程中,本土的或
限于疆域之内的人们日渐变为世界历史性的、具有普遍经验的人们。

马克思主义者不仅关注生产过程中的物质力量,而且强调体现物质关系
的观念力量,从唯物史观角度看待观念与历史、现实之间的联系,特别是与物
质环境之间的联系问题。"思想、观念、意识的生产最初是直接与人们的物质
活动,与人们的物质交往,与现实生活的语言交织在一起的。"②人们不仅通过
物质生产和物质交往改变着物质现实,而且也改变着他们自己的思维和观念。
然而马克思主义者也强调传统观念对现实物质生活中人们思想与观念的影
响。由此观之,历史与现实是想象的主体的想象活动。人们的观念是其现实
生活过程的反映。人们的观念是从事物质生产和物质交往的人们改变着自己
的思维和思维的产物,是他们的意识。

观念与物质统一于历史实践中,是历史实践的不同方面而非不同阶段。
"工业和商业、生活必需品的生产和交换,一方面制约着分配、不同社会阶级
的划分,同时它们在自己的运动形式上又受着后者的制约。"③关键是,分工不
仅包含着生产力、社会状况和意识彼此之间可能而且一定会发生的矛盾,而且
伴随着"劳动及其产品的**不平等**的分配(无论在数量上或质量上)"。④

(二)新葛兰西学派与批判政治经济学

新葛兰西学派学者罗伯特·考克斯在认同马克思主义政治经济学的同
时,力图使阶级分析重新成为一项有用的工具,以新的方法探讨阶级形成的
动力。因而考克斯立足于历史唯物主义方法,但是并不拘泥于马克思对特

---

① 《马克思恩格斯文集》第 1 卷,人民出版社 2009 年版,第 520 页。
② 《马克思恩格斯文集》第 1 卷,人民出版社 2009 年版,第 524 页。
③ 《马克思恩格斯文集》第 1 卷,人民出版社 2009 年版,第 529 页。
④ 《马克思恩格斯文集》第 1 卷,人民出版社 2009 年版,第 536 页。

定历史条件或特定历史问题的观点和论述。为此,他从生产的权力关系或权力与生产的相互关系出发,进一步发展了生产的社会关系概念,探讨生产、国家与世界政治经济三者之间的辩证关系。"国际经济模式通过货物、资本和货币的流通把各国的经济联系在一起。国际经济模式的重点在于交换,而世界经济模式的重点在于生产。它由跨国的生产组织所组成,这种生产组织的各个部分分散于不同国家的管辖范围之内。"①特定的生产部门而不是外国直接投资流量是考察跨国生产模式及其规模与地理范围的唯一可靠的途径。

与跨国生产特别相关的是国际金融。"国际金融是促进各国遵守世界霸权秩序的主要力量,也是对一个霸权性世界经济的政治和生产组织的主要规范。"②资金不仅源于生产过程,而且体现了生产过程所积累的剩余。由此观之,国际金融虽然源于生产,但是相对独立于生产,影响着生产关系的发展及其性质。国际金融是伴随着跨国生产的大规模发展而发展的,因而世界经济体现出以生产的跨国化为主的物质扩展与以巨额融资为主的金融扩展的交替出现,尽管在世界资本主义形成以来国际金融所体现的金融扩展是屡见不鲜的。

对于生产的跨国化,以考克斯为代表的新葛兰西学派以生产领域为研究起点,从这一领域向外展望。然而这一观点有失偏颇,并没有涉及生产的内部化问题。在经济民族主义的政策观念背景下,对于国家而言国内力量高于外部力量。当然,考克斯游离在马克思主义与自由派之间,更多地受到葛兰西政治经济思想的影响,以葛兰西的历史集团概念考察国家的性质,更侧重人们的意识形态认同因素对阶级形成及世界秩序形成的影响,探讨西方主导的全球化对西方工人造成新的贫困及发展中国家的欠发展。在考克斯看来,唯物史

---

① ［加拿大］罗伯特·考克斯:《生产、权力与世界秩序:社会力量在缔造历史中的作用》,林华译,世界知识出版社 2004 年版,第 175 页。

② ［加拿大］罗伯特·考克斯:《生产、权力与世界秩序:社会力量在缔造历史中的作用》,林华译,世界知识出版社 2004 年版,第 191 页。

观"虽然常常将政治行动与经济领域相联系,但是它承认政治行动离不开伦理与文化的有效支持,而历史经济主义却将一切事物化约为技术利益和物质利益"。① 尽管考克斯认为任何形式的国家都要靠生产为其提供物质基础,但是更强调在历史上与其说生产决定了国家的形成不如说国家确定了生产的形式,尤其关注国家国际化的概念。

国家国际化的政策过程需要权力结构的组织性支撑。"国家的国际化是一个全球性的过程,其间国家政策和惯例会得到调整,以适应以国际性生产为特点的世界经济的要求。通过这一过程,民族国家成为一个更大、更复杂的政治结构的一部分,这一政治结构与国际性生产形成对应。"②在不同的经济模式中,国家的作用有所不同。在国际经济模式中,国家是外部经济和国内经济之间的缓冲,在政治上对内负责,主要是保护国内各种经济利益不受外来的影响。考克斯认为国家承担起了协调国内社会压力与世界经济需求之间张力的作用,认为国家政策的调整是应对国际体系的一种反映,国际体系使得国家国际化。同样我们也可以认为,国家的国际化不只在于国际体系单向度影响国家政策与国内结构,国家对于国际体系的反作用也应该属于国家国际化的范畴之内。

在考克斯看来,国家的国际化涉及三个方面:第一,在共同的思想框架中(对经济事件进行解释的共同标准及其以开放的世界经济这一思想为基础的共同目标),有一个国家之间关于世界经济的需要或要求达成协商一致的程序;第二,对这一协商一致的过程的参加分不同的级别;第三,国家的内部结构得到调整,以最有效地把全球的协商一致落实到国家政策和惯例之中,同时考虑到世界经济中不同等级的国家可能会出现各自的具体障碍。③ 国家结构不

---

① ［加拿大］罗伯特·考克斯:《生产、权力与世界秩序:社会力量在缔造历史中的作用》,林华译,世界知识出版社 2004 年版,第 198 页。

② ［加拿大］罗伯特·考克斯:《生产、权力与世界秩序:社会力量在缔造历史中的作用》,林华译,世界知识出版社 2004 年版,第 181 页。

③ ［加拿大］罗伯特·考克斯:《生产、权力与世界秩序:社会力量在缔造历史中的作用》,林华译,世界知识出版社 2004 年版,第 182 页。

仅意指政府的行政管理和执行机构,而且意指国家所依靠的社会力量,如社会组织、基金会等。

(三)新时代中国特色社会主义政治经济学

新时代中国特色社会主义政治经济学以唯物辩证法为世界观和方法论,是当代中国马克思主义、二十一世纪马克思主义创新发展的典范,既是唯物史观与中国特色社会主义基本制度密切相连的实践创新,也是中国经济发展到高质量发展阶段这一新历史时期与时俱进的理论创新。新时代中国特色社会主义政治经济学体现了以人民为中心的发展思想,阐明了政府与市场、对内与对外等重大关系,辩证看待政府与市场的关系,统筹国内国际两个大局,体现了在生产力和生产关系调整过程中的主体性。从根本上而言,新时代中国特色社会主义政治经济学是中国社会主义生产方式这一经济基础从根本上决定上层建筑、同时上层建筑保障经济基础的历史实践的体现和反映。

2014年5月26日,习近平在主持中央政治局第十五次集体学习时指出,在市场作用和政府作用的问题上,要讲辩证法、两点论,"看不见的手"和"看得见的手"都要用好,努力形成市场作用和政府作用有机统一、相互补充、相互协调、相互促进的格局。早在1997年,习近平强调考察社会变革时,要从人类物质生活与社会生活、政治生活、精神生活的关系入手。[1] 新时代中国特色社会主义政治经济学更加鲜明地强调不断调整生产关系适应生产力发展的必要性,强调更好发挥政府作用,破除阻碍生产力发展的体制机制障碍,创建共建共治共享的体制机制,更加突出发展的内外联动性。新时代中国特色社会主义政治经济学是"强起来"的新时期中国工业和社会政治状况的需要,是中国历史文化传统的产物,是中国共产党人不断守正创新的结果。

在目前历史阶段,新时代中国特色社会主义政治经济学寻求以中国特色

---

① 习近平:《论〈政治经济学批判〉序言的时代意义》,《福建论坛》1997年第1期。

社会主义生产方式进一步变革生产力,着力解决人民日益增长的美好生活需要和不平衡不充分的发展之间的矛盾。以唯物史观观之,中国特色社会主义生产组织方式决定了新时代中国根本国家利益本质上是寻求国际和平与稳定、寻求合作与发展、寻求共赢。[1]"共商共建共享"原则体现了马克思主义理论品格与中国历史性实践品格,是中国传统社会继承与当代中国社会创新的产物。尤其是创新、协调、绿色、开放、共享的新发展理念以及推进国家治理体系和治理能力现代化的新治理理念,丰富发展了中国特色社会主义政治经济学。

然而,在当今世界正经历百年未有之大变局之际,全球治理体系和多边机制受到冲击,无法适应满足生产力跨国发展的交往需要。"没有共同体,这是不可能实现的。只有在共同体中,个人才能获得全面发展其才能的手段,也就是说,只有在共同体中才可能有个人自由。……在真正的共同体的条件下,各个人在自己的联合中并通过这种联合获得自己的自由。"[2]面对阻碍以国际分工和生产为基础的生产力世界性发展的制度性挑战,新时代中国特色社会主义政治经济学着力破解治理赤字难题,坚持共商共建共享的全球治理观,以"一带一路"建设为重点,共同推动构建人类命运共同体,形成内外联动的国家治理体系。

总而言之,上述三种政治经济学是以非传统的观点为基础的,即再生产的扩大不仅与跨国市场的形成密切相关,而且与国家的形成和建构过程密切相关。传统的观点却认为,市场经济与国家权力是相对立的。其错误就在于传统观点的思想形式源于一个具体的历史阶段,但是却假设其具有普遍有效性。事实上政治目标与经济目标、政治考虑与利润考虑是不可分割的。在特定的历史阶段,尽管市场扩张有赖于国家权力,然而却日益与国家权力相对立,从

---

① 李滨、陈怡:《新时代中国特色社会主义与中国的国家利益》,《世界经济与政治》2018年第7期。

② 《马克思恩格斯文集》第1卷,人民出版社2009年版,第571页。

而导致生产的总体性危机。

二、"一带一路"的政治经济基础

"一带一路"是一种新型的国际分工与生产，因其高质量发展就是有效地践行共商共建共享原则，实现互利共赢目标。为此，研究者不仅要提出新时代中国特色社会主义政治经济学与"一带一路"倡议现实之间的联系问题，而且要提出共商共建共享原则与"一带一路"倡议的物质环境之间的联系问题。"一带一路"是历史活动和现实关系，是由中国与"一带一路"参与国的工业状况、商业状况、农业状况、交往状况促成的，是需要充分发展的。"一带一路"意味着许多个人、国家的共同活动，是在历史的现实条件下以互利共赢为目的而进行的，从而以社会调节着生产，从根本上调节着经济、社会和政治结构，进而使交换、生产及其发生相互关系的方式受共同活动的影响和支配。

在向新世界历史转变的时代，"一带一路"力图解决生产力的跨国发展与跨国交往形式之间的矛盾。在"一带一路"建设过程中，整个的商业生活和工业生活超出了国家和民族的范围，因而各个国家不再单纯地从自身出发，而是从"一带一路"中"五通"的现实生活过程出发。在这一过程中，"一带一路"调节着现实的生产关系、经济关系、政治关系以及社会关系，标志着中国人与人类历史发展的一个新阶段。只有在现实的世界中并使用现实的政治经济手段才能实现真正的"一带一路"。"一带一路"的全部问题都在于改变各民族内部及其贫富悬殊的实际状况，寻求更美好的生活。

在"一带一路"中，中国越来越摆脱民族局限和地域局限，而同跨国乃至全球的生产发生实际联系，利用这种全球性生产能力实现共同发展。"一带一路"是以开放的世界市场为基础的，因其具有世界历史意义而有存在的现实必要，而且只有作为世界历史性的存在才有可能实现。只有各民族国家共同行动起来，"一带一路"在经验上才是可能的，然而"这是以生产力的普遍发展和以此相联系的世界交往为前提的"。① 各个相互影响的"五通"活动方式和范围在"一带一路"建设中越是扩大,那么中国及其"一带一路"参与国由于日益发展的生产方式、交往这一世界历史性的共同活动越是日渐脱离其原来的封闭状态而迈向新的开放状态。随着跨国交往越来越以国际分工和生产为基础,跨国公共机制必然会出现,从而必然有一般意义上的跨国政治乃至全球政治。

(一)共建"一带一路"倡议的跨国生产与金融基础

"一带一路"具有生产力巨大增长和高度发展这一深刻的历史与现实前提,是当今中国与世界工业状况和社会状况的产物,延承了全球化进程中的工业发展与跨国交往,是随着人们共同需要的改变而改变跨国生产的历史进程,将摆脱西方国家所主导的全球依附性生产关系。"这种依附关系在历史上先以殖民体系为特征,后以金融控制形式呈现,而现在更多地依靠技术的控制形式。"②"一带一路"设施联通以及贸易畅通是以特定时期的国际分工和生产关系为基础的,意味着特定生产方式或工业阶段中一定的共同活动方式,因突破地域性的存在而成为世界历史性的存在。"一带一路"倡议并不仅仅是以交换方面的贸易畅通为重点,而是需要逐渐转向"一带一路"沿线国家的跨国生产。"一带一路"倡议意味着中国以及各国生产进程及其资本积累的逻辑变了。事实上"一带一路"倡议体现了市场、生产和积累过程在空间上的调整,是在特定的企业参与、支持和推动下进行的。特别是,中国企业在组织与生产方面已经达到跨国的规模,是"一带一路"建设的主体。

"一带一路"倡议明确提出了坚持市场运作的共建原则,即充分发挥市场在资源配置中的决定性作用和各类企业的主体作用。"一带一路"建设是与中国国有企业、民营企业组织海外生产或多国生产的变化密切相关的。中国

---

① 《马克思恩格斯文集》第 1 卷,人民出版社 2009 年版,第 539 页。
② 李滨:《"百年未有之大变局":世界向何处去》,《人民论坛》2019 年第 4 期(上)。

改革开放以来,最成功的经验是从当时的四个经济特区发展到十四个沿海城市,从开发区、国家级新区到浦东新区、雄安新区。事实上除了传统的并购与兼并等形式之外,共建产业园区、经贸区等成为中国生产跨国化的重要途径与手段。中国在"一带一路"沿线国家已设立了 50 多个合作园区。20 世纪50—60 年代跨国生产处于物质扩展阶段,美国在生产的世界范围扩展之中占据优势,随之而来的是金融扩展。然而随着 2008 年金融危机的爆发,以美国为代表的西方国家进入物质收缩阶段。相比之下,随着"一带一路"倡议的实施与建设,中国跨国生产正处于物质扩展阶段,为"一带一路"倡议的"五通"提供生产基础。

2015 年 5 月 16 日,国务院印发《关于推进国际产能和装备制造合作的指导意见》。以此为基础,2015 年中国政府至少出台了 11 份与产能合作相关的政策文件。中国与哈萨克斯坦、俄罗斯已经建立起滚动更新的产能合作清单机制。中国与"一带一路"沿线国家开展双边产能合作,借助东盟、非盟、欧盟等区域组织推动产能合作,与法国(在一些亚非国家)、新加坡(在东南亚国家)、日本(在泰国)等开展第三方产能合作。"一带一路"沿线国家的生产日渐与中国创建的国际正式机制与非正式机制相联系,而且越来越融入中国与"一带一路"参与国所共同主导的生产体系中。

"一带一路"资金融通是"一带一路"建设中中国与世界政治经济之间的主要联系,有赖于国际金融在"一带一路"建设中的地位、组织及策略。"就其形式与手段之丰富而言,只有人类追求工业及贸易的热衷可与之相比,在某种程度上它成为后两者的典型与相对物。"[1]尽管世界历史资本主义格局的中心方面是物质扩张时期与金融再生和扩张阶段的交替更迭,[2]但是工业生产与

---

① [英]卡尔·波兰尼:《巨变:当代政治与经济的起源》,黄树民译,社会科学文献出版社2017 年版,第 52—53 页。

② [意]阿瑞吉:《漫长的 20 世纪——金钱、权力与我们社会的根源》,姚乃强等译,江苏人民出版社 2001 年版,第 7 页。

国际金融事实上是世界政治经济变迁的不同方面,并非两个彼此并不相连的阶段。在"一带一路"倡议中,中国切实在金融保障上下功夫,推动形成金融支持共建"一带一路"的政策体系,有序推动人民币国际化,引导社会资金共同投入"一带一路"沿线国家基础设施、资源开发等项目,为走出去企业提供外汇资金支持。

"一带一路"沿线国家之所以愿意协调政策,是因为亚投行、金砖新发展银行、丝路基金、中国中东欧基金、中非基金等融资机制可以提供外部资源。2014年11月6日,中央财经领导小组召开第八次会议,研究丝绸之路经济带与21世纪海上丝绸之路规划,发起建立亚洲基础设施投资银行和设立丝路基金。2014年11月8日,在加强互联互通伙伴关系对话会上,习近平宣布中国将出资400亿美元成立丝路基金,为"一带一路"沿线国家基础设施、资源开发、产业合作和金融合作等与互联互通有关的项目提供投融资支持。至2018年底,国家开发银行、中国进出口银行在沿线国家贷款余额约2500亿美元,中国出口信用保险公司在沿线国家累计实现保额6000多亿美元。截至2019年7月,亚洲基础设施投资银行成员数增至100个,获得联合国大会永久观察员地位,贷款总额达到85亿美元,成功发行首笔全球美元债券,成为多边开发体系的重要一员。

(二)共建"一带一路"倡议的政治和社会基础

"一带一路"不仅是以特定时期的经济关系为基础的,而且也是以政治关系、社会关系领域的政策沟通和民心相通为基础的,依照共商共建共享原则建构开放的新国家形式、世界新秩序形式,从而使中国与"一带一路"参与国的生产通过新型的治理体系而彼此相连。随着生产力的发展,以往适应生产力的交往形式成为桎梏,必将由另一种新的交往形式所代替。"就是说它不是按照自由联合起来的个人制订的共同计划进行的,所以它是以各个不同的地域、部落、民族和劳动部门等等为出发点的,其中的每一个起初都与别的不发生联系而独立地发展,后来才逐渐与它们发生联系。"①因而"一带一路"建设也不能忽视国家的性质及其角色,需要"加强政策沟通,形成政策协调,规划对接的合力,促进相关国家协同联动发展,不断夯实'一带一路'建设的政治基础"。② 在美国所主导的霸权性世界秩序中,以美国为代表的新自由主义国家参与了跨国生产过程及其金融市场的一体化,受到最小国家观(minimalist state)的影响。即使如此,国家也行使一些必不可少的职能,即排除经济自由的障碍、为货物和劳力的自由市场创造条件、确保货币的稳定、国家职能的专门化和权力的集中化、动员资本。③

"一带一路"并不是自发进行的,而是按照自由联合起来的国家制定的共同计划进行的,是以各个不同的地区、国家、经济部门等为出发点的,是各个国家借以实现共同利益的形式从而获得的新政治形式。跨国生产为"一带一路"倡议创造了物质基础,但是政府的角色和功能必须适应"一带一路"建设所形塑的跨国生产新秩序。生产结构的变化意味着国家的性质及其市场管理权的使用的变化。正是中国国家的独特性质塑造了跨国生产的新方式。作为发展型国家④,中国从国家计划转向国家调节,是有别于荷兰、英国与美国的非常不同的、性质迥异的国家。在"一带一路"建设中,中国与"一带一路"沿线国家共同重新组织和控制其所处的生产与资金网络的规模和范围。跨国生产催生了国家的国际化,反过来国家的国际化又决定着跨国生产的互动方式。国家在跨国生产方面的作用更加积极主动,更有创新精神,制定或调整促进生产的国家政策,从而形成共同的政策观念。

传统的经济协调体系朝着多元层级架构方向发展,形成相对更为正式的

---

① 《马克思恩格斯文集》第 1 卷,人民出版社 2009 年版,第 576 页。

② 中共中央宣传部:《习近平新时代中国特色社会主义思想三十讲》,学习出版社 2018 年版,第 303 页。

③ [加拿大]罗伯特·考克斯:《生产、权力与世界秩序:社会力量在缔造历史中的作用》,第 90—93 页。

④ Shaun Breslin, *China and the Global Political Economy*, Palgrave Macmillan, 2013, pp.47–52.

跨国政府调节组织或"一带一路"相关国家国内机构之间达成的协议等政府网络(government networks)。[①] 其中世界经济协调机制中的新兴力量正在迅速崛起,如金砖国家领导人会议、中非论坛、中阿论坛和二十国集团领导人峰会等。在"一带一路"建设中,中国不断促进、组织和调节"一带一路"建设的策略和机制,以越来越广泛和复杂的组织能力控制所涉及的地理与空间范围的社会和政治环境,在双边税务互免和互惠、当地工作证与居留许可的办理和外交领事保护等法律法规方面加强政策沟通,制定国家政策时相互协商的惯例。此外,中国与"一带一路"沿线国家都意识到彼此的经济政策会相互影响,因而相关具体行政部门争取以谈判的方式协商一致。例如,国家发改委分别会同国资委、全国工商联、各行业协会建立协同机制,推进跨国生产合作。再者,在"一带一路"国际合作高峰论坛期间,财政部会同人民银行举办了"促进资金融通"平衡主题会议,而且财政部提出四项成果建议纳入论坛成果清单,即与26国财政部门共同核准《"一带一路"融资指导原则》、与6家多边开发银行就加强"一带一路"合作签署备忘录、联合多边开发银行设立多边开发融资合作中心、成立"一带一路"财经发展研究中心。由此,相互协调国家政策的做法日渐成为习惯。

跨国机制、规则和原则日渐以"一带一路"为中介,是以实际的共同需要为基础的,是以国家的整体生活条件为基础的,以解决全球发展的不平衡与不均衡,形成更平等的国际分工以及公平分配的多边体系。"在全球化时代树立人类命运共同体意识,需要深入理解和进一步发展中国化马克思主义的矛盾论和辩证唯物史观,以辩证的思维方式把握世界历史进程中复杂的矛盾关系。中国正尝试改变零和对抗的博弈逻辑,从传统中国'天下为公、世界大

---

① Anne-Marie Slaughter, "Governing the Global Economy through Government Networks," 载[美]弗里德里克·克拉托赫维尔、爱德华·曼斯菲尔德主编:《国际组织与全球治理读本》(第二版)(原版影印),北京大学出版社2007年版,第125页。

同'的理想中汲取智慧,为全球治理体系注入新的公平与发展理念。"①中国并不坚守自己特殊的国家利益,而是使自己的利益与"一带一路"参与国的共同利益有更多的联系,因而"一带一路"是按照共商共建共享的原则治理的,是需要国家结构与政策支撑的。中国的世界秩序主张"没有'中国优先'的成分,更不是世界革命的宣言,而是立足于'共商、共建、共享',照顾了世界各类不同发展程度、不同社会制度国家的共同利益,顺应了全球化发展带来的相互依存的现实,也反映了世界绝大多数民众要求推动全球化健康发展、修正新自由主义秩序背后的经济范式和政治范式带来的各种弊端的要求"。② "一带一路"很大程度上是以新的共同利益、新的共同思想观点反对占主导地位的新自由主义观念,避免其狭隘性、地域局限性。"一带一路"有必要使特殊利益与共同利益协调一致起来,自愿地共同活动,形成联合力量而非某种异己的、在它们之外的强制力量,从而驾驭物质力量。"一带一路"不仅是以生产力的巨大增长和高度发展为前提的,而且是不同于资本主义的积累方法和机制的。若没有"一带一路"互利共赢的目标,那就只会有贫穷、极端贫困的普遍化。

三、"一带一路"高质量发展的政策路径

研究者与实践者需要将"一带一路"当作政治经济实践加以理解,从人类主体方面加以理解。"一带一路"倡议是实践批判的变革性活动,并不仅仅是理论问题,更是实践问题,在实践中寻求"一带一路"高质量发展的现实性和力量,用消除矛盾的方法在实践中实现高质量共同发展。在"一带一路"高质量发展中,中国改革开放所需要处理的问题是如何从与"一带一路"沿线国家

---

① 刘伟、王文:《新时代中国特色社会主义政治经济学视阈下的"人类命运共同体"》,《管理世界》2019 年第 3 期。

② 李滨:《"百年未有之大变局":世界向何处去》,《人民论坛》2019 年第 4 期(上)。

的关系中获得预想的收益,同时又能继续保留对自己发展方向的控制权和经济主权。"中国进一步改革开放还必须缓解依附。这是缓解中国内外矛盾的重要条件。它的核心就是加大自主创新和内需增长动力。"①无论如何,中国必须仍然把自主决定的发展目标视为优先事项,在此基础上权衡与构建同"一带一路"沿线国家的适当关系。"一带一路"倡议的政治经济逻辑反映出中国共商、共建、共享的价值标准,以天下大同理念、怀柔远人、和谐万邦的天下观把握着"一带一路"高质量发展的速度和节奏,以推进经济社会政治变革的战略推动共建"一带一路"向高质量发展转变。

(一)确保"一带一路"高质量发展的内外平衡

"一带一路"建设的关键问题是,为了实现"一带一路"倡议,中国应当通过什么样的经济政策才能实现生产力的决定性变化及其生产力的跨国布局。"一带一路"倡议的设施联通、贸易畅通与资金融通有赖于中国与"一带一路"沿线国家和地区的生产方式,需要提升中国与"一带一路"沿线国家生产的能力。因而笔者认为,"一带一路"高质量发展应该是以国内生产力的均衡优势与充分发展为基础的,需要足够的政治支持及其统一的对外经济政策。"像法国那样,政府追求连续性产业政策的努力,已经因跨国公司和全球性生产网络的增长而大大改变,向海外转移生产的能力削弱了一个依赖于创造'国家扶持'的产业战略。"②英国的海运产业和国外贸易都是以它的本国工农业为稳固基础的;它的国内贸易是在与国外贸易的适当比例下发展的。尽管"一带一路"倡议遵循着世界经济的生产与积累逻辑,但是仍需要关注特定生产与国民经济的需求与目标,需要关注跨国生产的全球与地方互动。

尽管生产与金融等在"一带一路"倡议中具有持久性的意义,但是不能忽

---

① 李滨:《社会力量、世界秩序和中国发展》,《世界经济与政治》2010年第12期。

② [英]戴维·赫尔德:《全球大变革:全球化时代的政治、经济和文化》,杨雪冬等译,社会科学文献出版社2001年版,第384页。

视的是生产与金融积累的国内进程。中国调整自身的生产结构与国民经济,以适应"一带一路"建议的要求,在确保生产相通的前提下促进贸易联通、资金融通等互联互通。因而"一带一路"沿线国家对"一带一路"倡议中生产与金融的跨国化和内部化的支持和鼓励是不可或缺的。在英美主导的不同世界秩序中,英美两国践行了跨国生产的不同路径与轨道。英国将国际生产国内化或内部化,美国则实质上将国际生产内部化或国内化。日本公司在海外业务中往往使用外包的做法,争取成立合资企业,以加强日本对生产的参与。为了提高生产力,中国企业经营方式和劳资关系扩展到"一带一路"沿线国家,为"一带一路"高质量发展奠定政治基础。当然对于世界经济要求的协商一致取代关于国家经济目标的协商一致,成为"一带一路"倡议政策沟通的基础。在"一带一路"建设中,在生产方面,中国具有决定性的竞争性优势,同时具备贸易畅通、资金融通方面的优势,跨国公司不一定要在海外进行生产。

(二)权衡"一带一路"高质量发展中不同产业合作的轻重

在"一带一路"建设中,纺织、服装、轻工、家电、基建等优势传统产业合作起着不可替代的作用。例如,2018 年 8 月 27 日习近平总书记在推进"一带一路"建设工作 5 周年座谈会上强调,以基础设施等重大项目建设和产能合作为重点。始设于 2016 年 12 月的吉布提国际工业园区运营公司(吉布提国际自贸区)的招商重点是商贸、物流及电器、建材、重型机械、汽车配件等。此外,中国企业在"一带一路"沿线国家设厂生产,以获得廉价的原材料,尤其是能源与一些矿物资源。然而"一带一路"高质量发展需要进一步加强文化、教育、医疗等产业领域的合作,"特别是投向高新技术产业、先进制造业和现代服务业,支持国内实体经济发展。"[1]

因而在"一带一路"高质量发展中,中国与"一带一路"沿线国家不能仅凭

---

[1] 中共中央宣传部:《习近平新时代中国特色社会主义思想三十讲》,学习出版社 2018 年版,第 305 页。

比较优势进行优势产能合作,而且要关注竞争性优势,平衡农业生产、原料及其能源生产、工业生产等领域的轻重,进而以生产性资本积累为本,与金融性资本积累相辅相成,共同商定产业合作领域的轻重缓急。在"一带一路"高质量发展中,中国要想在激烈的国际生产与资本竞争中取得成功,必须进行产业结构调整,制定具有平衡性的产业战略,以提升实体经济的生产力而非仅仅增加财富本身。

(三)提升"一带一路"高质量发展的治理能力

一方面,"一带一路"高质量发展与世界治理的组织性变革密切相关。跨国生产政策与国际金融政策等经济政策不仅仅需要国家的支撑,而且需要制度化的国际机制,因而中国需要调整其机制和政策以适应世界秩序的节奏而逐渐国际化,完善中国与"一带一路"沿线国家经济政策的协调机制,以便于既能保证国际扩展又保留国家指导作用的制度。"协调机制分为'硬性'和'软性'两种。硬性协调来自权威性的中央决策,软性协调来自互相磋商的做法。"①欧盟决策过程的基础是软性协调,那么在何为正确的欧洲行为准则这一问题上,欧盟各国体现出一个相互影响、潜移默化的过程。考克斯认为,在贸易政策、农业和地区援助等领域,欧洲的协调较为硬性;在控制货币供应和信贷管理、工业政策和收入政策方面的协调则较为软性。随着"一带一路"建设的深入推进,新的合作与治理机制日益迫切,将非正式机制日益发展为正式机制成为"一带一路"建设的重要政策路径。因而中国应与"一带一路"沿线国家进一步在不同议题领域共同构建协调与沟通国家政策的复杂正式机制或非正式机制,以最终形成相互间协商和评估国家政策的惯例。

另一方面,"一带一路"高质量发展取决于中国国内治理能力与全球治理

---

① [加拿大]罗伯特·考克斯:《生产、权力与世界秩序:社会力量在缔造历史中的作用》,第185页。

能力,特别是共商共建共享的全球治理能力以及构建更加公正合理的全球治理体系的能力。"一带一路"高质量发展的挑战不完全在于跨国生产和国际金融,更在于各国重塑生产、市场和生活等方面的组织治理能力,以避免经济动荡、政治失序、社会失调,管理国际市场的供需、利率、汇率等。尤其是各种流行性疾病的跨国传播不仅直接威胁人类的生命和健康,而且也威胁着国家稳定和国际秩序①,因而非传统安全领域的安全化与治理机制成为"一带一路"高质量发展的新的治理能力需求。"一带一路"高质量发展跟愈来愈广泛和复杂的组织能力有关,以控制"一带一路"范围的生产与资本积累的社会和政治环境。"通常,获得这种组织能力,更是在变化着的资本主义世界经济的空间结构中所处的地位优势带来的结果,而不是那种创新带来的结果。"②由此,"一带一路"高质量发展更需与中国等国家在方向、策略与结构等方面的国内治理能力及制度安排相关,以创造更稳定的政治空间、更公正的经济空间、更安定的社会空间。

(四)夯实人类命运共同体建设的政治经济基础

生产关系并不孤立地存在或局限于国家之内,而是与世界秩序相连。中国国际化及其与跨国生产的关系,受到世界秩序的约束,特别是在军事和金融方面。在世界秩序转型的新历史方位,世界性军事力量仍然集中在美国及其盟国手中,然而生产与资本的积累逐渐从美国所主导的大西洋转移到以东亚为主导的太平洋。"一带一路"只有在世界历史意义上才能高质量发展,只有作为世界历史性的存在才有可能实现。随着"一带一路"的高质量发展,人们的普遍交往也建立起来。地域性的个人或国家被世界历史性的、经验上普遍

---

① Peter Chalk, "Disease and the Complex Process of Securitization in the Asia-Pacific", in *Mely Callabero-Anthony*, *Ralf Emmers*, Amitav Acharya eds., *Non-Traditional Security in Asia: Delemmas in Securitization*, Routledge, 2006, pp.112–135.

② [意]阿瑞吉:《漫长的 20 世纪——金钱、权力与我们社会的根源》,姚乃强等译,江苏人民出版社 2001 年版,第 17 页。

的个人或国家所代替。单个民族国家只有摆脱种种民族局限和地域局限而且同"一带一路"高质量发展的物质生产和精神生产实际上相联系,才能获得利用超越国家疆界的生产能力。"一带一路"旨在消除生产关系和交往关系这些前提的自发性,自觉地行动起来使这些前提受联合起来的"一带一路"沿线国家的共同支配。因此,"一带一路"实质上具有共同发展的政治经济性质,为人类命运共同体建设创造各种物质与社会政治条件。

人类命运共同体是与中国方案紧密结合的,融合了中国共产党治国理政的理念与亚洲东方文化因素的新世界观。① 从这个角度看,中国需要联合那些彼此之间有一致性的力量,以阵地战为主、运动战为辅相结合的方式进一步推进政治互信、经济融合、文化包容的利益共同体、命运共同体和责任共同体建设,探索全球经济与发展治理模式,推动更大规模的平等与相互尊重的世界新秩序的建构。尽管在"一带一路"建设中生产过程没有那么显而易见的改变,但是国际分工和生产的社会关系都发生了变化。生产的国际化与国家的国际化都是未竟之事。由于一些社会群体的反对,生产和国家的国际化都不是不可避免的必然趋势,特别是在第三世界国家。如若在人类命运共同体中,各个国家自由联合起来,把自身自由发展的条件置于自己的主导之下,那么中国与"一带一路"沿线国家要共同采取政治、行政、金融、社会等手段,巩固共同体建设的基础。

总　　结

"一带一路"高质量发展是一项国家事业、人类事业,需要立足于政治经济逻辑、展现出自身的路径与措施,并有别于以往英美主导的霸权式秩序,它是个开放性治理体系,是知与行的具体的历史的统一,是按照自由联合起来的

---

① 张文木:《"一带一路"与世界治理的中国方案》,《世界经济与政治》2017 年第 8 期。

国家制订的共同计划进行的。"一带一路"高质量发展的政治经济学分析框架需要从理论上批判错误的思想与观念，在实践中加以变革，以事物本质、历史经验与教训、中国与"一带一路"沿线国家共同需要与共同利益为基础，以使其理论观点与"一带一路"高质量发展的实践相一致。"倘若世界体系被称为社会主义的，它应该在对人类的相互尊重和对自然的共同关注上重新界定。但是应该在国家调控下的市场流通中重组，而不是通过国家所有制和控制生产工具来完成，从而以亚当·斯密的方式赋予劳动者更多权利和约束资方。"①因而"一带一路"高质量发展应以更平等的跨国生产和分工为基础，充分发挥国家在经济调控中的重要参与职能，以共同利益而非特殊利益为发展目标。因而政策实践者需要具有超越单纯经济利益的战略眼光，必须清醒地认识到中国处于产业链低端，避免陷入产业陷阱，需要以人民—民族利益、人类利益为共同宗旨。

在百年未有之大变局之际，新自由主义霸权式世界秩序处于相对衰落之中，然而非霸权式世界秩序尚未形成。在这一历史过程中，世界秩序的变化必然影响到中国与"一带一路"沿线国家之间的关系。在"一带一路"高质量发展中，中国与"一带一路"沿线国家需要掌握更大的主动，这既取决于对物质资源的掌握，也取决于对"一带一路"历史过程的政治经济理解。事实上，"一带一路"高质量发展最重要的方面在于国家与企业的独特融合。由此观之，包括经济政策在内的中国政策与"一带一路"高质量发展是一种辩证的历史关系，而且"一带一路"高质量发展很大程度上是有待深思的更加具有政治实践性质的物质性实践问题。"一带一路"高质量发展对于中国而言意味着中国政府与企业的特定综合体或联盟的新发展，因而中国需要以长远的眼光描述和评估"一带一路"这一历史进程的成效，避免目光短浅的政策。

---

① ［意］阿瑞吉：《亚当·斯密在北京：21世纪的谱系》，路爱国等译，社会科学文献出版社2009年版，第32页。

实 践 篇

推动共建"一带一路"经贸合作高质量发展[①]

2013 年 9 月和 10 月,习近平主席提出了共建"一带一路"国际合作倡议,强调以共商共建共享原则,推动"五通"(政策沟通、设施联通、贸易畅通、资金融通和民心相通)发展,改善各国经济发展环境,为世界经济发展注入新动力。

10 年来,在参与方的共同努力下,共建"一带一路"国际合作不断深化,从打造绿色丝绸之路、健康丝绸之路、智力丝绸之路及和平丝绸之路提升至建设和平之路、繁荣之路、开放之路、绿色之路、创新之路、文明之路和廉洁之路,取得令人瞩目的合作成效。共建"一带一路"以"五通"为引领,全面推进合作,促进了各国经济发展并提高了参与国百姓的福祉。

一、政策沟通不断深化

(一)签署共建"一带一路"合作文件

政策沟通是共建"一带一路"的前提和重要保障。据中方统计,截至 2023 年初,中国已与 151 个国家和 32 个国际组织签署 200 余份共建"一带一路"合作文件[②],参与国分布于亚洲、欧洲、非洲、拉丁美洲和南太平洋等地区,合作

---

① 作者:刘华芹,商务部国际贸易经济合作研究院研究员。
② 孙自法:《"一带一路"建设十周年成效显著 专家学者建言献策高质量发展》,ht-tp://www.chinaqw.com/ydylpc/2023/03-06/353445.shtml,访问时间:2023 年 3 月 6 日。

领域涵盖基础设施建设、产能合作、数字经济、标准联通、税收合作、知识产权、法制合作、能源合作、农业与海洋合作等。自 2015 年起,共建"一带一路"载入联合国、上海合作组织、二十国集团、阿拉伯国家联盟、非洲联盟、拉美国家联盟等国际组织的相关文件,得到普遍认可。

表1　部分共建"一带一路"国际合作文件①

合作领域	文件名称
数字丝路	中国与 16 个国家签署加强数字丝绸之路建设合作文件。
金融合作	27 国财政部核准了《"一带一路"融资指导原则》。
标准联通	《标准联通共建"一带一路"行动计划(2018—2020 年)》,中国与 49 个国家和地区签署 85 份标准化合作协议。
通信合作	《关于加强"一带一路"框架下电信和信息网络领域合作的意向书》,由中国与国际电信联盟签署。
税收合作	《阿斯塔纳"一带一路"税收合作倡议》,税收协定合作网络延伸至 111 个国家和地区。
知识产权	中国与 49 个沿线国家联合发布《关于进一步推进"一带一路"国家知识产权务实合作的联合声明》。
法制合作	《"一带一路"法治合作国际论坛共同主席声明》,于"一带一路"法治合作国际论坛发布。
能源合作	《关于建设绿色"一带一路"的谅解备忘录》,由中国与联合国环境署签署。
农业合作	《共同推进"一带一路"建设农业合作的愿景与行动》,由中国农业部、发展和改革委员会、商务部、外交部四部委联合发布。
海洋合作	《"一带一路"建设海上合作设想》,由中国国家发展和改革委员会、国家海洋局联合发布。

(二)建立"一带一路"国际经贸合作机制

为了有效推动合作进程,在中方倡导下创立了多层级、多领域国际合作机

---

① 推进"一带一路"建设工作领导小组办公室:《共建"一带一路"倡议:进展、贡献与展望》,https://www.gov.cn/xinwen/2019-04/22/content_5385144.htm,访问时间:2023 年 4 月 22 日。

制,为共建"一带一路"提供了良好的机制保障。

以"一带一路"冠名的国际合作机制有"一带一路"国际合作高峰论坛、"一带一路"能源合作伙伴关系合作网络互联互通(电力)工作组、"一带一路"财经发展研究中心、"一带一路"新闻合作联盟、"一带一路"智库合作联盟、"一带一路"研究中心、"一带一路"PPP 工作机制、"一带一路"国际科学组织联盟和"一带一路"绿色发展国际联盟等。

在"一带一路"框架下建立的多边及区域合作机制,包括中国与 17 个国家建立的双边电子商务合作机制、中欧共同投资基金、澜湄合作机制、中国—中东欧银联体、中国—阿拉伯国家银行联合体、中非金融合作银行联合体、中国—国际货币基金组织联合能力建设中心、丝绸之路旅游推广联盟、海上丝绸之路旅游推广联盟、"万里茶道"国际旅游联盟、丝路国际智库网络、亚洲基础设施投资银行和丝路基金等,以及中外高校合作设立的高校智库联盟、合作发展学院、联合培训中心等。

在"一带一路"框架下建立的双边合作机制,包括中缅经济走廊联合委员会、中巴经济走廊联合合作委员会、中日第三方市场合作论坛、中法第三方市场合作指导委员会等。

二、设施联通快速推进

设施联通是共建"一带一路"的关键领域和核心内容。10 年来,中国与合作方以"六廊六路多国多港"为框架全方位推进基础设施互联互通。新亚欧大陆桥、中蒙俄、中国—中亚—西亚、中国—中南半岛、中巴和孟中印缅六大经济走廊建设稳步推进,启动西部陆海新通道建设,铁路、公路、航运、航空、管道和空间综合信息网络建设成效突出,先期合作国家获得早期收获,部分保障海上运输大通道安全畅通的合作港口发挥积极作用。

（一）铁路运输成为互联互通标杆

中欧班列是共建"一带一路"互联互通的旗舰项目。如图 1 所示，中欧班列年度开行量从 2013 年的 80 列增至 2022 年的 16000 列，9 年间增长了将近 200 倍。截至 2022 年底，中欧班列累计开行量突破 6.5 万列，运输货物超过 600 万标箱，货值 3000 亿美元。目前，中欧班列联通中国境内 108 个城市，通达欧洲约 25 个国家 208 个城市①。班列分为东、中、西通道，其中西通道在新疆阿拉山口（霍尔果斯）铁路口岸与哈萨克斯坦、俄罗斯铁路相连，途经白俄罗斯、波兰等国，通达欧洲其他各国；中通道在内蒙古二连浩特铁路口岸与蒙古国、俄罗斯铁路相连，途经白俄罗斯、波兰等国，通达欧洲其他各国；东通道在内蒙古满洲里铁路口岸、黑龙江绥芬河铁路口岸与俄罗斯铁路相连，途经白俄罗斯、波兰等国，通达欧洲其他国家。

西部陆海新通道由重庆向南经贵州等地，通过广西北部湾等沿海沿边口岸，通达新加坡及东盟主要物流节点；向北与中欧班列连接，利用兰渝铁路及西北地区主要物流节点，通达中亚、南亚、欧洲等地区。2022 年西部陆海新通道班列开行 8800 列②。在新冠疫情和乌克兰危机背景下中欧班列持续正常运行，保证了亚欧大陆运输通道的畅通，维护了沿线国家供应链的稳定。

（二）公路运输快速崛起

10 年来，中国与 15 个沿线国家签署了包括《上海合作组织成员国政府间国际道路运输便利化协定》在内的 18 个双边及多边国际运输便利化协定。

---

① 《中欧班列"新丝路"跑出奋发新姿态》，http://www.js.xinhuanet.com/2023－03/22/c_1129453176.htm，访问时间：2023 年 3 月 22 日。

② 《2022 年西部陆海新通道班列开行 8800 列》，http://bbwb.gxzf.gov.cn/ywdt/t15012431.shtml，访问时间：2022 年 12 月 31 日。

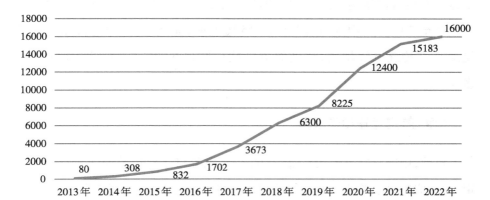

图1　2013—2022年中欧班列年度开行数量（单位：列）

资料来源：《中欧班列累计开行超 5 万列》，https：//www. gov. cn/xinwen/2022－01/30/content＿5671290. htm，访问时间：2022 年 1 月 30 日；《国铁集团：2022 年开行中欧班列 1. 6 万列、发送 160 万 标 箱》，http：//www. scio. gov. cn/m/31773/35507/35513/35521/Document/1734894/1734894. htm，访问时间：2023 年 1 月 4 日。

中国通过 73 个公路和水路口岸，与相关国家开通了 356 条[①]国际道路客货运输线路。中蒙俄、中吉乌、中俄（大连—新西伯利亚）、中越国际道路直达运输正式运行。2016 年 7 月，中国被正式批准加入联合国国际公路运输公约，成为该组织的第 70 个成员国，助力打造更快速的"新丝绸之路"。

（三）海运合作不断加强

迄今为止，中国签署的双边和区域海运协定总数达 38 个，覆盖"一带一路"沿线 47 个国家。中方参与了希腊比雷埃夫斯港、斯里兰卡汉班托塔港、巴基斯坦瓜达尔港等 34 个国家 42 个港口的建设经营[②]。海运服务覆盖沿线所有沿海国家，中国海运互联互通指数保持全球第一。此外，中国还开辟

———————————

① 《"一带一路"大数据：开通了 356 条国际道路客货运输线》，http：//finance. sina. com. cn/world/2017－05－08/doc-ifyexxhw2702441. shtml，访问时间：2023 年 5 月 8 日。

② 《中国海运服务已覆盖"一带一路"沿线所有沿海国家　海运互联互通指数全球第一》，http：//wap. cinn. cn/ydyl/201807/t20180730_196086. html，访问时间：2023 年 6 月 13 日。

了通过北极远洋运输航道到达欧洲的新航线。自 2013 年中方首航北极东北航道至 2019 年,中远海运共派出 15 艘船舶,完成了 22 个北极东北航道航次①,与传统航线相比,北极航道可减少航程 67390 海里,节省船期 220 多天②。

(四)航空运输稳步发展

目前,中国与"一带一路"沿线 62 个国家签订了双边政府间航空运输协定,与东盟签订了首个区域性的航空运输协定。与俄罗斯、亚美尼亚、印度尼西亚、柬埔寨、孟加拉、以色列、蒙古国、马来西亚、埃及等沿线国家举行双边航空会谈并扩大了航权安排③。中国与沿线国家新增国际航线 1239 条,占新开通国际航线总量的 69.1%,同时,中国还与 45 个"一带一路"沿线国家实现直航,每周飞行 5100 班次④。

(五)能源互联互通格局日趋完善

中国与沿线国家签署了一系列能源合作框架协议和谅解备忘录,促进国家和地区之间的能源资源优化配置。中俄原油管道、中哈原油管道、中国—中亚天然气管道保持稳定运营,中俄天然气管道东线正式贯通输气。目前斯科沃罗季诺—大庆管道年输油 3000 万吨⑤。截至 2022 年 10 月,中国首条陆路跨境原油运输管道——中哈原油管道已累计安全运行超 7000 天,实现向中国

---

① 《中远海运开启今年北极航行之旅》,http://www.zgsyb.com/news.html? aid = 506640,访问时间:2023 年 6 月 26 日。

② 《中远海运今夏将有 10 艘以上商船穿越北极航道》,http://info.jctrans.com/newspd/cgs/20186212397200.shtml,访问时间:2023 年 6 月 12 日。

③ 《中国已与"一带一路"沿线 62 个国家签订航空运输协定》,https://www.yidaiyilu.gov.cn/xwzx/gnxw/62518.htm,访问时间:2023 年 6 月 11 日。

④ 侯兴川:《一带一路 数读"五通"》,http://news.china.com.cn/live/2019-04/27/content_398459.htm,访问时间:2023 年 4 月 27 日。

⑤ 《中俄原油管道开启能源新通道》,http://www.hnr.cn/finance/yjbg/201209/t20120910_189564.html,访问时间:2023 年 6 月 19 日。

管输原油超过 1.5 亿吨①。截至 2022 年底,中国—中亚天然气管道累计输气 4232 亿立方米②。中俄东线天然气管道年设计输气能力 380 亿立方米,2021 年输气量约为 100 亿立方米,供气年限为 30 年③。2022 年,俄罗斯通过中国东北和俄罗斯远东的输电网对华出口电力达到历史最高水平 44 亿千瓦时④。中缅油气管道全线贯通,截至 2022 年 7 月,累计向国内输送天然气 356.7 亿标方,原油 5135.99 万吨⑤。至此已构建东西南北全方位能源运输新格局,保证了能源来源的多元化。

(六)信息丝路成效凸显

中国与国际电信联盟签署《关于加强"一带一路"框架下电信和信息网络领域合作的意向书》,并与吉尔吉斯斯坦、塔吉克斯坦、阿富汗签署丝路光缆合作协议,中缅、中巴、中吉、中俄跨境光缆信息通道建设取得明显进展。目前,新疆的光缆建设拥有通往塔吉克斯坦、吉尔吉斯斯坦和哈萨克斯坦的 9 条大容量、高速率国际通信光缆,开通了涵盖中亚五国以及俄罗斯等 11 个国家的 100 多条数据专线,提供国际语音业务、国际数据业务、国际互联网业务、喀什国际卫星地面站等服务,建成了集通信光缆、卫星通信、数字微波等多种手段于一体的立体化国际信息大通道,极大地便利了中国与中亚、西亚乃至欧洲之间的通信往来,构建了信息丝绸之路网络。

---

① 《携手"一带一路" 浇灌共赢之花》,http://news.cnpc.com.cn/system/2022/12/06/030087158.shtml,访问时间:2023 年 2 月 2 日。

② 《新疆霍尔果斯压气首站累计输送进口天然气 4232 亿立方米》,http://www.cppei.org.cn/gcjs/detail.asp? categoryId=1911&articleId=209629,访问时间:2023 年 1 月 6 日。

③ 《中俄东线天然气管道累计输气量突破 100 亿立方米》,https://new.qq.com/rain/a/20210811A0DC1C00? no-redirect=1,访问时间:2022 年 1 月 25 日。

④ 中国驻俄罗斯联邦大使馆经济商务处:《2022 年俄预计对华出口电能 44 亿千瓦时》,mofcom.gov.cn。

⑤ 《中缅油气管道累计向中国输送原油超 5000 万吨》,http://www.chinanews.com.cn/cj/2022/07-27/9813504.shtml,访问时间:2022 年 7 月 27 日。

三、贸易畅通稳步推进

贸易畅通是共建"一带一路"的重要内容。共建"一带一路"促进各国开放市场,扩大贸易往来,加大相互投资,促进各国经济发展。

(一)贸易投资自由化和便利化水平不断提升

中国与83个国家和国际组织共同发起《推进"一带一路"贸易畅通合作倡议》。迄今为止,中国已与"一带一路"沿线13个国家签署了7项自贸协定。2022年1月1日,《区域全面经济伙伴关系协定》(RCEP)生效后,中国对954项商品实施低于最惠国税率的进口暂定税率。中方积极扩大"一带一路"沿线国家优质农产品和食品的进口。2022年,中国海关总署与共建"一带一路"国家签署海关检验检疫合作文件73份,推动60种农产品食品检疫准入或开展贸易[1]。与"一带一路"国家共同推动"经认证的经营者"(AEO)国际互认合作和国际贸易"单一窗口"合作交流,提升贸易便利化水平。此外,中国建立了21个自由贸易试验区和海南自由贸易港,扩大外资准入领域,营造高标准国际营商环境,吸引沿线国家来华投资。

(二)贸易规模稳步扩大

货物贸易持续增长。如图2所示,2013—2022年,中国与"一带一路"沿线国家货物贸易额从1.04万亿美元增至2.07万亿美元,实现翻倍增长,年均增长8%[2]。2022年,中国与沿线国家的进出口规模创历史新高,同比增长

---

① 《国务院新闻办就2022年全年进出口情况举行发布会》,https://www.gov.cn/xinwen/2023-01/13/content_5736993.htm,访问时间:2023年1月13日。

② 《商务部:2013年到2022年 我国与"一带一路"沿线国家货物贸易额年均增长8%》,http://www.xinhuanet.com/fortune/2023-03/02/c_1129409370.htm,访问时间:2023年2月3日。

3.2%,占中国外贸总值的比重达到32.9%,相对于2013年提升了7.9个百分点①。

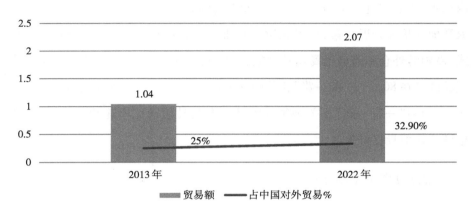

图2　2013年和2022年中国与"一带一路"沿线国家贸易（单位:亿美元）

服务贸易潜力较大。2015—2021年,中国与"一带一路"沿线国家服务贸易总额累计达6700亿美元,年均增长5.8%,占同期中国服务贸易的比重由2015年的12%升至2021年的14.7%。2021年,中国与"一带一路"沿线国家服务贸易进出口总额超过1000亿美元,中国承接"一带一路"沿线国家离岸服务外包执行额为243.4亿美元,同比增长23.2%②。旅游、运输和建筑成为主要服务贸易形式,展示了中国与"一带一路"沿线国家服务贸易领域的巨大合作潜力。

（三）跨境电商加速发展

跨境电商作为数字贸易的新业态在共建"一带一路"合作中发挥了独特

---

① 《国务院新闻办就 2022 年全年进出口情况举行发布会》,https://www.gov.cn/xinwen/2023-01/13/content_5736993.htm? eqid=b48ce89b00000eb1000000036459af4c,访问时间:2023 年 1 月 13 日。

② 《报告:2021 年中国与"一带一路"沿线国家货物贸易额达 1.8 万亿美元　创 9 年来新高》,http://www.cb.com.cn/index/show/jj/cv/cv1153614797,访问时间:2022 年 11 月 8 日。

作用。"丝路电商"朋友圈不断扩大,迄今中方已同29个伙伴国建立了双边电子商务合作机制,包括:菲律宾、老挝、泰国、巴基斯坦、新加坡、白俄罗斯、塞内加尔、乌兹别克斯坦等①。中国跨境电商综合试验区与"一带一路"相关国家和地区积极开展政策、技术和贸易标准对接,探索跨境电商专线物流新模式,鼓励海外仓和跨境电商基础设施联通合作。据不完全统计,跨境电商综合试验区已在80个"一带一路"相关国家和地区建设了2400多个海外仓。2019年,中国与"一带一路"相关国家的跨境电商交易额同比增速超过20%,跨境电商合作前景良好②。

(四)投资迈上新台阶

对外直接投资稳步增长。2013—2021年,中国企业对"一带一路"沿线国家直接投资累计达1613.1亿美元,年末存量2138.4亿美元,占全国对外投资存量总额的7.7%③。主要投资国家包括新加坡、印度尼西亚、越南、俄罗斯联邦、马来西亚、老挝、泰国、阿拉伯联合酋长国、哈萨克斯坦和巴基斯坦等。2022年,中国企业在"一带一路"沿线国家非金融类直接投资209.7亿美元,同比增长3.3%,占同期对外投资总额的17.9%,主要投资对象国有新加坡、印度尼西亚、马来西亚、泰国、越南、巴基斯坦、阿拉伯联合酋长国、柬埔寨、塞尔维亚和孟加拉国等④。

境外经贸合作示范区是共建"一带一路"产能合作的重要载体。截至2022年底,中国企业在沿线国家建设的境外经贸合作区已累计投资3979亿

---

① 《"丝路电商云品海购"活动启动,上海争创首个"丝路电商"合作先行区》,https://finance.sina.com.cn/jjxw/2023-05-11/doc-imytmfyq9757092.shtml,访问时间:2023年5月11日。

② 《我国与"一带一路"相关国家的跨境电商交易额增速超20%》,http://www.ce.cn/xwzx/gnsz/gdxw/201912/25/t20191225_33970390.shtml,访问时间:2022年12月25日。

③ 商务部、国家统计局和国家外汇管理局:《2021年度中国对外直接投资统计公报》,中国商务出版社2022年版,第26页。

④ 《商务部合作司负责人谈2022年我国对外投资合作情况》,https://www.gov.cn/xinwen/2023-02/10/content_5740989.htm,访问时间:2023年2月10日。

元,为当地创造了 42.1 万个就业岗位①。目前通过考核的境外经贸合作区达到 20 家,包括中白工业园、泰中罗勇工业园、中国印尼综合产业园区青山园区、中柬西哈努克港经济特区、中国埃及泰达苏伊士经贸合作区和中国埃塞俄比亚东方工业园等。

承包工程是设施联通的基础。如图 3 所示,据商务部统计,中国在"一带一路"沿线国家承包工程新签合同额由 2013 年的 715.7 亿美元升至 2021 年的 1340.4 亿美元,年均增长 8.2%;完成营业额由 2013 年的 654.0 亿美元上升至 896.8 亿美元,年均增长 4.0%②。2022 年,新签承包工程合同额 1296.2 亿美元,占同期中国对外承包工程新签合同额的 51.2%;完成营业额 849.4 亿美元,占同期完成营业额的 54.8%③。瓜达尔港、斯里兰卡科伦坡港和汉班托塔港、印尼雅万高铁、肯尼亚蒙内铁路、希腊比雷埃夫斯港、澜沧江—湄公河国

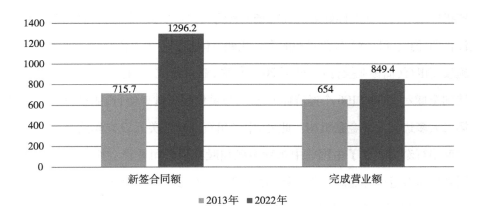

图 3　2013 年和 2022 年中国对"一带一路"国家承包工程（单位:亿美元）

---

① 《国务院新闻办发布会介绍 2022 年商务工作及运行情况》,http://www.gov.cn/ xinwen/2023-02/03/content_5739888.html,访问时间:2023 年 2 月 2 日。
② 《报告:2021 年中国与"一带一路"沿线国家货物贸易额达 1.8 万亿美元　创 9 年来新高》,http://www.cb.com.cn/index/show/jj/cv/cv1153614797,访问时间:2022 年 11 月 8 日。
③ 《2022 年我对"一带一路"沿线国家投资合作情况》,http://www.mofcom.gov.cn/ article/tongjiziliao/dgzz/202302/20230203384453.shtml,访问时间:2023 年 2 月 13 日。

际航道整治工程以及中俄跨境桥梁等重大交通基础设施项目相继启动或投入运营。中老铁路、匈塞铁路等重点项目建设运营稳步推进,一批"小而美"的农业、医疗、减贫等民生项目相继落地。

四、资金融通不断创新

10年来,中国与共建"一带一路"国家开展了多种形式的金融合作,为"一带一路"建设提供融资保障。

(一)金融机构合作持续深化

迄今为止,包括中国在内的29个国家的财政部门共同核准了《"一带一路"融资指导原则》,旨在发挥好政府和市场两种力量,推动各级金融机构共同参与,建设长期、稳定、可持续、风险可控的多元化融资体系。中国倡议成立了亚洲基础设施投资银行(简称亚投行)。截至2022年底,亚投行成员国由57个创始成员发展到全球六大洲的106个经济体[1],成员数量仅次于世界银行,亚投行成为全球第二大多边开发性金融机构。此外,中国出资400亿美元设立丝路基金。中国工商银行牵头成立了中国—中东欧金融控股有限公司并设立中国—中东欧投资合作基金等国际金融合作机制,为共建"一带一路"国际合作提供融资支持。

中国银保监会统计数据显示,截至2020年末,来自23个"一带一路"沿线国家的48家银行在华设立了机构。截至2021年6月,共有12家中资银行在47个"一带一路"沿线国家设立了139家分支机构,8家中资保险机构在9个"一带一路"共建国家设有16家机构[2]。

---

① 《亚投行创办启动十周年,上周成功发行5年期20亿全球美元债》,https://static.nfapp. southcn.com/content/202301/17/c7276217.html,访问时间:2023年1月17日。
② 《报告:2021年中国与"一带一路"沿线国家货物贸易额达1.8万亿美元 创9年来新高》,http://www.cb.com.cn/index/show/jj/cv/cv1153614797,访问时间:2022年11月8日。

（二）融资规模迅速扩大

据统计,截至 2022 年底,亚投行董事会共批准了 202 个项目,总金额近 389 亿美元,撬动总投资约 1000 亿美元,惠及 33 个领域[①]。截至 2022 年底, 丝路基金已签约 70 个项目,承诺投资金额约 215 亿美元,涵盖基础设施、资源 开发、产能合作、金融合作等领域,覆盖东南亚、南亚、中亚、西亚、北非、欧洲等 地区和国家[②]。截至 2019 年 3 月,中国国家开发银行累计为 600 多个"一带 一路"项目提供融资 1900 多亿美元[③]。这些资金加速推动了项目建设,极大 地促进了设施联通和贸易畅通。

（三）人民币国际化加速推进

据中方统计,截至 2023 年 4 月,中国人民银行先后与 40 个国家和地区的 央行或货币当局签署了双边货币互换协议,协议总额超过 4 万亿元;在 29 个 国家和地区授权了 31 家人民币清算行。人民币在本外币跨境收付总额中占 比约 50%,2022 年跨境人民币收付总额是 42 万亿元,比 2017 年增长了 3.4 倍。目前人民币在国际货币基金组织特别提款权的权重排名第三位,全世界 有 80 多个国家和经济体将人民币纳入储备货币,人民币已经成为全球第五位 主要储备货币[④]。

（四）推动绿色金融有序发展

为应对全球气候变化,亚投行助力成员实现经济绿色转型。自成立以来,

---

① 《亚投行创办启动十周年,上周成功发行 5 年期 20 亿全球美元债》,https://static.nfapp. southcn.com/content/202301/17/c7276217. html,访问时间:2023 年 4 月 20 日。
② 《专访丝路基金副总经理丁国荣:高质量共建"一带一路"推进全球化中国方案》, https://finance.eastmoney.com/a/202304212699480423. html,访问时间:2023 年 4 月 21 日。
③ 《国开行已完成 2607 亿元"一带一路"专项贷》,访问时间:2023 年 4 月 24 日。
④ 《一图看懂丨人民币国际化"时间轴"、"路线图"》,http://www. stcn. com/article/ detail/835212. html,访问时间:2023 年 4 月 7 日。

亚投行在气候变化领域的投资规模达到 107 亿美元①。2022 年，丝路基金制定了《可持续投资政策》并设立了"可持续投资委员会"，将可再生能源、医疗健康、数字经济等领域作为投资的重点方向。2021 年丝路基金作为锚定投资人之一，参与全球另类资产管理机构 TPG 发起设立的气候投资主题基金——TPG 上善睿思气候基金，该基金在全球范围内投资于清洁能源、低碳交通、绿色工业等五大方向，为共建"一带一路"绿色发展搭建了新平台。

五、民心相通日益巩固

民心相通是共建"一带一路"合作的根基。10 年来，中国与各方在文化、教育、旅游、科技创新和医疗等方面加强合作，不断夯实"一带一路"合作的民意基础。

（一）旅游合作潜力凸显

旅游是促进民心相通的重要方式。疫情之前的 2019 年，中国和"一带一路"沿线国家双向旅游交流超过 6000 万人次，沿线国家来华人数 3813.2 万人次，同比增长 2.9%；中国公民首站出境"一带一路"沿线国家人数为 5328.9 万人次，同比增长 19.8%。2023 年，解除疫情防控措施后，中国试点恢复了中国公民赴 20 个国家的出境团队游业务，预计全年出境游人数可达 9000 万人次，同比翻番②。

（二）教育合作不断深化

截至 2019 年末，中国已与 24 个"一带一路"沿线国家签署高等教育学历

---

① 《亚投行创办启动十周年，上周成功发行 5 年期 20 亿全球美元债》，https://static.nfapp.southcn.com/content/202301/17/c7276217.html，访问时间：2023 年 1 月 17 日。

② 《戴斌委员："一带一路"促进民心相通成效显著》，http://travel.china.com.cn/txt/2023-03/09/content_85155215.html，访问时间：2023 年 3 月 9 日。

学位互认协议,共计 60 所高校在 23 个沿线国家开展境外办学,16 所高校与沿线国家高校建立了 17 个教育部国际合作联合实验室①。自 2016 年以来,中国在 12 个国家援建了 14 个鲁班工坊,传授种植养殖技术和手工艺,促进作物增产增收②。

(三)科技合作亮点频现

自 2017 年共建"一带一路"科技创新行动计划启动以来,截至 2021 年末,中国与 84 个共建国家建立科技合作关系,支持联合研究项目 1118 项,累计投入 29.9 亿元,在农业、新能源、卫生健康等领域启动建设 53 家联合实验室③,助力各国提升科研水平,培养科技人才,带动经济发展。

(四)文化交流形式多样

在文化领域,"一带一路"的文化"朋友圈"持续扩大。丝绸之路国际剧院联盟、博物馆联盟、艺术节联盟、图书馆联盟、美术馆联盟相继建立,成员单位增至 539 家④。2020 年之前,每年中国在世界 130 余个国家举办约 2000 场文化交流活动,搭建了中国与世界人民共享传统节日的重要桥梁⑤。

(五)医疗合作惠及百姓

在医疗卫生领域,2015—2019 年,中国共派出 202 批次 3500 多名援外医

① 《国家统计局发布报告显示:共建"一带一路"建设成果丰硕》,http://www.ce.cn/xwzx/gnsz/gdxw/202210/09/t20221009_38150800.shtml,访问时间:2022 年 10 月 9 日。

② 《共建"一带一路"开创美好未来》,https://m.gmw.cn/baijia/2022 - 07/06/35864456.html,访问时间:2023 年 4 月 6 日。

③ 《国家统计局发布报告显示:共建"一带一路"建设成果丰硕》,http://www.ce.cn/xwzx/gnsz/gdxw/202210/09/t20221009_38150800.shtml,访问时间:2022 年 10 月 9 日。

④ 张长安、唐灵杰:《以史鉴今,"一带一路"文化交流历久弥新》,https://share.gmw.cn/www/xueshu/2022-11/24/content_36185931.htm,访问时间:2022 年 11 月 24 日。

⑤ 《中国这十年:中外文明交流互鉴蓬勃发展 更多外国游客爱上中华文化》,http://cul.china.com.cn/2022-08/24/content_42082790.htm,访问时间:2022 年 10 月 15 日。

疗队员开展巡回义诊,累计诊治 1100 万名患者,捐赠药械并对当地医务人员进行培训。在 2020 年,为了抗击新冠疫情中国向 150 个国家和 4 个国际组织提供大批防疫物资,向 34 个国家派遣 37 个医疗专家组。截至 2021 年末,中国已累计向 120 多个国家和国际组织提供超过 20 亿剂新冠疫苗,其中大部分面向"一带一路"沿线国家①。此外,中方在"十四五"时期计划与共建"一带一路"国家合作建设 30 个高质量中医药海外中心②。中国政府及民间"光明行"医疗队先后赴蒙古国、柬埔寨、老挝、缅甸、巴基斯坦、乌兹别克斯坦、尼泊尔、马尔代夫、埃塞俄比亚、毛里塔尼亚、纳米比亚和吉布提等国为白内障病人做手术,使其重见光明,受到当地百姓的赞许,使共建"一带一路"更加深入人心。

10 年来,中方将基础设施"硬联通"、规则标准"软联通"和共建国家人民"心联通"相结合,构建了广泛的朋友圈。据世界银行评估,到 2030 年,"一带一路"有望帮助全球 760 万人摆脱极端贫困、3200 万人摆脱中度贫困,并将为沿线国家提供 42 万个就业岗位③,使共建国家民众有更多获得感。共建"一带一路"成为接地气、聚人心的民生工程,探索了共同发展的新路径,实现了互利共赢。

六、以高标准可持续惠民生深化
"一带一路"国际合作

当前,世界正处于百年未有之大变局,地缘政治冲突频发,新冠疫情和乌

---

① 《共建"一带一路" 开创美好未来》,https://m. gmw. cn/baijia/2022 - 07/06/35864456. html,访问时间:2023 年 4 月 6 日;《〈命运与共·中国贡献之一〉千万里驰援 中国医者彰显大爱无疆》,https://new. qq. com/rain/a/20230321A05O5900? no - redirect = 1,访问时间:2023 年 3 月 21 日;《我国已向 120 多个国家和国际组织提供超 20 亿剂新冠疫苗》,http://nny. nnnews. net/sharePoster/p/3103901. html,访问时间:2023 年 1 月 17 日。

② 《计划"十四五"时期与共建"一带一路"国家合建 30 个高质量中医药海外中心》,https://caifuhao. eastmoney. com/news/20220923152609561829990,访问时间:2022 年 9 月 23 日。

③ 《共建"一带一路" 共谋全球发展》,https://m. gmw. cn/baijia/2021 - 04/24/34790522. html,访问时间:2023 年 4 月 24 日。

克兰危机引发的能源危机、粮食危机、金融危机不断加剧,全球供应链和产业链面临重组,世界经济发展的不确定性加大。共建"一带一路"国际环境日趋复杂,机遇与挑战并存。2021年11月19日,在北京举行了第三次"一带一路"建设座谈会,习近平主席发表了题为《以高标准可持续惠民生为目标继续推动共建"一带一路"高质量发展》的重要讲话,系统阐述了未来共建"一带一路"的新理念、新目标、新要求和新方向等,为深化"一带一路"国际合作提供指引。

(一)以新发展理念引领共建"一带一路"并确立新发展目标

以"创新、协调、绿色、开放、共享"的发展理念深化共商共建共享合作原则。以创新发展打造合作新动力,以协调发展降低经济不平衡,以绿色发展推动合作可持续,以开放发展促进内外联动,以共享发展实现社会公平正义,极大地丰富了共商共建共享原则的内涵。

共建"一带一路"高质量发展的新目标是高标准、可持续、惠民生。在巩固互联互通合作基础上进一步拓展国际合作新空间,扎牢风险防控网络,努力实现更高合作水平、更高投入效益、更高供给质量、更高发展韧性,推动共建"一带一路"国际合作不断取得新成效。

(二)共建"一带一路"合作的新方针

坚持五个统筹的方针,即统筹发展和安全、统筹国内和国际、统筹合作和斗争、统筹存量和增量、统筹整体和重点。第三次"一带一路"建设座谈会首次将加强安全,防范风险提升至重要地位。新冠疫情和乌克兰危机改变了世界经济发展进程,安全与发展并重成为各国关注的重点。乌克兰危机和苏丹内战导致中国企业投资受损并面临人身安全问题,地缘政治风险成为中方开展国际合作的新挑战。中国银行研究院表示,在世界经济增长前景疲弱、债务占GDP比重居高不下的背景下,更多新兴经济体在2023年可能出现主权债务违约情况。投资环境的稳定性及资金的安全性成为企业开展国际经济合作的底线,提升综合安全水平是未来共建"一带一路"的新要求。

统筹合作与斗争是共建"一带一路"面临的新任务。2019 年 11 月,美国、澳大利亚和日本联合发起"蓝点网络"计划。在 2021 年 6 月,七国集团(G7)提出"重建更美好世界"(B3W)计划。2021 年 7 月,欧盟通过了"全球联通欧洲"计划。这些计划均以为发展中国家提供基础设施项目资金为目标。毋庸置疑,新冠疫情和乌克兰危机重创世界经济,导致这些计划沦为空头支票,但其对冲"一带一路"的色彩较为浓重,中方须全方位加以防范,力求降低其对共建"一带一路"国际合作的负面影响。

(三)大力拓展经贸合作领域

着眼于未来发展,共建"一带一路"将继续为促进全球互联互通做增量,同时稳步拓展合作新领域。聚焦新发力点,塑造新结合点。稳妥开展健康、绿色、数字、创新等新领域合作,培育合作新增长点。

1. 打造绿色经济合作新亮点

共建"一带一路"需要支持发展中国家能源绿色低碳发展,推进绿色低碳发展信息共享和能力建设,可再生能源合作前景广阔。国际能源署预测,乌克兰危机升级引发的能源危机可能加速全球绿色能源转型进程。到 2030 年,全球清洁能源投资将增加 50%,每年投资 2 万亿美元以上①。2022 年,乌兹别克斯坦政府决定,到 2026 年将可再生能源发电站占比提高至 25%。2021 年,哈萨克斯坦政府提出,在 2030 年前可再生能源占比将达到 15%,至 2050 年前这一数字将达到 50%。沙特阿拉伯计划到 2030 年安装 60 吉瓦的可再生能源。全球对可再生能源的需求明显上升。截至 2022 年底,中国风电光伏发电装机

---

① 《国际能源署:能源危机加速绿色转型,氢能储能太阳能电动车加速扩张》,https://www.hxny.com/nd-79618-0-17.html,访问时间:2022 年 10 月 31 日。

突破了 7 亿千瓦,处于世界第一①,光伏、风电关键零部件占到全球市场份额的 70%②。中国的风电光伏产能与各国的需求具有较强互补性,未来可再生能源有望成为共建"一带一路"合作的新领域。

新能源汽车合作潜力巨大。日本野村证券预测,2030 年全球新能源汽车销量将达到 6450 万辆,电动汽车销售量将达到 3560 万辆③。2023 年 2 月,欧洲议会通过了 2035 年欧洲新售燃油轿车和小货车零排放协议。2022 年中国新能源汽车产销量分别达到 705.8 万辆和 688.7 万辆,连续 8 年保持全球第一④,具有较强国际竞争力,成为中国制造的新名片。未来新能源汽车可成为共建"一带一路"合作的亮点。此外,节能环保技术以及绿色农业和旱地农业也拥有良好合作前景。

2. 拓展数字经济合作新方向

继续扩大丝路电商合作规模,建设海外仓网络,吸收更多国家的企业参与电商交易。与此同时,发挥中方在数字经济方面的新优势,拓展"一带一路"数字经济合作新方向。中国研发的北斗系统是面向全球用户高精度定位、导航与授时服务的重要新型基础设施,目前已覆盖巴基斯坦、沙特、缅甸等近 30 个"一带一路"沿线国家,可提供土地确权、精准农业、智慧港口等解决方案,

---

① 《截至 2022 年底 中国风电、光伏发电装机均处于世界第一》,https://www.chinanews.com/cj/shipin/cns-d/2023/01-19/news949024.shtml,访问时间:2023 年 1 月 19 日。

② 《国家能源局:中国光伏、风电关键零部件占到全球市场份额的 70%》,https://new.qq.com/rain/a/20230412A06ZDT00,访问时间:2023 年 4 月 12 日。

③ 《野村深度报告:未来五年全球车用动力电池需求每年将增长 18%,价格将每年下降 3%》,https://wallstreetcn.com/articles/3685008? keyword = % E9% 87% 8E% E6% 9D% 91% E6% B7% B1% E5% BA% A6% E6% 8A% A5% E5% 91% 8A% EF% BC% 9A% E6% 9C% AA% E6% 9D% A5% E4% BA% 94% E5% B9% B4% E5% 85% A8% E7% 90% 83% E8% BD% A6% E7% 94% A8% E5% 8A% A8% E5% 8A% 9B% E7% 94% B5% E6% B1% A0% E9% 9C% 80% E6% B1% 82% E6% AF% 8F% E5% B9% B4% E5% B0% 86% E5% A2% 9E% E9% 95% BF18% 25% EF% BC% 8C% E4% BB% B7% E6% A0% BC% E5% B0% 86% E6% AF% 8F% E5% B9% B4% E4% B8% 8B% E9% 99% 8D3% 25,访问时间:2023 年 3 月 28 日。

④ 《工信部:2022 年中国新能源汽车出口同比增长 1.2 倍》,http://www.chinanews.com.cn/cj/2023/01-18/9938458.shtml,访问时间:2023 年 1 月 18 日。

在交通物流、旅游、农牧业、水利、地质勘查、防灾减灾、城市建设等多个领域得到广泛应用。此外，中国在国际主流标识解析体系之一 Handle 应用方面具有较大优势，可推动数字政府、智能供应链、重要产品追溯、智能路网监测、高校图书馆数据整合、数字出版、工业数据分类分级管理、海关大数据有序共享等领域的合作，实现"一带一路"沿线国家经济、科技、文化的信息共享和信息交流，为加速工业互联网建设、提升贸易投资便利化水平提供新动能。这些领域的合作将助力各国数字经济发展，缩小数字鸿沟，构建数字经济合作格局。

（四）创新国际合作方式

1. 探索融资新路径

未来中方将继续采用贷款融资方式，但也将积极拓展更多融资渠道，包括建立联合投资基金、开展股权投资等，降低融资难度，提高合作成效。受乌克兰危机引发的金融制裁影响，新兴经济体之间以及与部分发达经济体之间大力推进本币结算，人民币国际化进程加速。中国试点的跨境融资新形式，即合格境外有限合伙人（QFLP），引起各方关注。这种形式指境外机构投资者在通过资格审批和外汇资金的监管程序后，将境外资本兑换为人民币资金，投资于国内的私募股权投资（PE）以及风险投资（VC）市场。目前已在中国 20 多座城市试点，未来有望在完善相关监管制度的基础上加速推进试点，创新投融资方式。

2. 拓展第三方市场合作

习近平主席在讲话中强调，要继续扩大三方或多方市场合作。第三方市场合作指中国企业与有关国家的企业共同在第三方市场开展经济合作。这种合作方式旨在将中国的优势产能、发达国家的先进技术和广大发展中国家的发展需求有效对接，协同发挥各自优势，共同推动第三国产业发展、基础设施水平提升和民生改善，风险共担，收益共享，实现 1+1+1>3 的效果。在新冠疫情和乌克兰危机背景下第三方市场合作可以为建设有银行担保的可持续基础设施项目提供更多融资,动员各方资金,填补融资缺口。表2显示,截至2019年6月,中方已同法国、日本、意大利、英国等14个国家签署了第三方市场合作文件并建立了第三方市场合作机制。

表2　中方签署第三方市场合作文件情况

序号	国家	签署文件	合作平台
1	中国—澳大利亚	《关于开展第三方市场合作的谅解备忘录》	中澳战略经济对话
2	中国—奥地利	《关于开展第三方市场合作的谅解备忘录》	中奥第三方市场合作工作组;中奥第三方市场合作论坛
3	中国—比利时	《关于开展第三方市场发展伙伴关系与合作的谅解备忘录》	—
4	中国—法国	《关于第三方市场合作的联合声明》;《中法第三方市场合作示范项目清单》	中法第三方市场合作指导委员会;中法第三方市场合作论坛;中法第三方市场合作基金
5	中国—加拿大	《关于第三方市场合作的联合声明》	—
6	中国—意大利	《关于开展第三方市场合作的谅解备忘录》	中意第三方市场合作工作组;中意第三方市场合作论坛
7	中国—日本	《关于中日企业开展第三方市场合作的谅解备忘录》	中日第三方市场合作论坛;中日第三方市场合作工作机制
8	中国—荷兰	《关于加强第三方市场合作的谅解备忘录》	—
9	中国—葡萄牙	《关于加强第三方市场合作的谅解备忘录》	中葡第三方市场合作工作组
10	中国—韩国	《关于开展第三方市场合作的谅解备忘录》	中韩共同开拓第三方市场工作组
11	中国—新加坡	《关于开展第三方市场合作的谅解备忘录》;《关于加强中新第三方市场合作实施框架的谅解备忘录》	中新第三方市场合作工作组;中新"一带一路"投资合作论坛
12	中国—西班牙	《关于加强第三方市场合作的谅解备忘录》	中西第三方市场合作工作组
13	中国—瑞士	《关于开展第三方市场合作的谅解备忘录》	中瑞第三方市场合作工作组;"一带一路"能力建设中心

续表

序号	国家	签署文件	合作平台
14	中国—英国	《关于开展第三方市场合作的谅解备忘录》	中英第三方市场合作工作组

资料来源:国家发展和改革委员会:《第三方市场合作指南和案例》,https://www.ndrc.gov.cn/xxgk/zcfb/tz/201909/W020190905514523737249.pdf,访问时间:2023 年 6 月 20 日。

迄今为止,中国石油天然气集团公司、中国铁路工程集团有限公司、中国铁建股份有限公司、中国能源建设集团有限公司、中国交通建设集团有限公司、中国电力建设集团有限公司等企业纷纷与美国、日本、意大利、英国、法国等国开展了诸多大型第三方市场合作项目,取得了一定成效。中法两国政府已签署四批第三方市场合作示范项目,总金额超过 17 亿美元,合作范围涉及非洲、中东欧等地区。其合作方式包括联合融资、共同投资、中方以工程总承包模式 EPC 总包+法方投资开发等,合作领域覆盖基础设施、能源、气候变化等。其中,喀麦隆克里比深水港项目和尼日利亚莱基深水港项目成为中法第三方市场合作示范项目。2015 年中国石油天然气股份有限公司、丝路基金和俄罗斯诺瓦泰克公司、法国道达尔公司共同投资建设俄罗斯亚马尔液化天然气项目;2016 年 11 月,中国铁建国际集团有限公司以联营体的模式中标卡塔尔卢赛尔体育场项目,均成为第三方市场合作的标杆。

在共建"一带一路"框架下推进第三方市场合作仍处于起步阶段,未来有较大发展空间,为此合作各方须加强法律协调,夯实合作的法律基础,包括经济投资、税务征收、知识产权保护、环境保护、劳动用工等法律规定。各方在出资方式、股权比例、责任承担、利润分配等问题上形成一致意见,有效把控第三方市场的投资风险,建立第三方市场合作信息共享平台。为使合作项目取得预期成效,企业应做好项目前期尽职调查,充分了解项目所在国政治局势、社会环境、经济运行、自然禀赋、法律法规、产业政策、劳工政策、税收制度等方面信息,以及交易相关方的经营状态、资信情况,特别是在目标国家的过往业绩和纠纷情况。企业应遵循商业规则,注重各领域合规经营。总之,中外各方、政府与企业之间应加强相互配合,积累经验,不断深化合作。

3. 以服务贸易拓展民心相通新路径

10年来,在共建"一带一路"框架下中方开展了大量促进民心相通的活动,但这些活动通常具有较强的公益性,受众范围及可持续性受到一定限制。着眼于长远发展,迫切需要探寻深化民心相通的新路径。服务贸易是国际贸易的重要组成部分和国际经贸合作的重要领域,涵盖教育服务、文化服务、旅游服务、环境服务、金融服务、健康与社会服务等诸多领域。国际服务贸易是基于共同规则和市场原则的公平交易,是各方优势互补并共同受益的商业行为。从服务贸易业态来看,旅行服务、教育服务、医疗服务、文化服务等本身具有双重功能:一方面,这些服务具有贸易属性,各方可遵循市场原则开展正常的贸易往来,获得实实在在的经济利益,为合作提供必不可少的物质支撑,保障合作的可持续发展;另一方面,这些服务包含了浓厚的人文因素,融入了很多民族文化色彩,丰富了民心相通的内涵,因此,服务贸易可将商业交往与人文交流有机地融为一体,使贸易畅通与民心相通高度协同,保障民心相通长期稳定发展。大力发展服务贸易可为共建"一带一路"可持续发展提供新路径。

漫道驼铃泯尘世　又闻丝路溢箫笙

——"丝绸之路经济带"倡议 10 周年之中亚地区民心相通暨人文合作回顾①

2013 年 9 月,习近平主席在哈萨克斯坦进行国事访问期间,于纳扎尔巴耶夫大学提出了以深化互利合作为目标的构建"丝绸之路经济带"重大国际倡议。这一倡议提出后,首先在位于中国西部毗邻的中亚地区引起了强烈反响,并迅速开启了以共商、共建、共享为基本模式的广泛互利合作。2023 年是"丝绸之路经济带"倡议提出的第 10 年,在这 10 年里中亚各国已经发生了一系列重大而积极的变化。然而,在这 10 年中,世界政治经济形势也同步出现了前所未有的变化,全球经济发展的动能进入转换期,资源与财富分配的原有固化格局正在遭遇强烈冲击,建立在此基础上的世界权力核心也在发生偏移,原有的战略平衡正在被全面打破,而新的战略平衡完成重构尚遥遥无期。世界进入了百年未有之大变局,包括中亚五国在内的欧亚地区首先以一系列接踵而来的突发事件为标志,似乎突出地成为全球大变局的风暴眼。尤其在 2022 年,哈萨克斯坦"一月事件"、乌克兰危机爆发、塔吉克斯坦戈尔诺—巴达赫尚暴力袭击、乌兹别克斯坦卡拉卡尔帕克斯坦骚乱、吉尔吉斯斯坦与塔吉克斯坦边境武装冲突等一系列事件的发生,恶化了中亚地区的安全形势。加之

---

① 作者:许涛,中国现代国际关系研究院研究员,国务院发展研究中心欧亚社会发展研究所特聘研究员、副所长兼中亚研究室主任,中国俄罗斯东欧中亚学会荣誉理事,中国上海合作组织国家研究中心常务理事,长期从事中亚问题研究。

此前的中美贸易摩擦和新冠疫情流行,"丝绸之路经济带"框架内的合作在过去 10 年中不可避免地受到了冲击。10 年后,在中国和中亚各国经济都在重振旗鼓又大展蓝图的时刻,回顾 10 年合作与发展的得失,特别是反思在人文领域中推动民心相通的工作,认真总结经验和教训,将是对"丝绸之路经济带"倡议重新擘画、再铸辉煌的最好准备。

一、中亚地区构建"丝绸之路经济带"10 年的成就

2013 年 9 月,在哈萨克斯坦进行国事访问的中国国家主席习近平在哈首都阿斯塔纳纳扎尔巴耶夫大学发表演讲时,针对深化中哈互利合作首次提出了构建"丝绸之路经济带"的倡议。这一重大国际倡议的提出,立即在中亚各国引起了强烈的反响。应该承认的是,中国领导人的这一倡议在中亚地区最初带来的反应是复杂的。其中,既包括欢迎和振奋,也有着观望和戒备。毕竟当时中国已经成为世界第二大经济体,而且不论是古代"丝绸之路"还是当时尚无详尽规划和解读的"丝绸之路经济带"倡议,首先涉及的地域毫无疑问非中亚地区莫属。加之国际上针对中国快速发展与和平崛起的各种复杂反应和别有用心的宣传,中亚各国当时表现出的短暂沉寂和迟疑是完全可以理解的。然而在经过冷静的观察和理智的思索之后,中亚各国领导层很快就作出了积极响应。

首先,在"丝绸之路经济带"倡议提出第二年(2014 年)的 9 月习近平主席赴塔吉克斯坦进行国事访问时,与拉赫蒙总统共同见证了中国国家发展和改革委员会及塔吉克斯坦经济发展与贸易部联合签署的《关于共同推进丝绸之路经济带建设的谅解备忘录》。这是关于构建"丝绸之路经济带"倡议提出后,在"一带一路"沿线国家签署的第一份政府层面的双边合作文件①。在

---

① 杨进:《新时代中国与塔吉克斯坦战略对接合作评析》,《俄罗斯东欧中亚研究》2021 年第 1 期,中国社会科学网,2021 年 1 月 19 日,http://cssn.cn/gjgxx/202101/t20210119_5245671.shtml。

2017 年 8 月拉赫蒙总统来华访问时，两国领导人共同签署的《中华人民共和国和塔吉克斯坦共和国关于建立全面战略伙伴关系的联合声明》中又明确提出开展"一带一路"建设同《塔吉克斯坦 2030 年前国家发展战略》的对接合作。① 2018 年 6 月，拉赫蒙总统来华参加上海合作组织青岛峰会，在与习近平主席会谈时进一步强调了将"丝绸之路经济带"与塔吉克斯坦国家发展战略对接的意向②。

接着对中国领导人的倡议作出积极回应的是中亚地区大国哈萨克斯坦。2014 年 11 月，哈萨克斯坦首任总统纳扎尔巴耶夫发表题为《光明大道——通往未来之路》的国情咨文，其中提出将加强基础设施建设，包括交通物流基础设施、工业基础设施、电力基础设施、旅游基础设施、教育基础设施、住宅物业现代化和支持经营主体的发展等 7 个方向，而基础设施互联互通恰恰是"一带一路"建设的优先领域③。2014 年 12 月，中国发改委与哈萨克斯坦国民经济部签署了《关于中哈共同推进丝绸之路经济带建设的谅解备忘录》。④ 2015 年 5 月，中哈两国领导人赴莫斯科参加世界反法西斯战争胜利 70 周年庆典时，纳扎尔巴耶夫总统正式向习近平主席明确表示，哈方将要做好"丝绸之路经济带"建设与本国"光明之路"新经济政策对接的工作。⑤ 这是中亚国家中首先提出把构建"丝绸之路经济带"与本国国内发展政策相对接的领导人，体现了纳扎尔巴耶夫作为中亚大国元首对地区合作与本国发展的深谋远虑。2016 年 10 月，中哈两国在杭州签署了《中华人民共和国政府和哈萨克斯坦共和国政

① 《中华人民共和国和塔吉克斯坦共和国关于建立全面战略伙伴关系的联合声明》（全文），中国新闻网，https://www.chinanews.com.cn/gn/2017/09-01/8319471.shtml。
② 《习近平会见塔吉克斯坦总统拉赫蒙》，《人民日报》2018 年 6 月 10 日第 2 版，http://paper.people.com.cn/rmrb/html/2018-06/10/nw.D110000renmrb_20180610_3-02.htm。
③ 文龙杰、苗壮：《中哈合作：哈萨克斯坦"光明大道"新经济政策与"丝绸之路经济带"》，中国俄欧亚研究网，http://euroasia.cssn.cn/cbw/cbw_wzsf/201611/t20161108_3268956.shtml。
④ 《中哈签署关于共同推进丝绸之路经济带建设的谅解备忘录》，国务院新闻办公室网站，http://www.scio.gov.cn/ztk/wh/slxy/htws/Document/1388982/1388982.htm。
⑤ 《出席俄纪念卫国战争胜利 70 周年庆典并访俄哈白，习近平主席同哈萨克斯坦总统纳扎尔巴耶夫举行会谈"丝绸之路"与"光明之路"对接》，《解放日报》2015 年 5 月 6 日。

府关于"丝绸之路经济带"建设与"光明之路"新经济政策对接合作规划》,完成了两国在"丝绸之路经济带"框架内开展互利合作的制度性保障①。此后,纳扎尔巴耶夫总统在 2018 年的国情咨文中和当年的阿斯塔纳论坛上,反复强调着一个新的认知:"丝绸之路经济带"倡议不仅为哈萨克斯坦与中国合作开辟出新的合作领域和带来新的发展动力,而且它将改变整个中亚地区的地缘经济格局②。

与此同时,中亚的人口大国乌兹别克斯坦也及时作出响应。在中国领导人提出关于建设"丝绸之路经济带"的倡议后,乌兹别克斯坦领导人多次明确表示,乌方愿积极参与建设"丝绸之路经济带",促进经贸往来和互联互通,把乌兹别克斯坦的发展同中国的繁荣更紧密地联系在一起③。2014 年 5 月,乌兹别克斯坦首任总统卡里莫夫参加亚信会议上海峰会时与习近平主席会谈,表示乌方将积极参与"丝绸之路经济带"建设并与本国的经济发展相结合④。2015 年 6 月,在中乌政府间合作委员会的第三次会议上,双方签署了《关于在落实建设"丝绸之路经济带"倡议框架下扩大互利经贸合作的议定书》⑤。现任总统米尔济约耶夫在 2017 年 5 月来华参加北京"一带一路"国际高峰论坛时表示,"丝绸之路经济带"倡议对带动中亚地区及欧亚大陆的交通、贸易、能源、金融发展潜力巨大,乌方将在其中扮演重要角色。2018 年 6 月,米尔济约耶夫在参加上海合作组织青岛峰会时又表示,乌方正在充分利用共建"一带一路"的契机,深化与中国在经贸、投资、产能建设和基础设施等重大领域的

---

① 《"丝绸之路经济带"建设与"光明之路"新经济政策对接合作规划》,国务院新闻办公室网站,2016 年 10 月 18 日。http://www. scio. gov. cn/31773/35507/htws35512/Document/1524812/1524812. htm。

② 张霄:《中哈脚踏实地共建一带一路(大使随笔)》,《人民日报》2018 年 11 月 21 日第 21 版。http://paper.people.com.cn/rmrb/html/2018-11/21/nw.D110000renmrb_20181121_2-21. htm。

③ 孙立杰:《战略对接,拓展中乌合作空间》,《中国投资》,http://www.tzzzs.com/type_hgzc_tzsj/6899. html。

④ 《习近平会见乌兹别克斯坦总统卡里莫夫》,新华社,http://news. xinhuanet. com/world/2014-05/20/c_1110772608. htm。

⑤ 《中国与乌兹别克斯坦签署共建"丝绸之路经济带"合作文件》,中华人民共和国政府网,http://www.gov.cn/xinwen/2015-06/17/content_2880628. htm。

合作,并在国家政策上推动两国发展战略的对接①。2022 年 1 月,为庆祝中国与乌兹别克斯坦建交 30 周年,习近平主席与米尔济约耶夫总统互致贺电,强调双方相约以建交 30 周年为契机,深化共建"一带一路"合作。②

吉尔吉斯斯坦政局在这 10 年里发生了多次社会动荡和政权更迭,但历任领导人出于国家发展需求均分别对"一带一路"框架内的地区合作持积极态度。2014 年 5 月,时任总统阿坦巴耶夫来华参加亚信会议上海峰会时表示,中国是吉可靠的邻居和伙伴,吉方愿意积极参与"丝绸之路经济带"建设,促进两国经贸往来、基础设施互联互通和人文交流。③ 同年,在共同签署的《中华人民共和国和吉尔吉斯共和国关于进一步深化战略伙伴关系的联合宣言》中正式提出,"实现共建'丝绸之路经济带'倡议对双边合作全面发展具有重要意义。双方愿密切协作确定优先实施的大项目,采取具体落实措施,并为此制定完善双边合作的路线图"。④ 考虑到中亚地区复杂的地缘政治形势和吉尔吉斯斯坦多元外交政策,阿坦巴耶夫在 2014 年年底还特意强调,参加俄罗斯主导的欧亚经济联盟并不会对与中国合作产生负面影响。⑤ 2018 年 6 月,来华参加上合组织青岛峰会的时任吉总统热恩别科夫则进一步表示,吉方在继续支持"一带一路"倡议的既定政策上将毫不动摇,并且重点致力于在发展产能合作和基础设施建设方面的项目⑥。2020 年 10 月,又一场动乱结束了热

---

① 《习近平会见乌兹别克斯坦总统米尔济约耶夫》,新华社,http://china.eastday.com/c/20180609/u1a13974398.htm。

② 《元首外交|共同谱写中乌全面战略伙伴关系新篇章》,新华社,https://baijiahao.baidu.com/s? id＝1743957219918637627&wfr＝spider&for＝pc。

③ 《外国政要谈"丝路共建"》,国务院新闻办公室网站,http://www.scio.gov.cn/ztk/wh/slxy/31200/document/1375420/1375420.htm。

④ 《中华人民共和国和吉尔吉斯共和国关于进一步深化战略伙伴关系的联合宣言》(全文),新华网,http://www.xinhuanet.com/politics/2014-05/18/c_1110742415.htm。

⑤ 《吉尔吉斯斯坦总统表示全力支持"丝绸之路经济带"建设》,新华社每日电讯,2014 年 12 月 27 日。http://news.xinhuanet.com/world/2014-12/27/c_1113799545.htm。

⑥ 《吉尔吉斯斯坦总统称:加快实施中吉乌铁路对吉十分重要》,中华人民共和国驻吉尔吉斯斯坦大使馆经商参处,2018 年 6 月 11 日。http://kg.mofcom.gov.cn/article/qyhz/201806/20180602754240.shtml。

恩别科夫政权,扎帕罗夫在 2021 年 1 月的大选中获胜成为吉第五任总统。这位新总统在上台一个月后即与习近平主席通电话表示,愿同中方共同努力,推进铁路等大项目合作,高质量共建"一带一路"①。

以政治上的互信为基础,以实现政策上的对接为前提,中亚地区借助突出的地缘优势很快成为推动"丝绸之路经济带"合作的核心区域。构建"丝绸之路经济带"倡议提出 10 年来,围绕"一带一路"共商、共建、共享理念,在中亚各国成功完成了一系列具有示范效应的项目,这些成果在欧亚地区乃至全球都产生了良好影响。

第一个方面是在经济贸易领域。在 1992 年中国与中亚国家刚刚建交的时候,年贸易额只有 4.6 亿美元。到构建"丝绸之路经济带"倡议提出的 2013 年年底已达到 324 亿美元,2019 年时则达 463.4 亿美元,增长百倍以上。2020 年因新冠疫情影响虽又降至 300 亿美元的水平,但 2021 年又超过了 400 亿美元。②目前,中国是乌兹别克斯坦、吉尔吉斯斯坦和土库曼斯坦三国的第一大贸易伙伴国,是哈萨克斯坦的第二大贸易伙伴国,是塔吉克斯坦的第三大贸易伙伴国。同时,中国对中亚五国的投资快速增长,是吉尔吉斯斯坦和塔吉克斯坦的第一大投资来源国,是乌兹别克斯坦第二大投资来源国,是哈萨克斯坦第四大投资来源国③。

第二个方面是在交通运输领域。截至 2021 年年底,中欧班列共开出 1.5183 万列,其中有 90% 以上途经哈萨克斯坦④。几乎与构建"丝绸之路经济带"倡议同时启动的乌兹别克斯坦安格连—帕普铁路甘姆奇克隧道工程,中铁集团与本地员工克服了库拉米山区地质结构复杂等困难,仅用 900 天的

---

① 《习近平同吉尔吉斯斯坦总统扎帕罗夫通电话》,新华网,2021 年 2 月 22 日。http://m. xinhuanet.com/2021-02/22/c_1127126463. htm。

② 《"一带一路"成为中国与中亚国家密切合作纽带》,新华社客户端,2022 年 1 月 26 日。 https://baijiahao.baidu.com/s? id=1722979216374113735&wfr=spider&for=pc。

③ 《携手共命运 一起向未来——中国与中亚能源合作回顾与展望》,中国石油新闻中心, http://news.cnpc.com.cn/system/2022/02/15/030058757. shtml。

④ 《蓝皮书建言:我国应尽快打通中欧班列南部通道路线》,《北京日报》客户端,2022 年 5 月 15 日。https://baijiahao.baidu.com/s? id=1732850086229357497&wfr=spider&for=pc。

时间即贯通了全长 19.2 公里的隧道,不仅结束了从首都塔什干到安集延必须绕经塔吉克斯坦北方领土的历史,而且以中国施工、中国技术、中国标准在中亚地区打造出口碑良好的样板工程①。目前,中亚各国均将发展地区铁路、公路交通运输网络作为近期共同的建设目标,并在双边和多边层面上达成高度共识。结合"丝绸之路经济带"互联互通基础设施建设,中亚地区在已完成的标志性项目基础上有望打破地缘困境,成为连接西亚、东欧、南高加索地区的交通枢纽。

第三个方面是在能源、资源领域。中国与土库曼斯坦、乌兹别克斯坦和哈萨克斯坦共同建设的中亚天然气管道从 2009 年 A 线完工到 2014 年 C 线投产,形成三线并行向中国国内输送天然气的格局。截至 2022 年年初已累计输气达 3800 亿立方米,日输送天然气 1.2 亿立方米,使 5 亿多人口受惠,约占全中国同期天然气消费总量的 15% 以上。② 2018 年 8 月,中国石油天然气集团公司哈萨克斯坦奇姆肯特炼油厂二期改造工程试车成功,从此大大改变了作为产油国却要大量进口成品油的状况③。中国电建集团参与的塔吉克斯坦格拉芙纳亚水电站技改项目和特变电工在杜尚别的热电厂项目,有效缓解了依赖水力发电造成的当地季节性电荒④。

第四个方面是在产能建设领域。2014 年 12 月,在中国与哈萨克斯坦签署的共同推进"丝绸之路经济带"建设的谅解备忘录中,确定 79 张项目清单

① 《"一带一路"上的"总统一号工程"》,中国一带一路网,2021 年 8 月 18 日。https://baijiahao.baidu.com/s? id=1708411502800765371&wfr=spider&for=pc。

② 《携手共命运 一起向未来——中国与中亚能源合作回顾与展望》,中国石油新闻中心,2022 年 2 月 15 日。http://news.cnpc.com.cn/system/2022/02/15/030058757.shtm。

③ 《中哈油气合作再结硕果——奇姆肯特炼厂二期改造工程开工成功》,中国经济网,2018 年 8 月 16 日。http://sh.qihoo.com/pc/9daaf0c499654024f? cota=1&refer_scene=so_1&sign=360_e39369d1。

④ 《中塔两国电力合作前景广阔——专访塔吉克斯坦驻华大使拉夫拉特佐达》,《中国能源报》2018 年 11 月 12 日第 11 版。http://paper.people.com.cn/zgnyb/html/2018-11/19/content_1894007.htm。

里涉及水泥、钢铁、平板玻璃、化工等多项非资源领域①。2015年3月,中哈又签署了加强产能与投资合作备忘录,还签署了总金额为236亿美元的钢铁、汽车、有色金属、平板玻璃等领域的合作协议。2021年12月,中哈合资的亚洲钢管公司具备交付条件,可年产大口径钢管10万吨②。在中国企业的参与下,塔吉克斯坦从2015年起开始向周边国家出口水泥,虽只有500吨,但已经摘掉了水泥进口国的帽子。至2018年,其水泥出口量已达117万吨。其中,中材莫伊尔水泥有限公司、华新亚湾水泥有限公司、华新索格特水泥有限公司等中塔合资企业的产量已占全国水泥总产量的90%以上③。

第五个方面是在新型农牧业领域。新疆利华棉业股份有限公司在塔吉克斯坦哈特隆州建成"中塔农业合作示范园"项目,获批种植基地2.4万公顷,到2014年8月完成年加工皮棉2.5万吨的国际先进水平的棉花加工厂建设,开发1.2万公顷现代化、标准化的农业种植基地,建成集农产品的种植、加工、仓储、销售四位一体的农业综合产业示范基地④。针对中亚地区干旱和半干旱农田条件,新疆生产建设兵团天业股份有限公司将多年研发和已产业化推广的滴灌技术推广到乌兹别克斯坦,为这个中亚农业和产棉大国的产业转型助力⑤。2015年5月,陕西杨凌农业高新技术产业示范区与哈萨克斯坦国际一体化基金会签订了《建设中国—哈萨克斯坦现代农业示范园区(基地)合作协议书》,决定在阿拉木图州建设中国—哈萨克斯坦现代农业

---

① 姚培生:《"一带一路"建设不能离开中亚》,光明网经济频道,2016年11月2日。http://economy.gmw.cn/2016-11/02/content_22790765.htm。

② 《李克强同哈萨克斯坦总理马西莫夫举行会谈 决定全面开展产能合作并推动取得重要成果》,中国政府网,2015年3月27日。http://www.gov.cn/guowuyuan/2015-03/27/content_2839495.htm。

③ 《塔吉克斯坦水泥出口猛增,中资企业做重要贡献!》,水泥网,2018年12月1日。http://www.ccement.com/news/content/43664759268027.html。

④ 《塔吉克斯坦—中国农业合作示范园》,中国国际贸易促进会境外产业园区服务平台,https://oip.ccpit.org/ent/parks-introduces/55。

⑤ 《新疆兵团农业节水技术被乌兹别克斯坦引进》,中国新闻网,2022年3月4日。https://baijiahao.baidu.com/s? id=1726371802728662876&wfr=spider&for=pc。

示范园区,开展小麦、玉米、大豆、油料、蔬菜、苗木等品种示范和设施大棚、节水灌溉、农资机械等技术推广工作,并成立合资公司开展现代农业技术合作①。

　　10年来,在"丝绸之路经济带"框架内主要领域的合作成果,给中亚地区经济带来了一系列深刻变化:第一,助力中亚各国经济发展模式转型和产品竞争力提升;第二,在扩大就业、社会保障、城乡治理等方面为中亚各国社会稳定作出了贡献;第三,正在促使中亚地区整体经济格局的良化和优化调整。这些重要成就作为"丝绸之路经济带"建设的早期收获不仅使中国和中亚各国经济发展受惠,而且也为今后继续推动"一带一路"建设框架内的广泛合作提振信心。同时,通过对这10年"丝绸之路经济带"在中亚地区的合作实践的观察,也能看出发展不够均衡的特点,尤其是在人文合作领域。

二、"一带一路"人文合作在
中亚地区的推进与难点

　　加强人文合作和文化交流,是实现"丝绸之路经济带"民心相通目标的基本途径,中国领导人曾经对此作出精准的论述。2016年4月,习近平在主持中共中央政治局集体学习时强调,"人文交流合作也是'一带一路'建设的重要内容。真正要建成'一带一路',必须在沿线国家民众中形成一个相互欣赏、相互理解、相互尊重的人文格局。民心相通是'一带一路'建设的重要内容,也是'一带一路'建设的人文基础"。② 构建"丝绸之路经济带"倡议提出10年来,中国与中亚国家间人文合作得到明显的推动与促进。

---

　　① 《中国—哈萨克斯坦农业创新园建设工作介绍》,杨凌农业高新技术产业示范区网站,2017年8月28日。https://www.yangling.gov.cn/ztzl/hqlmtylx/1427956078141865986.html。
　　② 《习近平主持中共中央政治局第三十一次集体学习》,新华社,2016年4月30日。http://www.xinhuanet.com/politics/2016-04/30/c_1118778656.htm。

　　2014 年,中国、哈萨克斯坦和吉尔吉斯斯坦三国向联合国教科文组织将"丝绸之路:起始段和天山廊道路网"联合项目申遗成功①。这是一个极具象征意义和标志性影响的合作项目,由此开启了中国与中亚各国共同研究古代"丝绸之路"辉煌历史和文化内涵的深层合作,带动了由考古、艺术、文化等领域对共同历史记忆的发掘。2015—2019 年,中国联合考古队与乌兹别克斯坦科学院考古研究所联合组成的古丝绸之路上的月氏文化遗存考古队,在乌境内开展联合考古调查,寻找西迁中亚的古代月氏人遗迹。② 考古队先是用了一年多的时间发掘了撒马尔罕市西南的撒扎干遗址,后又花了两年多时间在阿姆河北岸支流苏尔汉河流域连续调查发掘了拜松市拉巴特遗址和乌尊市谢尔哈拉卡特遗址。据联合考古队披露的信息,经过中乌两国考古学家多年来的共同努力,已经初步确认了古代康居、月氏和早期贵霜考古学文化遗存的特征和分布范围,了解了月氏文化和早期贵霜文化的联系与区别,在"丝绸之路"考古研究领域取得了重要的突破和进展。2019 年,该考古队在中乌多地联合举办"我从安国来——唐定远将军安菩夫妇墓出土文物特展""'青出于蓝'——青花瓷起源、发展与交流""中乌联合考古成果展——月氏与康居的考古发现""从长安到大宛——中乌联合考古成果展"等主题考古成果展,将古代"丝绸之路"历史记忆用喜闻乐见的形式向中亚各国民众普及。同一时期,由中国社会科学院考古研究所和乌兹别克斯坦科学院考古研究所联合组成了费尔干纳地区考古队,他们对安集延州明铁佩古城先后进行了 8 次大规模的考古发掘。通过考古确认该古城遗址的年代为距今 2300—1600 年,是公元前后费尔干纳盆地内面积最大的古城,有可能是古代大宛国都城所在地,堪称"丝绸之路活化石"。以明铁配城址的发掘为中心,深入开展费尔干纳地区

---

　　① 《"丝绸之路:起始段和天山廊道的路网"获准列入世界遗产名录》,新华网,2014 年 6 月 22 日。http://news.xinhuanet.com/world/2014-06/22/c_1111256637.htm。

　　② 《为丝路文化遗产保护传承提供科学依据》,光明网,2022 年 1 月 14 日。https://m.gmw.cn/baijia/2022-01/14/35447227.html。

古代城市化进程的研究将极大推动对古代东西方文化交流的研究①。2023 年 4 月 25 日，"丝绸之路考古合作研究中心"在"丝绸之路"的起点中国西安成立②。这个中心是 2021 年"中国+中亚五国"外长第二次会晤成果之一，由中方倡议，并与五国合作共建，不仅面向中亚五国，而且未来还将在西亚和南亚等地区开展考古合作。合作的领域也将突破田野考古和城市考古，并已经开始向历史遗迹保护、学术成果交流、专业人才培养等更广阔的方向拓展。

实现在高等教育和国家智库间的国际合作，是跨国文化交流深化的必然阶段。2015 年 4 月，中共中央对外联络部牵头协调中国社会科学院、国务院发展研究中心、中国国际问题研究院、复旦大学等单位，成立了"一带一路"智库合作联盟③。因受到新冠疫情的影响，其功能曾仅局限在国内和远程交流。共同构建"丝绸之路经济带"10 年后，扩大和加强中国智库与中亚各国智库间的交流与合作势在必行。青年既是建设"一带一路"的主力军，也是实现民心相通的实践者。10 年来，已有"中国—中亚大学联盟""丝绸之路教师教育联盟""丝绸之路人文社会科学联盟""丝绸之路图书档案出版联盟"等专业合作平台在中国与中亚各国间形成。④ 涉及中亚五国的国别研究中心，已经在北京外国语大学、上海大学、上海外国语大学、陕西师范大学等高校建立。从国家层面提高对教育合作的关注度，突破制度性障碍和技术性局限，教育合作有望成为中国与中亚各国人文交流的又一重要增长点。

---

① 《乌兹别克斯坦明铁佩遗址的发掘——2015 年社科院考古所田野考古成果》，http://www.kaogu. cn/zixun/2015nianzhongguoshehuikexueyuankaoguyanjiusuotianyekaoguchengguoxiliebaodao/ 2016/0118/52818.html。

② 《"丝绸之路考古合作研究中心"揭牌》，中国新闻网，2023 年 4 月 25 日。http://www.chinanews.com.cn/gn/2023/04-26/9996922. shtml。

③ 《智库"抱团出海"服务"一带一路"》，中国网，2015 年 5 月 2 日。http://news.china.com.cn/2015-05/02/content_35471273. htm。

④ 《陕西师大成立丝路教师教育联盟》，《人民日报》2017 年 11 月 6 日第 12 版。http://paper.people.cn/rmrb/html/2017-11/06/nw.D110000renmrb_20171106_3-12. htm。

文化艺术领域的交流与合作是不同的国家与民族间加深了解的重要途径。中国与中亚各国古代"丝绸之路"的历史人文资源拥有着共同的历史文化基础。《玛纳斯》史诗是中国和吉尔吉斯斯坦两国共同的文化瑰宝,不仅流传于中国新疆柯尔克孜族聚居地,还在吉尔吉斯斯坦国内家喻户晓。2019年,中央歌剧院原创歌剧《玛纳斯》在吉首都比什凯克上演,受到吉民众的一致好评。2017年6月,习近平主席第三次访问哈萨克斯坦时,与纳扎尔巴耶夫总统共同见证了中哈两国政府签署的《中华人民共和国政府与哈萨克斯坦共和国政府关于合作拍摄电影的协议》。描写中国著名音乐家冼星海的电影《音乐家》成为该协议的启动项目,也是中国"一带一路"倡议与哈萨克斯坦"光明之路"新经济政策战略对接在人文领域的重点合作项目。2019年,中国与哈萨克斯坦合拍的电影《音乐家》获里约国际电影节特别荣誉大奖,标志着这项文化艺术合作从形式到内容获得国际社会的普遍认可[1]。除此之外,美术、音乐、诗歌、摄影等艺术形式上的交流也经常在中国与中亚国家间举行,通过不同的艺术手段促进了各国各民族间的彼此了解。

三、在中亚地区深化人文交流与文化合作的思考

2017年5月,习近平主席在"一带一路"国际合作高峰论坛开幕式上指出,"'一带一路'建设要以文明交流超越文明隔阂、文明互鉴超越文明冲突、文明共存超越文明优越,推动各国相互理解、相互尊重、相互信任",并建议"要建立多层次人文合作机制,搭建更多合作平台,开辟更多合作渠道"。[2] 2022年1月,习近平主席在中国同中亚五国建交30周年视频峰会上发表题为《携

---

① 《中哈合拍电影〈音乐家〉获里约国际电影节特别荣誉大奖》,中华网,2019年12月12日。https://culture.china.com/artnews/11159887/20191212/37526302.html。
② 《携手推进"一带一路"建设——在"一带一路"国际合作高峰论坛开幕式上的演讲》,新华社,2017年5月14日于北京。http://www.xinhuanet.com/world/2017-05/14/c_1120969677.htm。

手共命运，一起向未来》的讲话时指出，"中国同中亚国家共商共建共享，共建'一带一路'在中亚地区开花结果"，并建议："要建立多元互动的人文交流大格局，加快互设文化中心，积极开展文化遗产对话，继续推进妇女、智库、媒体等领域交流。要加强旅游合作，中方将为中亚国家推介旅游资源搭建平台，愿把五国全部列为中国公民出境旅游目的地国"①。

2023 年，第三届"一带一路"国际合作高峰论坛召开。这是中国领导人提出构建"丝绸之路经济带"国际合作倡议 10 年后的盛会，也是经历了新冠疫情大流行、中美贸易战、乌克兰危机等全球百年变局标志性重大事件后的重要会议。在这样一个重要结点回顾和总结 10 年来的成功经验，并在此基础上擘画未来"一带一路"的重点建设方向。其中也势必包括在中亚地区人文领域的交流与合作，并针对中亚地区现状打造有利于"丝绸之路经济带"框架内扩大和深入合作的文化环境。为此，可考虑从以下几个方面着手。

（一）在已有的人文合作成果基础上提升共同的历史文化认同

古代"丝绸之路"曾将中国与中亚地区在物质文化和精神文化上连接起来，当年来自中国的商队出玉门关沿天山廊道上断断续续的绿洲进入费尔干纳盆地，在这里或歇脚打尖、补充粮草、更换马驼，然后分道向北、西、南三个方向继续前行；或将货物转手当地生意伙伴，稍作休整后即返回中原。古代中亚在"丝绸之路"历史上长期占有独特的地位，当年处处驿站、客店、货栈的盛况让中亚成为当之无愧的丝路中枢。至今中亚各国民间仍以"丝路民族"为傲，以丝路主题冠名的公司、酒店、餐厅比比皆是。2014 年中国、哈萨克斯坦、吉尔吉斯斯坦"丝绸之路：起始段和天山廊道路网"联合申遗成功，开启了中国与中亚国家共同发掘古代"丝绸之路"文化内涵的深层合作。目前，中国社会

---

① 《习近平在中国同中亚五国建交 30 周年视频峰会上的讲话》，新华社，2022 年 1 月。http://www.news.cn/politics/leaders/2022-01-25/c_1128300077.htm。

科学院考古研究所、西北大学丝绸之路考古合作研究中心等学术机构在中亚地区所取得的成就大大丰富了当今世界对古代"丝绸之路"的认知,尤其是对古代"丝绸之路"上重要文化遗迹、遗址开展的联合发掘和研究,科学印证了古代中国与中亚地区诸民族的交往和交融的历史。2017 年 5 月,兰州大学文学院承担的国家社会科学基金项目《丝绸之路中外艺术交流图志》论证会在兰州大学举行。这一项目以图解方式诠释"丝绸之路"沿线民族艺术交流与相互影响的历史,引起中亚各国同行热烈反响①。2017 年 7 月,中国敦煌研究院设立了"敦煌艺术与丝绸之路研究中心",以曾经的丝路重镇视角启动对中亚地区的艺术考察②。2022 年 11 月,西北大学丝绸之路考古合作研究中心王建新教授应邀参加了联合国教科文组织举办的"丝绸之路沿线科学与文化交流国际研讨会",并以《"丝绸之路"研究的历史、现状与未来》为题作主旨发言。他提出,"丝绸之路"研究只有西方视角是不够的,还必须兼有东方视角,才能更真实、完整地认识古代"丝绸之路"③。这种观点和认识来自中亚各国同行的共同探索和发现,由政府推动和支持类似学术活动能有效促进中国与中亚各国增强历史文化上的认同感。

(二)教育合作由语言教学和互派留学生向联合办学方向发展

青年是构建未来中国—中亚命运共同体的实践者,也是建设"丝绸之路经济带"的生力军。教育合作是在各国青年之间建立相互认知与理解的重要领域,因而也必须是人文交流的优先方向之一。早在 2015 年,西安交通大学

---

① 《国家社科基金重大项目"丝绸之路中外艺术交流图志"开题》,中国社会科学网,2017年 5 月 9 日。http://www.cssn.cn/gd/gd_rwxb/rwlt/201705/t20170509_3512267. shtml。

② 《敦煌研究院设"丝绸之路与敦煌研究中心"首启中亚考察活动》,中国新闻网,2017 年 7 月 7 日。http://www.chinanews.com/gn/2017/07-07/8271823. shtml。

③ 《王建新教授参加联合国教科文组织举办的丝绸之路沿线科学与文化交流国际研讨会》,丝绸之路考古合作研究中心,2022 年 11 月 19 日。https://kgzx. nwu. edu. cn/info/1019/1271. htm。

首倡发起成立"丝绸之路大学联盟",并发布《西安宣言》,有 38 个国家和地区的 151 所高校成为联盟成员①。2016 年 10 月,在中国教育部支持与指导下,由新疆大学发起,清华大学、人民大学、武汉大学等高校与乌兹别克斯坦国立经济大学、哈萨克斯坦国立欧亚大学、吉尔吉斯斯坦国立大学等中亚国家高校结成 7 国 51 校"中国—中亚大学联盟"②。2017 年 11 月,在中国陕西师范大学倡议下,协同兰州大学、塔吉克斯坦国立师范大学、俄罗斯国立师范大学等 20 余所中外高校和科研机构,建立"丝绸之路教师教育联盟""丝绸之路人文社会科学联盟""丝绸之路图书档案出版联盟"。这些联盟为各国高校建立教育论坛、学生互换、学分互认、学历认证以及交换本科生、研究生等合作项目提供了多个政策性、专业性协调平台③。另外,中国地质大学(武汉)于 2014 年成立了"丝绸之路学院"、中国人民大学于 2018 年成立"丝路学院"等等。提高各国教育主管部门对上述冠以"丝绸之路"联盟和学院的关注度,整合教育合作资源,充实各项务实有效的合作内容,防止其"空转"应是今后教育合作的当务之急。同时,曾经多次被提起的联合办学问题在 2023 年 5 月中国+中亚五国峰会前再次呈现。早在 2017 年 6 月,中国上海大学与乌兹别克斯坦世界经济与外交大学签署合作办学备忘录,决定在塔什干建立上海国际商学院,并预计于 2018 年开始招生④,但由于各种复杂的原因未落实。2019 年 7 月,北京第二外国语学院校长助理、中国文化和旅游产业研究院院长邹统钎教授应邀赴乌兹别克斯坦参与创建"丝绸之路"国际旅游大

---

① 《丝绸之路大学联盟》,西安交通大学网站,2018 年 12 月 28 日。http://www.xjtu.edu.cn/gjjl/sczldxlm.htm。

② 《"中国—中亚国家大学联盟"成立》,《中国教育报》2016 年 10 月 8 日第 2 版。http://www.jyb.cn/world/gjsx/201610/t20161008_675868.html。

③ 《陕西师大成立丝路教师教育联盟》,《人民日报》2017 年 11 月 6 日第 12 版。http://paper.people.com.cn/rmrb/html/2017-11/06/nw.D110000renmrb_20171106_3-12.htm。

④ 《上海大学将在乌兹别克斯坦合作建立上海国际商学院》,新华社,2017 年 9 月 26 日。http://news.xinhuanet.com/world/2017-09/26/c_129712402.htm。

学①。可以预见,在高涨的合作需求推动下,中国与中亚国家实现联合办学的愿望为期不远。

(三)建立信息时代的高效媒体互动体系与新闻合作机制

在"一带一路"国际倡议提出两年多时,零点集团国际关系事业部开展了一次题为"中国人眼中的中亚"的民意调查。其结果显示,受访群体能够准确说出中亚五国国名的仅有 4/1000。这一结果显然与中国作为中亚国家近邻的地位极不符合。而这次民调中关于中国公众获得有关中亚信息渠道结果显示,有 86%的受访者表示"不太了解或根本不了解",11%表示了解的受访者中,超过 3/4 的以国内电视、广播、报纸、杂志等传统大众传媒作为主要信息渠道,而 3/10 是通过家人、同事、朋友及学校教育获得有关中亚的信息②。显然,在各国绝大多数民众不可能直观相互了解的前提下,大众传媒的作用不容忽视。而由于政策、语言、技术等方面的原因,中国与中亚国家之间的公共信息互换不通畅、不对等、不全面的状态亟待改变。改善这一状况不仅需要各国新闻机构、传媒企业加强合作,而且亟待各国新闻主管部门在法规、政策、技术等方面予以协调和指导。2014 年 7 月,由人民日报社主办的"丝绸之路经济带"媒体合作论坛在北京举行,来自中国、哈萨克斯坦、乌兹别克斯坦、吉尔吉斯斯坦、土库曼斯坦、塔吉克斯坦、俄罗斯、印度、巴基斯坦、伊朗、土耳其等 10多个国家的主流媒体代表参加,并签署了《丝绸之路经济带媒体合作论坛联合宣言》③。2016 年 10 月,由中国外文出版发行事业局和"2016 南京历史文化名城"博览会组委会联合主办,由人民画报社、南京市人民政府新闻办公

① 《北二外教授参与创建乌兹别克斯坦"丝绸之路"国际旅游大学》,北京第二外国语学院网站,2019 年 7 月 10 日。https://www.bisu.edu.cn/art/2019/7/10/art_9922_227467.html。
② 《调查:仅千分之四民众能完整准确说出中亚五国名字》,界面新闻,2016 年 6 月 23 日。https://www.jiemian.com/article/704919.html。
③ 《丝绸之路经济带媒体合作论坛在京举行》,《河南日报》2014 年 7 月 4 日。http://newpaper.dahe.cn/hnrb/html/2014-07/04/content_1105141.htm。

室、南京广电集团共同承办的首届"丝绸之路"媒体合作论坛在南京举行，中国、哈萨克斯坦、俄罗斯等13个"一带一路"沿线国家的20多家主流媒体代表出席，并共同发表了《南京共识》，宣布"丝绸之路媒体合作联盟"正式成立①。2018年6月，在上海合作组织青岛峰会召开前，由上合组织16个正式成员国、观察员国、对话伙伴国的110多家媒体参加的上合组织首届媒体峰会在北京举行，并发布《上海合作组织首届媒体峰会关于加强媒体交流合作的倡议》②。同样，这些已有的平台也面临得到各国新闻主管部门重视和提升交流水平的问题。尤其是在新媒体受众快速扩大的今天，中国与中亚国家新闻媒体合作更应加强充分利用地方媒体、专业媒体、自媒体实现交流与互动的探讨。

（四）以政治互信为引领开辟更多智库对话渠道与合作平台

除了各领域专业学术交流外，中国与中亚各国政府部门、科学院、高校政策研究智库的对话与合作也由来已久。"丝绸之路经济带"倡议提出10年来，各国智库间也纷纷将关注点集中到如何构建高质量合作与发展经济带上来。作为人文合作的高端领域，经过交流与磨合的学界观点不仅影响着各国政府的决策，也引导着社会认识和舆情的走向。2015年4月，由中共中央对外联络部牵头成立的"一带一路"智库合作联盟，虽然后来加入这个联盟的理事单位超过60多家，但基本局限于国内研究③。2018年9月，"丝绸之路智库峰会"在西安开幕，并在峰会上宣布成立了"丝绸之路智库共同体"，旨在对

---

① 《"丝绸之路"媒体合作开启新篇章》，今日中国，2016年11月4日。http://www.china-today.com.cn/chinese/sz/zggc/201611/t20161104_800070903.html。

② 《上海合作组织首届媒体峰会关于加强媒体交流合作的倡议》，国务院新闻办公室，2018年6月2日。http://www.scio.gov.cn/ztk/dtzt/37868/38413/38418/38427/Document/1630556/1630556.htm。

③ 《"一带一路"高端智库论坛暨"一带一路"智库合作联盟理事会第四次会议在京举行》，人民网国际频道，2018年4月3日。http://world.people.com.cn/n1/2018/0403/c1002-29905908.html。

"一带一路"倡议以来的人文领域合作案例进行阶段性梳理和评估,由此为更多领域的合作发展提供智力支持,但同样存在国际交流不畅的短板①。目前,以中国社会科学院俄罗斯东欧中亚研究所、中国国际问题研究院、中国国际问题研究基金会、上海社会科学院、上海国际问题研究所等机构为主体的中国政策研究智库,已经与中亚各国的总统直属战略研究所、科学院、高校之间建立了不同程度的互动合作关系。不定期举行的研讨会和圆桌会议大大丰富了各国间人文交流内容,为地区的稳定、繁荣和睦邻友好关系发展建言献策。可以预期,在新冠疫情之后,尤其是中国+中亚五国元首峰会后,中国与中亚各国智库间的合作将迎来一个新高潮。而整合力量、拓展资源、定位职能,同样是这一领域深入合作亟待解决的问题。

(五)瞄准后疫情时代共同振兴"丝绸之路"主题旅游市场

中亚地区旅游资源丰富,多元而独特的自然地理景色,不同时期和文化背景的历史遗迹,一直以来吸引着世界各国游客。旅游业的发展不仅是国民经济的重要组成部分,也是不同国家和族群间开展民间文化交流的重要渠道。虽然新冠疫情大流行使世界旅游业受到严重打击,但旅游业的复苏往往先于世界产业链和供应链的修复。2022 年全球旅游总人次达到 95.7 亿人次,全球旅游总收入达到 4.6 万亿美元,分别恢复至 2019 年新冠疫情暴发前的66.1%和 79.6%。据中国社会科学院旅游研究中心发表的《世界旅游经济趋势报告(2023)》预测,2023 年全球旅游总人次将达到 107.8 亿人次,全球旅游总收入将达到 5.0 万亿美元,分别恢复至疫情前的 74.4%和 86.2%。中国向世界旅游市场输出的游客人数和消费贡献对中亚国家极具吸引力,2018 年,乌兹别克斯坦、哈萨克斯坦、土库曼斯坦等国均在北京举办大规模旅游推介会。同年 3 月,乌哈两国还共同推出了统一的"丝绸之路旅游签证"。2018 年

---

① 《西安:丝绸之路智库峰会 聚焦绿色、数字、健康、智力丝绸之路》,中国网,2018 年 10 月12 日。http://ydyl.china.com.cn/2018-10/12/content_65874206.htm。

以来,在中亚国家建立的五国领导人协商会议机制上几乎每年都要讨论整合中亚各国的旅游资源、协调相关法规以吸引境外游客的问题。新冠疫情在中亚国家结束后,各国纷纷推出对中国公民入境旅游的优惠政策。从长远计,中国与中亚各国政府文化旅游主管部门有必要建立一个专业对接平台(如"丝绸之路旅游联盟"),通过政策指导和企业推动来促进中亚地区旅游市场的规范化、一体化和现代化,在推动"丝绸之路经济带"旅游产业发展的同时,为更广泛的民间人文交流创造条件。

结　　语

中亚五国是建设"丝绸之路经济带"的关键区域,在这一文化多元的区域营造有利于各国互动与多元合作的人文环境将是一个长期的工程。这不仅关系到"丝绸之路经济带"这一中国倡议能否得到更广泛认同,而且也关系到在中亚地区推广"人类命运共同体"理念和构建新型国际关系的重要实践。因此,推动这一领域的工作必须具有高端定位、全球视角、长期考量的意识。同时,还须避免用意识形态划界、纯经济利益至上、受大国博弈左右等倾向。特别是必需摆脱狭隘民族主义、极端民粹主义的束缚和绑架,以尊重多样文明的态度和平等协商的方式,坚持共商、共建、共享原则,才有可能建立起真正意义上的实现良性互动的人文合作格局和文明互鉴关系。

"一带一路"框架内中亚地区
互联互通建设:成就与前景[①]

2013 年 9 月,习近平主席在哈萨克斯坦的纳扎尔巴耶夫大学发表题为《弘扬人民友谊 共创美好未来》的著名演讲,首次提出要创新合作模式、共同建设"一带一路"。中亚地区是"一带一路"倡议实施的先行区和示范区。10年来,在中国同中亚国家共同努力下,"一带一路"建设在"五通"领域取得了丰硕成果。

互联互通是"五通"的优先领域。回顾过去 10 年,"一带一路"中亚地区设施联通建设的重点主要集中在交通、能源、电力网络等跨境基础设施领域,并取得显著成绩,为提升中亚国家运转能力,促进中国同中亚国家经济往来作出了巨大贡献。但也面临着交通基础设施薄弱、制度化建设不足、资金短缺、安全形势严峻以及大国竞争等一系列挑战。在百年未有之大变局下,"一带一路"建设即将迈入下一个 10 年,中国同中亚国家互联互通建设有望迎来新机遇期。新阶段,双方应秉持奋发有为、积极塑造的方针,聚焦高质量发展,构建全方位、立体化地区互联互通新格局。

一、中国同中亚国家互联互通建设的进展

所谓互联互通,指的是规章制度与基础设施的联通。规则标准的"软联

---

① 作者:韩璐,中国国际问题研究院欧亚所副所长、副研究员。

通"是建设基础设施的体制和机制保障，基础设施的"硬联通"是互联互通的基石。自"一带一路"倡议提出以来，中国同中亚国家"软联通"和"硬联通"建设都在不断向前推进。

（一）"软联通"扎实推进

中国与中亚国家在双多边层面都建立了互联互通合作机制。从双边层面看，中国同中亚国家在共建"一带一路"政策方面沟通顺畅，为双方在交通基础设施合作方面创造良好政治条件。中国和中亚国家以宣言、协议、公报、备忘录、条约的形式明确了"一带一路"框架内加强合作的意愿、领域和方式，且纷纷将本国的发展战略与"一带一路"倡议对接，而互联互通建设是其中重要内容。例如，2015年中国与哈萨克斯坦签署"一带一路"倡议与"光明之路"新经济政策对接合作规划，而后者的核心就是基础设施建设。中国与哈萨克斯坦、乌兹别克斯坦、塔吉克斯坦、吉尔吉斯斯坦等中亚四国之间还建立了双边层面的交通、能源及电信等合作分委会，并签订了相应的合作协议和协定，有力地推动和协调上述互联互通领域的合作。例如，2005年，在中哈合作委员会框架内成立了中哈交通合作分委会，迄今已召开13次会议，对中哈交通项目建设起到了指引作用。此外，中国与中亚国家还签署了双边的铁路合作协定、汽车运输协定、航空运输协定，与吉乌签署了小多边的汽车运输协定，对双方交通物流顺畅提供了规则保障。

从多边层面看，中国与中亚国家都签署了亚洲公路网政府间协定，中国还在中亚区域经济合作（CAREC）框架内对中亚交通基础设施建设进行援助。特别是上海合作组织框架内互联互通机制建设也对"一带一路"互联互通在中亚地区的深化起到了巨大的推动作用。上海合作组织建立了交通部长会议机制、能源俱乐部、上合组织铁路部门负责人会议机制以及发展过境潜力、能源、电信工作组，还出台了《上合组织成员国政府间国际道路运输便利化协定》（2014）、《上海合作组织成员国铁路合作构想》（2019），为提高

地区国家过境运输潜力、深化地区互联互通、促进区域经济一体化发展注入
新动力。

(二)"硬联通"建设成绩斐然

10 年来,在"一带一路"框架内,中国同中亚国家秉持共商共建共享原则,
在该地区建成了一批具有关键性、示范性的设施项目,初步形成了涵盖铁路、
公路、航空、油气管道、电力、电信网络等复合型基础设施网络,推动了共建
"一带一路"高质量发展。

1. 交通运输领域

(1)铁路项目

中欧班列。中欧班列被誉为"一带一路"上飞驰的"钢铁驼队"。自 2011
年 3 月 19 日首列中欧班列(重庆—杜伊斯堡)成功开行以来,至 2023 年已超
12 年的运行历史。中欧班列已形成"三通道""五口岸""多线路""多模式"的
基本格局①,打通了 82 条运行线路,通达欧洲 24 个国家的 200 多个城市,累
计开行 6 万余列,运输货值合计超 2900 亿美元,综合重箱率升至 98.1%,成为
贯穿欧亚大陆的国际贸易大通道。② 中国还发起成立了中欧班列运输联合工
作组,推动形成和签署一系列中欧班列运输合作办法。在全球遭受新冠疫情
冲击、产业链供应链面临压力之时,中欧班列克服全球流通不畅、运力不足的
困难,向各国运送当地急需的短缺物资,为稳定全球产业链供应链、推动世界
经济复苏发挥了重要作用。

作为"一带一路"的关键枢纽,过境中亚地区的中欧班列数量不断增多,
已开通过境哈萨克斯坦的中欧货运班列有"汉新欧""郑新欧""义新欧""蓉

---

① 李建民:《中国与中亚经济合作 30 年——政策演进、重点领域进展及未来发展路径》,
《俄罗斯研究》2022 年第 5 期。

② 《中欧班列铺就亚欧新通途》,2022 年 8 月 22 日,http://www.scio.gov.cn/31773/
35507/35510/35524/Document/1728970/1728970. htm。

新欧""长安号"等16条中欧班列线路。2022年,中欧班列开行1.6万列、发送160万标箱,经过霍尔果斯口岸的有7068列,经过阿拉山口口岸的有6211列,①地区货物运输的潜能得到极大发挥。

中哈(连云港)物流场站项目。2014年,在中哈两国元首的共同见证下,中哈连云港物流项目正式投产运营。2015年2月25日,连云港—阿拉木图货运班列首发。这是中哈两国共建"丝绸之路经济带"进程中第一个可见成果,具有示范意义。作为"一带一路"国际经贸合作首个落地的实体平台项目,经过近10年的发展,中哈(连云港)物流合作基地已开行6条常态化新线路,成为中亚五国过境运输、仓储物流、贸易往来的国际经济平台,有力促进了中国同中亚国家的互联互通和经贸合作。

中哈跨境铁路。20世纪90年代,中哈首条跨境铁路在阿拉山口实现对接,2012年双方又建成精河—伊宁—霍尔果斯—阿腾科里铁路。作为中欧班列西部通道,中哈两条铁路常年开足马力,促使中欧班列货物运输的潜能得到极大发挥,推动了第三亚欧大陆桥的发展与升级。

中哈乌土伊铁路。2014年12月,连接哈萨克斯坦、土库曼斯坦和伊朗三国的哈土伊铁路全线开通,为中亚国家通往亚太地区开辟了"新丝绸之路"。②2016年1月,中哈土伊线路试运营,从中国东部城市义乌出发,终点抵达伊朗的德黑兰。该路线全程大约1万公里,耗时两周,比海运节约一半的时间。2019年4月4日,乌兹别克斯坦正式加入中哈土伊铁路运输走廊。乌兹别克斯坦的加入使得该铁路运输走廊变得更短,大幅降低了运营成本,进一步提升了运输能力。

安格连—帕普铁路卡姆奇克隧道。2016年2月,中铁隧道集团承建的乌

---

① 《中国同中亚畅通"钢铁驼队"保障全球产业链供应链》,2023年5月13日,http://zj.news.cn/2023-05/13/c_1129611271.htm。

② 《哈土伊三国元首出席"哈—土—伊"国际铁路开通仪式》,2014年12月4日,http://news.cri.cn/gb/42071/2014/12/04/7551s4791626.htm。

兹别克斯坦境内的安格连—帕普铁路卡姆奇克隧道顺利贯通,该隧道长19.26公里,①是安格连—帕普铁路全线的咽喉要道,被称为"中亚第一长隧道"。隧道将乌兹别克斯坦东西部铁路连接起来,也是中国—中亚—欧洲国际运输走廊的重要组成部分,具有重要的战略和经济意义。

瓦赫达特—亚湾铁路项目。瓦亚铁路全长48.65公里,2016年8月24日由中方参与完成,是"一带一路"框架内首个开工并建成的铁路项目,也是中国铁路施工企业在中亚建成的首条铁路。瓦亚铁路连接塔吉克斯坦中段与南段铁路,有力改善了塔吉克斯坦的交通基础设施落后状况。瓦亚铁路成为连接中国—塔吉克斯坦—阿富汗—伊朗国际铁路交通的枢纽,有利于深化中国与中亚地区的互联互通。

中吉乌铁路。1997年,中国、吉尔吉斯斯坦、乌兹别克斯坦三国签署合作备忘录,并初步规划了自新疆喀什,经吐尔尕特入吉尔吉斯斯坦,后经吉南部卡拉苏抵达乌兹别克斯坦的安集延的项目建设路线,全长约523公里,其中,中国境内213公里,吉尔吉斯斯坦境内260公里,乌兹别克斯坦境内50公里。但之后由于各种问题,该项目谈判持续20多年却难有进展。2022年9月15日,中、吉、乌三国在乌兹别克斯坦撒马尔罕签署了关于中吉乌铁路吉尔吉斯斯坦分段建设项目的合作协议。该协议要求在2023年上半年完成中吉乌铁路项目吉尔吉斯斯坦段吐尔尕特—阿尔帕—马克马尔—贾拉拉巴德路线方案可行性研究的所有工作。协议的签署标志着中吉乌铁路实质上的启动。该铁路的建成不仅有利于吉乌两国扩大产品出口,优化境内交通基础设施,而且将完善新亚欧大陆桥南部网络,拓宽新亚欧大陆桥运输范围,成为中国与中亚国家在"一带一路"框架内互联互通、互惠互利的标志性项目。

(2)公路项目

中吉乌公路。中国—吉尔吉斯斯坦—乌兹别克斯坦国际道路起自新疆喀

---

① 《中企承建的乌兹别克斯坦铁路隧道顺利贯通》,2016年2月26日,http://news.xinhuanet.com/photo/2016-02/26/c_128754719.htm。

什,经伊尔克什坦、萨雷塔什(吉)、奥什(吉)至塔什干(乌),全长959公里,其中在中国境内234公里,吉尔吉斯斯坦境内280公里,乌兹别克斯坦境内445公里。这条公路是中国—中亚—西亚国际经济走廊的重要组成部分,开创了"资源换项目"和多个国际金融组织合作融资方式。吉政府以伊斯坦贝尔德金矿勘探开发为融资条件从中国融资贷款,并获得亚洲开发银行和伊斯兰开发银行的资助。[1] 2017年中吉乌公路启动试运行,2018年2月25日中吉乌公路正式通车,使过境运输周期从8天压缩到2天,年运费支出节省250万美元左右,同时给沿线国家带来100万个就业岗位。[2] 中乌作为没有共同边界的近邻首次实现了国际道路全程运输。近年来,三国企业还利用该通道开展公铁联运,不断挖掘通道潜力,拓展运输合作。

双西公路。全称西欧—俄罗斯—哈萨克斯坦—中国西部国际公路运输走廊。该公路东起中国连云港,西抵俄罗斯圣彼得堡,途经中、哈、俄三国数十座城市,总长9415公里。其中,中国境内4395公里,哈萨克斯坦境内2787公里,俄罗斯境内2233公里。2018年9月27日,双西公路中哈段正式贯通。俄罗斯境内已建成60%,预计2024年完工。该通道建成后,连云港至圣彼得堡公路运输仅需10天(海运为45天),中欧货运量将增长2.5倍,达到每年350万吨。

中塔乌公路。中国—塔吉克斯坦—乌兹别克斯坦国际道路起自新疆喀什,途经中塔口岸卡拉苏—阔勒买、杜尚别(塔)、多斯提(塔)至铁尔梅兹(乌),全长1422公里。2019年8月10日,中塔乌公路成功试运行,对建立便捷通畅的地区国际道路运输通关环境,进一步释放该地区互联互通的巨大潜力具有重要意义。

伊塞克湖环湖路比什凯克至巴雷克奇路段修复改造项目。2015年7月

---

① 张宁:《上合组织交通合作》,《欧亚经济》2021年第1期。

② 李建民:《上合组织基础设施互联互通及法律保障研究》,社会科学文献出版社2019年版,第97页。

22日,这一位于吉尔吉斯斯坦境内的项目顺利竣工,该项目由中国进出口银行提供优买贷款融资,并由中国路桥总公司总承包。此外,包括北—南公路和中吉哈、中吉乌跨国公路在内的多条公路项目也由中国公司承建,总建设里程超过2000公里。吉尔吉斯斯坦总统阿坦巴耶夫曾对此表示,上述公路竣工通车后,吉国内将形成一张四通八达的公路网,同时联通中国、哈萨克斯坦和塔吉克斯坦等周边国家,吉尔吉斯斯坦将成为中亚地区重要的交通运输过境走廊。①

此外,在口岸开通和建设方面,哈、塔、吉与中国接壤,均在边境设立了口岸。中哈7个公路客货运口岸,中吉2个,中塔1个。中国与中亚间公路与铁路联运也更加活跃。2022年9月以来,以中吉乌公路为主干,实现了"新吉乌""渝吉乌""深吉乌"公铁联运,即由乌鲁木齐、重庆、深圳发出的火车专列到达喀什后经中吉乌公路运往乌兹别克斯坦。

(3)航空项目

目前,中国与中亚五国均已签订政府间航空运输协定,其中与乌兹别克斯坦、土库曼斯坦放开第三、第四航权。现已有10家航空公司开通中国至中亚五国航线航班,中哈每周保持33班客运航班、中乌9班客运航班和两班货运航班、中吉7班客运航班和两班货运航班、中塔4班客运航班,覆盖中国和中亚12个城市。其中,西安至中亚从"零"航线到实现对中亚五国的全覆盖,极大便利中国与中亚地区的人员和经贸往来。此外,中国同中亚各国在机场、空管等民航基础设施投资、建设、运营一体化项目上展开务实合作,共同推进中国与中亚地区民航基础设施高质量发展。中国正与中亚五国商签共建"空中丝绸之路"谅解备忘录,并计划研究编制共建"空中丝绸之路"规划纲要,持续提升民航领域合作质量和效益。

---

① 《吉尔吉斯斯坦总统希将吉国建成中亚交通过境走廊》,2015年7月23日,http://www.mofcom.gov.cn/article/i/jyjl/e/201507/20150701056333.shtml。

2. 能源领域

(1)油气管道

中哈原油管道。该管道西起哈萨克斯坦西部的阿特劳,东至中哈边界阿拉山口,全长2834公里。2006年首期建成并开始向中国输送原油,后经增输扩建后,管道年输油能力达2000万吨。项目二期工程新建和改造了3条管道,连接起哈西部油田和东部炼油厂。截至2022年年底,中哈原油管道累计对华输油1.63亿吨。该管道既承担了哈萨克斯坦国内原油输送任务,也为哈萨克斯坦境内多个石化炼厂提供了充足的原油保障,开启了中哈能源合作的新时代。

中国—中亚天然气管道。该管线也被称为中亚—西气东输二线。管道规划包括A、B、C、D四线。其中,A、B线为同期双线敷设,起点位于土库曼斯坦和乌兹别克斯坦边境的阿姆河右岸天然气处理厂,经过乌中部和哈南部,从阿拉山口进入中国新疆的霍尔果斯,与中国国内的西气东输二线相连。管线全长10812公里,中亚部分全长2081公里。C线起于土乌边境格达伊姆,经过乌哈,从中国霍尔果斯口岸入境,总长度1833公里,与西气东输三线连接。目前,A、B、C线已全部投产通气,截至2022年年底,中国自管道进口中亚天然气累计约4251亿立方米。每年从中亚天然气管道输送到中国的天然气约占中国同期天然气消费总量的15%以上。中国—中亚天然气管道的建成具有历史性意义,不仅让中亚部分国家居民彻底告别了烧煤历史,而且极大地提高了中国同中亚地区的能源合作水平。

(2)新能源项目

中亚拥有丰富的太阳能、风能和水电资源,近年来,中国同中亚国家可再生能源合作取得重要进展。越来越多的中国能源公司涉足中亚地区,参与该地区的国家电力线路、水电站和水坝的建设。

"达特卡—克明"南北输变电工程。在"一带一路"框架内中亚地区电力互联互通最具代表性的项目是吉尔吉斯斯坦"达特卡—克明"500千伏南北输变电工程。该项目是吉尔吉斯斯坦国家电网的重大能源项目工程,由中国政府优惠买方信贷、中国新疆特变电工公司承建,并于 2015 年 8 月 28 日顺利竣工。该项目助吉实现了南北电网全线贯通,极大提升了其自主供电能力。

札纳塔斯风电项目。哈萨克斯坦札纳塔斯 100 兆瓦风电项目位于哈南部江布尔州萨雷苏区札纳塔斯市,是目前中亚规模最大的风电项目,也是"一带一路"大型战略项目之一。该风电项目由中国电力国际有限公司和哈萨克斯坦维索尔投资公司共同投资,中国水电建设集团国际工程有限公司承建,中国电建集团成都勘测设计研究院有限公司总包实施,共建有 40 台 2.5 兆瓦的风电机组,于 2021 年 6 月竣工投产。项目每年可发电约 3.5 亿千瓦时,对改善哈南北电力供需不均的状况具有重要战略意义。

谢列克风电场。该风电场由中国电建与哈萨克斯坦萨姆鲁克能源公司共同投资建设,是两国高质量共建"一带一路"的标志性项目,被列入"中哈产能合作重点项目"清单,其设计、建造和施工均采用中国标准。该项目于 2022 年 7 月全容量并网发电,每年可将 2.3 亿千瓦时电力送至负荷中心,为 7 万户居民提供稳定的绿色电力,大大提高了阿拉木图州电网供电的可靠性和独立性。

乌兹别克斯坦三座老旧水电站改造升级项目。2019 年,中国支援改造升级乌兹别克斯坦下博兹苏伊、塔什干、沙赫里汉三座老旧水电站,有力推动了中乌两国水电领域合作。经过两年多的升级改造,2021 年 12 月,乌兹别克斯坦的三座老旧水电站重新焕发生机,发电功率提高 1 倍以上,发电量提高两倍有余,对缓解首都塔什干和安集延周边地区的供电压力发挥了积极作用。

格拉夫纳亚水电站技改项目。2023 年 4 月 25 日,由中国电建承建的塔吉克斯坦格拉夫纳亚水电站技改项目顺利完工。格拉夫纳亚水电站原装有 6 台发电机组,额定装机容量 240 兆瓦,运行时间已超过 58 年,各"心脏部件"运行极不稳定,故障频发,几乎处于半瘫痪状态。为保证当地居民生活用电,满足当地农田灌溉需要,从 2016 年开始中国电建着手对其重新设计,量身定制了改造方案,更新改造完成后电站额定装机容量将达到 282 兆瓦,有效缓解了塔吉克斯坦南部乃至全国电力紧缺问题,对实现塔吉克斯坦能源独立战略具有积极意义。

此外,在"一带一路"框架内中国正积极构建从中国新疆到中亚的电力输送通道。作为中国重要的能源基地,新疆电网投资预计将达到2210亿元人民币。建立新疆与中亚国家之间的电网不仅可以促进新疆可再生能源一体化,还可以促进中亚地区输电系统升级。

3. 电信网络领域("数字丝绸之路")

习近平主席在"第一届'一带一路'国际合作高峰论坛"上首倡共建"数字丝绸之路"后,中亚国家积极响应。近年来,中国与中亚国家数字经济合作取得一定成绩。从中国上海到德国途经中亚等20多个国家的亚欧陆地光缆已经开通,成立了面向中亚、西亚的乌鲁木齐区域性国际通信业务出入口局,中国电信、中国联通和中国移动参与建设了中国—中亚光缆的对接。[1] 2017年,中国电信与吉尔吉斯斯坦、塔吉克斯坦和阿富汗启动了"丝路光缆项目",并延伸至中亚、南亚、西亚其他国家,通过海、陆方式通达中东、非洲和欧洲,创新陆缆合作模式,解决传统跨境陆地光缆"连而不通"和"通而不畅"的问题,[2]整体提升亚欧区域的网络互联互通水平,加强区域内跨境信息服务能力。

网络建设方面,华为、中兴等企业已成为哈萨克斯坦、乌兹别克斯坦等中亚国家数字经济的参与者以及重要的电信设备供应商,并与中亚国家开展了多项合作。[3] 从2007年起,华为积极参与哈萨克斯坦"村村通"工程,独家提供技术设备,解决了哈萨克斯坦偏远地区30多万人的通信问题;在2013—2015年两年内建成覆盖哈萨克斯坦全境的4G网络,哈萨克斯坦5000人以上

---

[1] 《乌鲁木齐区域性国际通信业务出入口局正式揭牌 中国—中亚光缆正式对接》,2012年5月21日,http://politics.people.com.cn/BIG5/17945846.html。

[2] 《中国电信与阿富汗电信启动丝路光缆项目》,2017年11月7日,http://www.sasac.gov.cn/n2588025/n2588124/c8183197/content.html。

[3] 徐惠喜:《中亚国家搭上"一带一路"快车》,《经济日报》2018年6月4日。

的农村都可使用 4G 网络；①浪潮威海海外服务有限公司与哈萨克斯坦国家铁路电信公司已签署《哈萨克斯坦全国数据中心合作协议》。此外，中国与中亚国家已跨境互建多个电子商务平台和物流基地，跨境、第三方电子商务合作呈快速增长的态势，跨国、跨机构、跨领域的电商布局扩展到亚欧广阔的区域。中国与中亚国家的一些企业建立了专门面向中亚市场的电子商务体系，如阿里旗下的全球"速卖通"很早就已进入哈萨克斯坦，现已成为当地排名第一的网上交易平台，其中服装、家居、数码产品等最受哈萨克斯坦消费者欢迎。②

二、中国同中亚国家互联互通
建设面临的问题和风险

尽管中国同中亚国家互联互通建设取得了一些成绩，但也面临着规则弱化、资金不足、外部环境恶化等困难和风险。

（一）合作机制和制度化建设亟待加强

虽然建立了许多有关互联互通的多双边机制，但缺乏相配套的落实机制、投资保护机制、争端解决机制、统筹平衡机制，导致建设中出现的标准对接、投资安全、交通运输畅通问题迟迟未得到解决，各方签署的多双边协议部分也仅停留在纸面上，或是得不到更新发展。

规则、标准等制度化建设方面明显落后于"硬联通"建设，在海关程序、标准一致化、商务流动等领域存在重重壁垒。中亚国家的交通技术标准主要承袭苏联模式，与中国现行的技术标准不尽一致，由此造成交通运输衔接不协

---

① 黄文帝：《推进经济发展　实现共同繁荣——习近平主席访问哈萨克斯坦推动中哈务实合作》，2015 年 5 月 14 日，http://cpc.people.com.cn/n/2015/0514/c83083-26999118.html。

② 《哈萨克斯坦主权基金同阿里巴巴签署战略合作备忘录》，2016 年 5 月 27 日，http://finance.china.com.cn/roll/20160527/3742739.shtml。

调,增加了作业过程,浪费了时间和财力。如铁路轨距各不相同,中国铁路轨距使用的是国际铁路通用轨距 1435 毫米,中亚国家的铁路轨距普遍采用苏联时期 1520 毫米的宽轨。[①] 轨距的不同,导致列车在接轨地点必须进行换装或换轮,极大增加了货物运输时间和成本。如中国与中亚国家换装主要是在哈萨克斯坦口岸,出口由哈萨克斯坦换装,进口由中国换装,哈方换装能力远不能满足中方出口换装的需求,导致中方出口货物经常在过境点出现积压拥堵和集装箱停装。在公路运输方面,中国与中亚国家对厢式货车长度及车辆最大轴负载的限制标准也不一致,中国规定大型汽车长度为 16.5 米,车辆最大轴负载是 11.5 吨;而哈萨克斯坦规定汽车长度是 20 米,轴负载不超过10 吨。[②]

(二)中亚国家自身条件不足给互联互通建设带来障碍

1. 中亚地区地形复杂,气候恶劣,不利于交通基础设施建设

哈萨克斯坦境内有广袤的哈萨克草原,北部地区冬季酷寒,有半年的冰雪期,乌兹别克斯坦西部有克孜勒库姆沙漠,土库曼斯坦 80%面积为荒漠,塔吉克斯坦和吉尔吉斯斯坦是山地国家,中吉过境点吐尔尕特山口、中塔过境点库尔马山口海拔高,冬季多极端恶劣天气,经常无法顺畅通行。中亚还有部分地区地广人稀、生态环境脆弱,不利于施工,开发难度很大,导致交通基础设施建设成本高,项目回报率低。

2. 巨大的资金缺口与快速发展的互联互通建设需求之间存在较大差距

中国与中亚各国互联互通项目承受了较大资金压力,施工难度加大,项目周期长,中亚国家偿还能力有限。当前全球多重危机交织叠加,世界经济前景

---

① 王会鹏:《进展、问题与对策:上合组织成员国间铁路互联互通研究》,《昆明理工大学学报》(社会科学版)2019 年第 5 期。

② 胡颖、徐强:《哈萨克斯坦物流运输业发展与新时代中哈合作对策》,《新疆财经》2018 年第 3 期。

低迷,中亚国家经济外向程度高,受世界经济环境影响大,加上中亚国家受到反俄制裁的负面溢出效应影响,各国经济复苏放缓,财政压力加大,交通基础设施项目融资难度都有所增加,落地和按期交付更加困难。

3. 中亚国家营商和投资环境不如人意

中亚国家政策干预随意性强,投资政策变动频繁,市场机制不健全,权力寻租和腐败现象突出,贷款利率高,相关机构效率不高,部分交通基础设施项目即便已签署文件,也会出现难以落地的风险,如几经波折的阿斯塔纳轻轨项目。此外,中亚金融系统不稳定,受俄罗斯卢布影响大,汇率易波动,企业投融资风险加大。

4. 互联互通合作基础有待加强

中亚各国运输业不发达。公路运输多由小微企业运营,缺少具有整合区域资源能力的大公司,铁路运输都由国营公司垄断,缺乏竞争。同时,中亚国家通关效率、办理签证、劳务许可申请等手续繁杂,也在一定程度上阻碍基础设施建设的合作。如吉尔吉斯斯坦海关通关手续烦琐,一般货物至少需要3—5天时间才能放关。

(三)大国之间通道博弈加强

长期以来,中亚地区都是大国争夺的战略要冲。在互联互通方面,各大国博弈激烈,相继提出内容迥异的中亚对外联通方案。目前,在中亚地区的国际大通道计划主要有:

1. 美国"新丝绸之路"计划

通过实施中亚—南亚高压输电项目(CASA-1000)和土库曼斯坦—阿富汗—巴基斯坦—印度天然气管道项目(TAPI),打造包含一系列联合投资计划和地区贸易联盟的经济链条,其战略目标是打通印度到阿富汗的战略通道,实现"资源南下,商品北上",建立起由美国主导的地区新秩序。近三年,美国又相继推出"蓝点网络"(BDN)、"全球基础设施和投资伙伴关系"(PGII)和"重建更美好世界"(B3W)计划。

2. 欧盟"复兴丝绸之路"计划

主要建设欧洲—高加索—亚洲运输走廊(TRACECA Transport Corridor Europe-Caucasus-Asia)。高加索走廊的建立旨在为欧洲提供一条绕过俄罗斯进入亚洲的替代性运输走廊。2023 年 3 月,欧盟还推出"全球门户"计划,提出"高质量基础设施标准"概念①,向中亚地区国家推广"高标准"项目,其目标是对"一带一路"沿线的投资项目产生"挤出效应",挤压中国参与竞争的空间。

3. 俄罗斯主导的欧亚经济联盟洲际交通运输走廊发展战略

依托跨西伯利亚大铁路东—西走廊和波罗的海到波斯湾的北—南展开,旨在通过传统纽带强化其在欧亚地区的主导势力范围。除加紧部署陆上交通网络外,2015 年俄罗斯已把开发北极航道纳入欧亚经济联盟交通运输战略。

4. 亚洲开发银行推出"中亚区域经济合作"计划

通过发展欧洲—亚洲间的 6 条跨境运输通道来带动区域经济和贸易发展。

中国与中亚国家在"一带一路"框架内进行交通基础设施互联互通合作,不可避免要与上述国家和机制利益发生碰撞。中国企业在中亚交通基础设施项目面临激烈竞争。此外,美西方不断加大对俄制裁力度,中国在中亚地区项目受次级制裁风险上升,互联互通建设亦不可避免受到影响。

三、中国同中亚国家互联互通建设的发展前景

推动经济加速恢复发展将是后疫情时代中亚国家的一项重要任务,这将为地区互联互通建设提供新的契机。加之,中国同中亚五国元首会晤机制的建立,必将助推"一带一路"互联互通建设在该地区的深入发展。

---

① 基础设施项目应有系统性的基本政策和指导原则,经过严格环境评估,符合国际通用的政策和技术标准,具备透明的管理规范和多元的融资体系,并由多边开发银行评估项目和债务的可持续性。

(一)新形势下中亚各国"谋发展"为互联互通建设注入动力

乌克兰危机与新冠疫情叠加,使中亚各国深刻感受到发展是解决一切问题的总钥匙。虽然更关注国家安全,但是谋求发展仍是中亚国家共同的期盼。2022年中亚经济发展好于预期,塔吉克斯坦经济增长8%,吉尔吉斯斯坦增长7%,哈萨克斯坦增长3.1%,乌兹别克斯坦增长5.7%、土库曼斯坦增长6.2%,但经济发展下行压力大,各国均出现高通胀、高失业的情况,能源与粮食安全问题凸显。特别是在乌克兰危机长期化的背景下,地缘政治因素已成为全球最大的变数,世界经济复苏的前景晦暗不明。2023年1月10日,世界银行发布的《全球经济展望》报告将2023年全球经济增长预期下调至1.7%,较2022年6月预测值下调1.3个百分点,为近30年来第三低水平。① 中亚各国对未来经济发展忧心忡忡,对恢复经济需求更加迫切,而俄罗斯自顾不暇,难以带动,美西方的经济支持又往往带有一定的条件,且距离遥远,那么,加强与中国经济合作的愿望自然迫切,这就为中国同中亚国家进一步高质量共建"一带一路"提供了新的动力。同时,乌克兰危机升级导致传统物流及供应链受阻,中亚国家积极寻找替代线路,参与高质量共建"一带一路"的热情更加高涨,有望在"一带一路"互联互通中扮演更加重要的角色。

此外,中亚各国正积极实施国家发展战略,如《哈萨克斯坦——2050》战略、"光明之路"新经济计划、《2022—2026年"新乌兹别克斯坦"发展战略》、吉尔吉斯斯坦《2018—2040年国家发展战略》、塔吉克斯坦的"能源交通粮食"三大兴国战略以及土库曼斯坦的"强盛幸福时代",这些战略都将经济建设作为国家发展要务,均致力于"调结构、促增长",均与"一带一路"建设进行对接,互联互通建设是双方对接的优先方向。各国国家发展战略与"一带一路"建设对接的持续推进,无疑对中亚地区互联互通可持续发展提供了保障。

---

① 刘华芹:《砥砺前行的中俄经贸合作》,《俄罗斯学刊》2023年第2期。

（二）中国同中亚国家关系提质升级促进合作加强

2020年"中国+中亚五国"外长会晤机制建立以来,已召开三次会议,对中国—中亚关系深化发展发挥了积极作用。2022年1月25日,中国国家主席习近平在北京主持中国同中亚五国建交30周年视频峰会上倡导构建更加紧密的中国—中亚命运共同体,并提出深耕睦邻友好的示范田、建设高质量发展的合作带、强化守卫和平的防护盾、构建多元互动的大家庭、维护和平发展的地球村等五大建议,[①]为中国与中亚国家双边关系下一个30年勾画了发展蓝图。2022年6月中国与中亚五国共同发布《关于深化"中国+中亚五国"互联互通合作的倡议》,倡议内容包括推进中国与中亚跨境铁路和公路建设,充分挖掘国际运输线路及跨里海国际运输通道潜力,加强口岸通关和人员流动能力、完善互联互通机制建设,这将为双方在"一带一路"框架内互联互通建设提供政策保障和助力。2023年5月18—19日,首届"中国+中亚五国"元首峰会举行,会议取得丰硕成果,不仅成立中国—中亚元首会晤机制,为进一步深化中国同中亚国家关系提供了机制保障,而且达成将近15项涉及互联互通建设的成果,包括推动中国—中亚交通走廊建设、中国—中亚铁路运输;完善交通基础设施,包括新建和升级改造现有的中国至中亚的铁路和公路;完成中吉乌铁路可研工作,推进该铁路加快落地建设;研究制定从中亚国家往返东南亚和亚洲其他国家最佳过境运输方案的可能性;等等。这必将为下一步中国同中亚国家互联互通建设注入强大动力。

（三）俄罗斯"向东转"为中亚地区"一带一路"互联互通建设提供了有利条件

美西方制裁的长期化和机制化,使俄罗斯向西通道被关闭,不得不构建向

---

① 《习近平在中国同中亚五国建交30周年视频峰会上的讲话》,2022年1月25日, http://www.gov.cn/xinwen/2022-01-25/content_5670410.html。

东能源、信息、基础设施等网络体系,以打破美西方经济封锁,赢得生存发展空间。此举不仅有利于中俄双方拓展在金融、能源、跨境电商等领域的合作,而且也对中亚地区深化互联互通建设提供了机遇。例如,中吉乌铁路开辟了亚欧互联互通新通道,对地区经济合作是一大利好。此外,2019 年生效的《中国与欧亚经济联盟经贸合作协定》正在积极实施中。该协定明确了包括交通在内的 7 个主要合作方向,为推进"一带一路"建设与欧亚经济联盟对接提供了保障,也为中亚地区互联互通建设创造更好的政策环境。2023 年 3 月,中俄发表关于深化新时代全面战略协作伙伴关系的联合声明,指出,中俄将共同努力,积极推动"一带一路"与欧亚经济联盟建设对接合作,加强亚欧地区基础设施互联互通。"一带一路"与欧亚经济联盟对接工作的持续展开,将为"一带一路"框架内中国同中亚国家互联互通建设助力加码,有助于进一步完善中亚地区交通物流格局。

(四)上海合作组织助推中国同中亚国家互联互通建设

上海合作组织现已步入新的发展阶段,推动基础设施互联互通建设已成为未来组织发展的重要目标。从《2025 年前上海合作组织发展战略》到 2022 年上海合作组织撒马尔罕峰会宣言,都强调深化交通运输领域多边合作的重要性。撒马尔罕峰会宣言明确指出,继续深化交通领域合作具有重要意义,包括新建和改造现有国际公路和铁路交通线路,打造多式联运交通走廊,建立国际物流、贸易和旅游中心,引入数字、创新和节能技术,按照国际先进经验优化通关手续,实施旨在有效利用上合组织成员国过境运输潜力的其他基础设施合作项目。①

同时,《上合组织成员国政府间国际道路运输便利化协定》(2014)、《上合组织成员国铁路合作构想》(2019)、《上合组织成员国发展互联互通和建立高

---

① 《上海合作组织成员国元首理事会撒马尔罕宣言》,2022 年 9 月 17 日,https://www.mfa. gov.cn/web/ziliao_674904/1179_674909/202209/t20220917_10767328. shtml。

效交通走廊构想》(2022)以及《上合组织成员国基础设施发展规划》(2022)的相继推出,为提高成员国过境运输潜力、深化本地区互联互通、促进区域经济一体化发展注入新动力。上海合作组织还十分关注道路运输便利化协定的落实,特别是该协定提出的覆盖中、俄、哈、吉、塔、马6个成员国的6条公路运输线路①的开通将给未来跨境交通运输合作带来新机遇。

此外,新冠疫情加快了成员国向数字化经济转型的步伐。加快数字基础设施建设,实现区域内数据信息、互联网和国际通信等领域的互联互通,提高区域内数字合作的效率,也将成为未来互联互通建设的主要方向之一。

结　语

中亚国家是"一带一路"的启动区和核心区,建设"一带一路"的过程是中国为改善中亚地区连接、深化与中亚地区合作而提供的公共产品的过程。而基础设施作为一种具有空间外溢性的公共产品,正是高质量推进"一带一路"建设的优先领域。多年来,中国同中亚国家互联互通建设取得巨大进展,但潜力和升级空间也十分巨大,亟待挖掘。"一带一路"建设也即将踏入新阶段,未来中国同中亚国家互联互通建设应符合"一带一路"高质量建设的要求,顺应全球基建绿色化、智能化、数字化发展的大趋势,巩固和维护中亚作为联通亚欧的国际交通走廊和重要枢纽地位。正如习近平主席指出:"世界需要一

---

①　这6条线路分别为:1. 巴尔瑙尔市—韦谢洛亚尔斯克市(俄)/阿乌恩尔(哈)—赛梅伊市—巴赫特(哈)/巴克图(中)塔城—奎屯—乌鲁木齐;2. 圣彼得堡—奥伦堡—萨加尔钦(俄)/扎伊山(哈)—阿克托别市—克孜勒奥尔达市—吉姆肯特市—塔拉兹—阿拉木图—卡尔喀什/霍尔果斯—乌鲁木齐—连云港;3. 乌鲁木齐—喀什—卡拉苏(中)阔勒买山口(塔)—穆尔加布—霍罗格—杜尚别(瓦赫达特);4. 乌鲁木齐—霍尔果斯(中)/卡尔喀什(哈)—阿拉木图—塔拉兹—希姆肯特—科耐斯巴耶瓦(哈)/雅拉玛(乌)—钦纳兹市;5. 坎特—阿克吉列特(吉)/卡拉苏(哈)—塔拉兹—希姆肯特—克孜勒奥尔达市—阿克托别—扎伊山(哈)/萨加尔钦(俄)—奥伦堡—圣彼得堡;6. 阿特巴希—吐噜噶尔特山口(吉)/吐尔尕特—喀什—乌鲁木齐—连云港(中)。

个联通的中亚。中亚有基础、有条件、有能力成为亚欧大陆重要的互联互通枢纽，为世界商品交换、文明交流、科技发展作出中亚贡献。"①

第一，切实落实关于深化"中国＋中亚五国"互联互通合作倡议提出的各项措施，充分发挥"亚投行"、丝路基金的作用，积极推进中吉乌、中哈、中塔阿伊等互联互通交通基础设施建设，加快构建中国—中亚交通走廊，挖掘双方在跨境铁路运输、国际公路运输便利化、加强口岸通关能力建设等"硬联通"和技术、国际标准认证、通关便利化等"软联通"多个领域的合作潜力，聚焦高质量发展，构建全方位、复合型、绿色环保、可持续的基础设施体系。

第二，继续参与中亚国家基础设施改建，特别是涉及民生的项目。宜采取政府合作投资、企业承建的方式，推动中国制造业和工程企业赴中亚国家投资和参建基础设施项目，改善当地基础设施落后的状况，推进其产业结构升级和可持续发展。同时，也应认识到，民生工程是快速提升共建国家民众获得感的重要途径，要加强统筹规划，形成更多接地气、聚人心的合作成果，打造标志性的优质工程。

第三，拓宽企业融资渠道。除丝路基金、"亚投行"、中国—欧亚合作基金外，还可设立互联互通领域的开发基金，为中国与中亚国家互联互通项目合作提供多层次金融支持。

总之，随着中国同中亚五国元首会晤机制的确立，中国同中亚国家关系进入新时代，加速推进互联互通也必将成为中国与中亚国家的共同愿景。有理由相信，在"一带一路"框架内，中国将同中亚国家携手继续推进高质量区域互联互通建设，为构建更加紧密的中国—中亚命运共同体作出贡献。

---

① 《习近平在中国—中亚峰会上的主旨讲话》，2023 年 5 月 19 日，https://www.mfa.gov.cn/web/ziliao_674904/zyjh_674906/202305/t20230519_11079936.shtml。

"一带一路"高质量发展与境外经贸合作区建设:中白工业园的进展、经验、挑战与应对①

中国国家主席习近平在"第二届'一带一路'国际合作高峰论坛"上发表的主旨演讲指出,要推动"一带一路"沿着高质量发展方向不断前进。一是要秉持共商共建共享原则,倡导多边主义,把大家的优势和潜能充分发挥出来;二是要坚持开放、绿色、廉洁理念,不搞封闭排他的小圈子,保护好我们赖以生存的共同家园,坚持一切合作都在阳光下运作;三是要努力实现高标准、惠民生、可持续目标,推动企业在项目建设、运营、采购、招投标等环节按照普遍接受的国际规则标准进行,让共建"一带一路"成果更好地惠及全体人民,同时确保商业和财政上的可持续性。2022年习近平主席在中国共产党第二十次全国代表大会上的报告中再次强调,要推进高水平对外开放,推动共建"一带一路"高质量发展。

"一带一路"的重要抓手之一是境外经济贸易合作区。它是指在中华人民共和国境内(不含香港、澳门和台湾地区)注册、具有独立法人资格的中资控股企业,通过在境外设立的中资控股的独立法人机构,投资建设的基础设施完备、主导产业明确、公共服务功能健全、具有集聚和辐射效应的产业园区。②建设产业园区是中国经济改革的重要经验以及中国发展模式的主要特征,而

---

①　作者:赵会荣,中国社会科学院俄罗斯东欧中亚研究所乌克兰室主任、研究员。

②　《境外经贸合作区》,http://fec.mofcom.gov.cn/article/jwjmhzq/article02.shtml。

境外经贸合作区是中国对外开放和投资的创新形式和重要载体，是推动企业集群式"走出去"的重要平台。它于 2008 年获得国务院批复推进建设，2013 年"一带一路"倡议提出以后建设明显加快。截至 2022 年年底，中国企业在沿线国家建设的境外经贸合作区累计投资达 571.3 亿美元，为当地创造了42.1 万个就业岗位。[①] 近七成境外经贸合作区分布在"一带一路"沿线国家。[②] 总体上看，中国境外经贸合作区建设仍处于成长期，在建设和运营过程中既取得了显著的成绩，也遇到了不少问题。商务部对 42 家境外经贸合作区的调查反馈指出，其中 12%盈利可观，33%基本盈利，19%保本运作，36%尚未盈利。[③] 而类似中国境外经贸合作区这样以 A 国企业投资为主在 B 国建设产业园区可供借鉴的国际范例似乎并不多。在这种情况下，对现有中国境外经贸合作区进行深入细致的案例研究尤显迫切和必要。

中白工业园是中白两国元首亲自倡导、两国政府大力支持并积极推动，实行政府引导、企业主体的特大型合作项目，也是目前中国参与投资开发的规划面积最大、开发建设规模最大、合作层次最高的境外经贸合作园区。2015 年 5月 10 日，习近平主席在访问白俄罗斯时提出，要将园区项目打造成"丝绸之路经济带"上的明珠和双方互利合作的典范。2019 年 4 月 25 日，在会见白俄罗斯总统卢卡申科时习近平主席还指出，中白工业园是共建"一带一路"的样板工程之一，双方要共同推进工业园建设。2023 年 3 月 2 日，卢卡申科总统访华期间，中白两国共同发布的《关于新时代进一步发展两国全天候全面战略伙伴关系的联合声明》强调，双方将共同推进中白工业园高质量发展，将其

---

① 《打通"商脉"联通"文脉" "一带一路"将蓝图变实景》，https://baijiahao.baidu.com/s? id=1761673133026845770&wfr=spider&for=pc。

② 《香港工商界看好"一带一路"境外经贸合作区商机》，https://www.yidaiyilu.gov.cn/xwzx/gnxw/293942.htm。

③ 中国商务部国际贸易经济合作研究院、联合国开发计划署驻华代表处：《中国"一带一路"境外经贸合作区助力可持续发展报告——基于经济、社会、环境框架的分析和实用指南》，https://www.sohu.com/a/310808483_516458。

打造为国际化合作项目和明斯克卫星城市。

一、中白工业园的由来和最新进展

建设中白工业园（全称为中白"巨石"工业园）的倡议最早是由卢卡申科总统提出的。2010年3月时任国家副主席习近平访问白俄罗斯时，卢卡申科向中方提议在白境内建设中白工业园，并得到中方的积极回应。同年10月，白俄罗斯经济部与中工国际工程股份有限公司签署了关于在白俄罗斯境内设立中国—白俄罗斯工业园区的协议。2011年9月18日，时任人大常委会委员长吴邦国访白期间，两国签署了《中华人民共和国政府和白俄罗斯共和国政府关于中白工业园的协定》，正式将该项目纳入两国政府间合作项目。2012年1月，两国各自批准该文件。

白俄罗斯向中国提出建设中白工业园主要有两点原因：一是为了解决国内经济问题。2008年国际金融危机对白俄罗斯经济造成重创，白方希望通过走经济多元化道路促进国内经济的稳定和可持续发展。卢卡申科总统在2010年4月发表的国情咨文中指出，中国有意愿和能力帮助白俄罗斯发展经济。二是白俄罗斯希望借鉴中国园区建设的成功经验。时任白俄罗斯驻华大使托济克和时任经济部部长斯诺普科夫成功说服卢卡申科总统和政府其他成员仿效中国与新加坡合作建设的苏州工业园在白俄罗斯建设中白工业园。

白方的提议恰好契合中国的"走出去"战略和支持建设境外经贸合作区政策。自1997年时任国家主席江泽民在全国外资会议上提出积极引导和组织国内有实力的企业"走出去"以后，少量的中国企业出于自身发展需要开始尝试在境外建设生产和贸易基地，并吸引其他企业入驻，逐渐将其发展成经贸合作区，如海尔美国工业园、天津美国商贸工业园等。2006年中国政府开始制定扶持境外经贸合作区的政策。2008年国务院发布了《关于同意推进境外经济贸易合作区建设意见的批复》，全面推进境外经济贸易合作区建设，确立了以"政府引导、企业为主、市场化运作"为原则，摸索和实践境外经贸合作区建设模式。此后，一大批中国企业陆续走出国门建立了境外经贸合作区百余家。

当然，中白友好关系、白俄罗斯的区位优势、白俄罗斯政治社会较稳定、白俄罗斯较好的工业基础等也是推动中方同意建设中白工业园的因素。卢卡申科是后苏联地区率先且始终坚定主张学习中国发展经验的国家元首。2013年中白两国建立全面战略伙伴关系，2016年双方宣布发展全天候友谊。白方称是中国的铁杆朋友，即"白铁"。2022年中白宣布建立全天候全面战略伙伴关系。两国不仅在核心利益问题上相互支持，而且在多边层面也始终保持着高水平的相互协作。在中方的支持下，白俄罗斯成为上海合作组织和中国—中东欧合作机制的观察员国。白俄罗斯地缘优势显著，处于欧亚运输走廊的十字路口，是连接欧洲与亚洲的桥梁，欧洲主要铁路、公路、油气管道、水运和航运都经过白俄罗斯，多数中欧班列途经白俄罗斯城市布列斯特。中白工业园临近欧亚经济联盟与欧盟两大市场。白俄罗斯是欧亚经济联盟成员国，中白工业园居民企业生产的产品有机会免关税销往欧亚经济联盟市场。因此，中白工业园有可能为入园居民企业进入欧亚经济联盟和欧盟市场提供良好平台。白俄罗斯政局较稳定，社会治安状况和基础设施条件较好，工业部门较齐全，科技实力较强，劳动力素质较高，平均工资相对较低。白俄罗斯从2012年起成为多边投资担保机构（MIGA）享有充分权利的成员，2014年又通过《投资法》，投资环境不断改善。

然而，中白工业园在双方签署协定后的三年多时间内始终处于协商阶段，没有动工建设。原因在于：一方面，中白两国的制度、观念、对工业园的预期等都存在差异，需要相互磨合；另一方面，中国商务部推荐的项目牵头企业——中工国际的传统优势在于承包工程，面对中白工业园如此宏大的境外投资项目在资金和经验上都有欠缺，而白方也面临同样的问题。

"一带一路"倡议提出后，中白两国政府加快了磋商频率。2014年1月

20 日,中国时任总理李克强会见白俄罗斯时任总理米亚斯尼科维奇,双方宣布合作推进实施《中白全面战略伙伴关系发展规划》,将中白工业园做大做强,发挥示范作用。2014 年 9 月 26 日,时任推进"一带一路"建设工作领导小组组长、政治局常委、国务院副总理张高丽访问白俄罗斯。随后,在中国政府推动下,中工国际的母公司——国机集团(2014 年 10 月)和对园区建设有较丰富经验的招商局集团(2015 年 4 月)参股中白工业园区开发股份有限公司。2015 年 5 月 10—12 日习近平主席访问白俄罗斯并视察园区,下达两年见成效的指示。此后,中白工业园进入实质性开发阶段。

中白工业园占地面积约 117 平方公里,规划开发面积 91.5 平方公里,面积是一般境外经贸合作区面积的 10 倍左右,称得上是"巨无霸"工程。按照规划,园区内的国家自然保护区和村落将保持原状不动,因此实际可开发面积约 50 平方公里,开发周期为 20—30 年,分三期开发。2018 年 12 月,中白工业园一期开发区"七通一平"完成,①生产经营的基础及配套设施基本建成并通过验收,形成可对外租售土地 515 公顷,建设道路 32 公里,招商环境得到极大改善。其中起步区 3.5 平方公里"七通一平"基础设施建设于 2016 年年底完成。

中白工业园借鉴了苏州工业园的经验,设置了三级管理构架:第一级为中白政府间协调委员会,由两国政府部门组建,统筹推进中白工业园事务。协调委员会的成员包括中白经贸合作委员会双方主席以及双方国家管理机构的代表。协调委员会下设协调工作组。协调工作组负责会同双方有关部门、企业和金融机构携手推进工业园建设和招商。第二级是园区管委会,由白俄罗斯部长会议成立,接受管委会主任领导。管委会主任由白俄罗斯总统任免。管委会的支出由白俄罗斯国家财政拨款以及部长会议经与总统协商确定的其他

---

① "七通一平"是工程开发建设中反映基础设施配套水平的标准之一,具体指道路、供水、电力、排水、热力、电信、燃气实现畅通,土地平整。常见基础设施建设标准还包括"三通一平""五通一平""九通一平"等。

来源解决。管委会负责园区的政策制定、企业服务、行政审批、招商引资等，目的是实现"一站式"的综合行政服务。第三级为中白工业园开发股份有限公司，由中工国际、白俄罗斯明斯克州执委会、白俄罗斯地平线公司发起，国机集团、招商局集团、哈投集团、明斯克市执委会等陆续加入，负责园区土地开发、招商引资和经营管理。公司的注册资本最初为 8750 万美元，之后有所追加。最初，中方股东股份比例为 68%，白方股东股份比例为 31.3%，德方股东股份比例为 0.7%。三级架构各司其职，全方位为入园企业提供服务。

中国的境外经贸合作区的类型以资源利用、加工制造、农业产业、商贸物流和综合类居多，科技研发类最少。资源利用类，如中国印尼综合产业园区青山园区、俄罗斯龙跃林业经贸合作区；加工制造类，如埃及苏伊士经贸合作区、越南龙江工业园、中匈宝思德经贸合作区；农业产业类，如吉尔吉斯斯坦亚洲之星农业产业合作区、中国—印度尼西亚聚龙农业产业合作区；商贸物流类，如匈牙利中欧商贸物流园；综合类，如老挝万象赛色塔综合开发区；科技类，如中国—比利时科技园。

中白工业园按照设想将发展成为高科技国际化综合型园区，计划吸引超过 200 家高新技术企业入驻，园区内就业人口将超过 12 万人，按照"政府引导、企业主体、市场运作、科学规划、分步实施"原则，努力建设成为生态环境优美、基础设施和公共服务完备、结构布局合理、产业协调发展、科技含量高、社会经济效益明显的现代化、国际化产业新城。在产业定位方面，园区项目主要包括六大类，分别为电子信息、精细化工、机械制造、生物医药、新材料和仓储物流等高新产业，其次是电子商务、大数据储存与处理、社会文化活动创建与发展、科研及设计试验和工艺试验等。就目前园区内入驻企业情况来看，加工制造型企业的占比较大，科技研发型企业还不够多。

中白工业园自建设以来招商引资工作取得了较快进展，为白俄罗斯成功打造了引资平台。截至 2022 年年底，中白工业园共有来自 15 个国家的 100 家居民企业入驻，协议投资额达 13 亿美元。其中，中国企业数量占近一半，其次是白俄罗斯企业,其余企业主要来自美国、德国、立陶宛、爱沙尼亚、奥地利、以色列、俄罗斯、瑞士等国,实际运营企业 42 家。居民企业的业务涵盖机械设备、电子通信、新材料、生物医疗、物流等领域。2022 年新增入园居民企业 19 家,退园企业 4 家,新增协议投资额 7279.9 万美元。中白工业园秉承共商共建共享原则,在深化国际合作的同时助力白俄罗斯经济、环境和社会可持续发展。2022 年居民企业员工达 2149 人,以白俄罗斯员工为主。产品出口额为 1.684 亿美元,同比增长 30%。居民企业工业总产值同比增长 53.3%,达 4.561 亿卢布。货物、工程、服务的销售收入同比增长 90.1%,达 7.093 亿卢布。园区居民企业总体实现盈利,净利润达 3410 万卢布。居民企业缴纳的税费增长 123.6%,达 8040 万卢布。①

二、中白工业园的成功经验

从中白双方签署政府间协定,到中白工业园正式动工,再到后来的快速推进一期工程建设,园区面貌日新月异。中白工业园的建设经验值得认真梳理和系统总结,因为这是园区高质量发展的基础,也可以供其他境外经贸合作区参考借鉴。

(一)园区主动与双方政府保持沟通,利用政府支持推动政府作出有利于园区建设和发展的政策和制度安排

境外经贸合作区从政府支持力度看大体可以分为两类,一类是政府引导建立,政府支持力度较大,先建设园区,再招商引资,如埃塞俄比亚哈瓦萨工业园和中国—埃及泰达苏伊士经贸合作区。另一类是企业经营在先,政府支持在后,商业驱动为主,政府支持为辅,如乌兹别克斯坦鹏盛工业园。中白工

---

① 《中白工业园 2022 年主要经济指标发布》,中白工业园官方微信公众号,2023 年 3 月 21 日。

园是由两国元首倡导建立的境外经贸合作区,属于前一类。如果没有两国领导人的推动,就没有中白工业园项目的确立以及后来的建设和发展。中白工业园是政府间合作项目,拥有双方政府间协商机制的保障以及两国政府和大型金融机构的融资支持,这是中白工业园拥有的突出优势。在中白工业园的发展过程中,园区遇到的很多问题都是通过与双方政府有效沟通得以解决。

在政策方面,在中白双方共同推动下,白俄罗斯于2015年和2021年两次发布关于深化中白关系的总统令,并于2012年、2014年、2017年和2018年先后四次颁布关于中白工业园政策的总统令,逐步优化园区经营管理体制机制,加大税收优惠幅度,简化行政程序,降低招商门槛,提升园区的吸引力。总统令规定,中白工业园拥有的税收优惠幅度要始终高于白俄罗斯境内其他自由经济区。2017年出台的第166号总统令规定,在未征得园区管委会同意的情况下,暂停对园区入驻企业及合资公司进行检查。这一规定相当于为园区入驻企业抵挡政府机构或官员可能的恶意盘剥筑起一道"防火墙"。总统令还赋予了园区管委会独立针对投资项目不符合主要产业定位且投资金额未达到标准的企业登记为入园企业的决定权利。在园区项目类别方面,总统令新增了电子和通信、制药、电子商务、大数据存储与处理、社会文化活动等行业,相当于扩大了入驻居民企业的范围。总统令还大幅放宽了企业投资条件,规定符合园区产业定位,且投资总额不少于500万美元;或研发项目不少于50万美元;或三年内投资不少于50万美元的入驻企业为园区居民企业,可享受工业园的税收优惠政策。税收方面,总统令规定园区居民企业利润税10年免收、10年后减半征收。此外,园区居民企业在不动产税、土地税、进口增值税、个人所得税、社保、红利税等方面也享受优惠政策。2018年12月22日颁布的第490号总统令使中白工业园成为白俄罗斯首个最大程度享受欧亚经济联盟相关海关便利政策的经济特区。中白工业园的税收优惠政策力度非常大,在全球工业园区中也不多见。同时,中白工业园在建筑标准、外汇结算、财务报账、人员入境居留和劳务许可等方面也享有较优惠的条件。目前，中白工业园有"一站式"服务，新企业入驻一天内就可完成注册并开门营业。

在资金方面，中白工业园充分利用中国政府提供的无偿援助建设了110千伏变电站、科技成果转化中心大楼、公共交通设施等。中国国家开发银行于2013年1月与白俄罗斯开发银行、白俄罗斯经济部和中白工业园开发建设有限公司分别签署了《规划合作协议》和《中国—白俄罗斯工业园区建设融资框架协议》，2018年10月在明斯克设立代表处，并为招商局商贸物流园等中白工业园的项目提供贷款等金融服务。中国进出口银行为一期起步区基础设施建设提供了1.7亿美元优惠贷款。招商局集团建立了中白产业投资基金。

在签证方面，双方努力不断简化签证手续。2017年1月9日，卢卡申科总统签署命令，自2017年2月起，持有效申根签证的中国公民将可免签入境白俄罗斯并停留5天。之后，中白双方政府于2018年6月10日签署《关于互免普通护照人员签证的协议》。该协议规定，中国公民持普通护照可免签入境白俄罗斯并停留不超过30天，每年互免签证入境天数不超过90天。签证便利化政策对于中白工业园招商引资起到积极的促进作用。

（二）大型国企通力合作，在园区开发建设和管理中发挥领头羊作用

中国的境外经贸合作区大多以中国企业投资和建设为主，外方参与有限。中白工业园也是如此。在境外经贸合作区规划和建设过程中，主导企业往往要担当与东道国政府谈判、争取优惠政策、签订合作协议、开发建设、招商引资等重任。在"一带一路"沿线境外经贸合作区民企和国企是主要投资来源，特别是民企投资增长很快，占比已经超过一半。在中白工业园开发建设过程中，中国大型国企积极参与且相互配合，发挥了重要的引领作用。它们既是"开路先锋"和"掌舵者"，也是园区的"名片"和"定海神针"。在合作过程中，它们展示了中国方案和中国速度，分享了中国的先进技术和经验，并得到白方的高度认可。在中国政府推动下，招商局集团、中工国际及其母公司国机集团等

大型国企参股中白工业园开发股份公司，使园区开发进程全面提速，其中国机集团占股 32%，招商局集团占股 20%，中工国际占股 13.71%。中工国际由于进入白俄罗斯较早且做过很多承包工程，早期受中国商务部推荐参与中白工业园项目。2010 年 10 月卢卡申科总统访华期间，中工国际与白俄罗斯经济部正式签署了《在白俄罗斯共和国境内建立中国—白俄罗斯工业园区的合作协议》。中白工业园项目开发初期的选址、可行性研究和总体规划工作主要由中工国际负责。中工国际还建设了办公楼、标准厂房、输变电系统、一期起步区基础设施建设。[1] 招商局集团在园区综合开发方面富有经验，且在全球参与过很多"一带一路"项目。招商局在加入中白工业园股份开发有限公司后在园区定位、政府协调、开发管理、招商引资等方面发挥了重要作用。招商局集团投资建设了中白商贸物流园，多次组织白俄罗斯和中白工业园代表团考察国内工业园区，建设了专门的网站介绍中白工业园，组织翻译出版了白俄罗斯有关法律，筹办了多场招商引资活动。中工国际、招商局集团等中国大型国企与白俄罗斯政府主管部门建立了互信基础和良好的沟通渠道，为园区开发建设健康有序发展提供了有利条件。

（三）科学选址，合理规划，基础设施建设高效，渐进式开发，本地化经营

境外经贸合作区在选址时通常要考虑土地开发成本、交通运输成本、劳动力成本、能源和资源供应、融资来源和市场前景等因素。中国境外经贸合作区主要位于非洲、东南亚和东北亚，在后苏联地区还不多（按照国别，俄罗斯最多，有 11 个园区）。园区位置多数选择在首都或主要城市、交通便捷之处。白俄罗斯属于内陆国，从对外交通便捷程度看不如沿海国家。中方经过缜密的研究并与白方沟通和协商，最终选择在明斯克州的斯莫列维奇区建设中白

---

① 宋哲：《中白工业园建设经验浅谈》，《丝路瞭望》2017 年 10 月 16 日。

工业园。原因是，园区距离明斯克市 25 公里，紧邻明斯克国际机场，柏林至莫斯科的 M1 洲际公路从园区穿行而过。地理位置较优越，交通较便利。另外，当地不属于人口稠密和经济发达地区，避免了重新安置费用。明斯克市是白俄罗斯的首都，是政治、经济和文化中心，便于中白工业园与政府部门之间保持通畅的沟通、与各方开展合作和吸引专业人才。

中白工业园总体规划以 M1 洲际公路的沿线防护林作为绿化景观带和分轴线，将整个园区的土地划分为北部的生产制造、商业物流区，中部的科技研发、服务外包区，西部集酒店、住宅、会展、湿地公园于一体的商务住宅区，以及南部的未来发展预留区。为了保证工业园环境可持续发展，园区在总体规划中保留了园区内现有居民点和生态保护区，园区内总体绿化率达到 50%。

在中白工业园开发股份有限公司的努力下，园区在一期基础设施建设方面高质量完成和落实了习近平主席视察园区时提出的两年见成效的指示，这为园区招商引资工作创造了前提条件，也为园区尽早进入经营和盈利阶段提供了可能。

园区建设采取渐进式开发模式，从起步区 3.5 平方公里开始，相继完成 110 千伏输变电系统、供水系统、污水处理厂、道路铺设等"七通一平"项目，然后逐渐过渡到一期 8.5 平方公里基础设施建设。受新冠疫情和东欧地区局势变化影响，加上中白工业园开发公司自 2021 年进入偿还本金阶段，园区对于二期和三期工程规划和建设持谨慎态度，目的是保证园区的资金链完整和经营的可持续性，使园区能够顺利地适应和融入当地经济和社会发展，进而融入区域经济体系中。

园区居民企业实施本土化策略，尊重白俄罗斯的法律法规和宗教习俗，在园区设计、建设、经营和管理中主要雇用白俄罗斯员工，在产品零部件采购方面也以从本地采购为主，有利于促进当地就业和经济增长，也有利于当地社群对园区和园区居民企业形成认同。

（四）园区居民企业逐步拓展多元化的收入来源

对于企业来说，投资境外经贸合作区最主要的目的是盈利。利润来源单一不利于园区可持续发展。境外经贸合作区的盈利模式一般以土地和厂房租金为主。中白工业园是超大型境外经贸合作区，建设周期较长，前期投资压力大，仅靠土地和厂房租金很难保证经济可持续性。因此，园区不仅建设了标准厂房、综合办公楼、商贸物流园，还建设了物流交易展示中心、仓储设施、宾馆等，以获得多元化收入。

（五）园区致力于环境的可持续发展

中白工业园非常重视环境保护，把建设绿色生态、节能环保园区作为发展目标之一。园区总体规划保留了自然保护区和村落，按照环保标准进行分区规划。习近平主席在视察中白工业园后要求企业在开发过程中一定要注意保护好环境。园区开发建设严格遵守白俄罗斯国家环境政策的要求，按照国际标准建立了完善的环境管理体系，制定了环境监督和保护的措施，建设了污水处理厂，在办公楼等建筑设计上采用绿色建筑标准，降低能耗。中白工业园和园区开发股份有限公司已经在白俄罗斯分别获得由德国专业认证机构所作的环境管理体系认证（EMAS）和职业健康与安全管理体系认证（OHSAS）。这将极大促进中白工业园与欧盟标准的对接，使园区在生态环保、职业健康与安全生产管理上形成规范性的管理制度。园区开发建设用地需要伐树，为了减少园区开发对环境的影响，园区拉起近 3000 米的生态保护红线，用航拍器监控开发过程，防止误伐，伐树产生的沃土收集后全部交给白俄罗斯政府。[①] 中白工业园在招商过程中严格筛选，坚决杜绝污染类产业入园，要求入园企业在完成自身建设后及时植树履行绿化园区的责任。

---

① 胡政：《再续白俄（一）为了那份重重的嘱托》，2015 年 9 月 20 日，http://www.cm-cb.com/mldbels1/info_59.aspx？itemid=356。

（六）园区居民企业主动履行社会责任，参与白俄罗斯社会公益事业，建立良好的社会互动关系

中白两国文化差异较大，园区与当地社群之间、园区内部不同国家的员工之间都需要促进跨文化理解。园区启动开发建设以来，中资企业为当地社群做了很多公益活动。招商局集团资助白俄罗斯国立大学孔子学院扩大汉语教学，为白俄罗斯受灾的小牛村捐助 10 万美元，还为小牛村修建了 1.2 公里的中白友谊路。招商局集团还资助斯莫列维奇区的少年足球事业、为白俄罗斯SOS 国际儿童村捐赠取暖设备、为中白工业园购买用于生态恢复的果树。中信公司还资助白俄罗斯患病儿童赴北京就医。这些公益活动在白俄罗斯产生了积极的社会反响。园区居民企业还严格遵守白俄罗斯的劳动法和安全标准，以聘请当地企业和雇用当地员工为主，为员工提供职业培训机会，制定奖励机制，充分保障员工权益。为了给工业园建设者创造良好的生活环境，避免不同国家员工之间因为语言文化差异产生矛盾和分歧，园区专门建设了建设者村、综合运动场所和户外健身设施。

三、中白工业园高质量发展面临的挑战

对于中白两国来说，中白工业园无论是合作规模还是合作深度都是前所未有的国际合作项目，承载着成为"丝绸之路经济带"明珠、中白互利合作典范和"一带一路"高质量发展示范项目的使命。园区一期建设之所以能够突飞猛进，很大程度上得益于政治优势。而园区后续的健康长远发展仅凭政治优势是无法做到的，必须有政府支持和经济双赢作为保障。园区要成为产业聚集、资本聚集、技术聚集和管理创新的平台，需要双方共同努力逐步解决在观念、制度、融资、市场、生产要素、法律标准对接、招商、园区交流和人才培养等方面存在的发展难题。

（一）双方对园区的定位、制度、观念等存在差异

1. 科技园区与盈利园区的定位差异。白俄罗斯把中白工业园确定为高科技型园区，为此设定了较高的入园门槛，非高科技企业莫入。白方期待吸引全球知名企业带着自己的产品来白兴业，这些企业应该生产面向未来的高科技产品，大部分产品将用于出口，出口产品应该面向欧美市场，年出口收入要达到 500 亿美元。[①] 而现实情况是，中白工业园现有条件对于全球知名企业的吸引力非常有限，已入园企业的情况非常复杂，竞争力参差不齐，中白工业园在成为科技型园区之前首先要考虑如何吸引和留住有造血能力的企业，剔除空壳企业和不作为企业，逐步实现盈利。

2. 用政治换经济与互利共赢的思维差异。白方一些人认为，中方是世界第二大经济体，中白关系特殊，白方在政治上给予了中方坚定支持，中方有能力也应该帮助白俄罗斯实现经济领域的诉求。这与中方"一带一路"倡议坚持的互利共赢原则有出入，工业园是经济合作项目，不是政治项目或者援助项目，而且持续的、没有回报的投入客观上也难以持续。

3. 对外开放方向和开放度的差异。白俄罗斯不是世界贸易组织成员，加入"亚投行"也较晚，在对外经济合作中与俄罗斯和独联体地区国家的合作相对密切，与欧美国家的经贸合作相对有限。欧美国家把卢卡申科政府视为"欧洲最后一个独裁政权"，长期对白俄罗斯施加严厉制裁。长期以来，政府官员一方面对经济介入较多，另一方面又相对保守，求稳心态较重，不愿意冒风险进行改革和创新，对市场经济也不熟悉，在对外合作方面比较谨慎。2018年 9 月卢卡申科总统拒绝了国际货币基金组织提出的作为贷款条件的限期市场化改革方案。他表示反对大规模私有化和向公共服务事业征税，主要是担

---

① 《卢卡申科访华力推工业园区》，2013 年 7 月 16 日，http://news.ifeng.com/gundong/detail_2013_07/16/27551545_0. shtml；《卢卡申科表示将与中国合作吸引高科技公司进入中白工业园》，2013 年 7 月 28 日，http://www.mofcom.gov.cn/article/i/jyjl/m/201307/20130700218141. shtml。

心国有资产流失和引起社会动荡，继而动摇政权基础。白俄罗斯国有经济占
70%以上。国有企业和政府之间实行"旋转门"制度，很多企业负责人因为更
看重个人仕途，而非企业利润及发展远景，所以对中国企业提出的建立合资企
业建议反应冷淡。白俄罗斯在世界银行的营商环境排名中列在第30—40位，
在后苏联地区比较靠前。然而，在白中资企业的感受并非如此，主要是因为世
界银行选择考量的指标有一定的局限性，无法反映投资环境的全貌。而且，中
国推行改革开放40多年，早在2001年就加入世界贸易组织，中国经济与世界
经济深度融合，美国和欧盟是中国主要的贸易伙伴。中国企业以国内经验对
照白俄罗斯自然会对国情差异感到不适应。

4. 政治对经济影响程度的差异。1994年白俄罗斯放弃议会制改为总统
制。总统权力集中，总统除了担任武装力量总司令，还可以任命和解除执法机
构和司法机构成员以及部分议员的职务，决定内外政策。在垂直且集中的权
力体系下，反腐败高压政策促使政府官员因为怕担责而不愿意作为，官僚主
义、有令不行和相互推诿的现象并不罕见。2016年卢卡申科总统因为对中白
工业园进展不满意而撤换园区管委会主任。2018年8月18日，卢卡申科总
统对政府班子大调整，撤换了总理、四位副总理和多位部长级政府官员。理由
是被解职的政府官员没有很好落实总统的指示，未完成发展经济的任务，以及
渎职和腐败。中国政府对于境外企业有引导和服务的义务，但始终坚持企业
主导，遵循市场规律。

5. 发展阶段和生活理念的差异。白俄罗斯城市化水平、森林覆盖率、居
民物质和文化生活水平、受教育程度等很多指标在苏联时期已高于中国。只
是近30年白俄罗斯经济社会发展遇到一些挫折，某些指标落后于中国。白俄
罗斯是保留苏联时期福利制度最多的后苏联地区国家，居民多数依赖国有经
济生存，习惯于高福利政策，而国有企业采取的行政命令管理模式导致劳动生
产率较低，出现隐性失业问题和坐吃福利的寄生虫现象。卢卡申科总统曾尝
试征收寄生虫税，但此举因招致部分民众示威游行和外部压力而不得不暂停。

白俄罗斯人多数信仰东正教，有自己的宗教节日和习俗，注重着装和礼仪，公私时间界限分明，一般不愿意牺牲个人休息时间加班。白俄罗斯劳动法也不鼓励企业要求员工加班。白方人员对于中白工业园"一站式管理""时间就是金钱、效率就是生命"等中国式理念和管理方式的理解和接受需要经历一个渐进的过程，而中方人员也需要适应当地较慢的工作和生活节奏。

（二）中白工业园开发建设融资压力较大

融资是境外经贸合作区普遍遇到的问题。预计中白工业园基础设施建设总投资需要 50 亿—60 亿美元。目前，园区基础设施融资规模距此目标尚远，资金主要来源于中白工业园开发股份有限公司股东资本金、中国国有银行贷款、中国政府提供的经济技术援助、白俄罗斯政府财政投入、园区开发经营收入，存在融资规模较小、融资来源相对单一、资金成本较高、还款周期较短等问题，尚无法满足工业园长远发展的需要。白俄罗斯属出口导向型经济，对外贸易依存度较高，受俄罗斯和国际市场影响较大。2008 年国际金融危机导致白俄罗斯经济转入低速增长。2014 年乌克兰危机爆发后俄罗斯经济陷入困境，对白俄罗斯的财政支持大幅缩减，与白俄罗斯在贸易、能源等领域频繁发生纠纷。受西方制裁影响，2022 年白俄罗斯经济同比下降 4.7%，工业产值同比下降 5.4%，外贸额同比下降 6%，财政困难，债务高企，对中方提供援助和投资寄予厚望。应该说，中白双方在共商方面做得不错，但还未形成共建和风险共担的责任体。目前，中白工业园设立了中白产业投资基金（基金规模近 6 亿美元）和中白工业园区开发股份有限公司产业投资基金（基金规模 2000 万美元），距离园区总体资金需求相差甚远。无论从投资规模还是从投资安全角度，园区建设都需要吸引第三方和国际金融机构投资。

（三）园区居民企业开拓市场不易

白俄罗斯人口不足千万，市场容量有限。而且，白俄罗斯不希望中白工业园生产的商品在本国市场销售,对本国企业形成冲击。白俄罗斯的区位优势主要体现在临近欧盟和欧亚经济联盟,且白俄罗斯是欧亚经济联盟成员国,但这并不等于园区居民企业能顺利进入这两大市场。因为这需要企业及其生产的商品满足欧盟和俄罗斯对两大市场各自设定的诸多条件和标准,突破贸易和非贸易壁垒,也需要园区居民企业的商品在两大市场有相应的竞争力。卢卡申科总统希望中白工业园的商品销往欧美市场,然而,欧盟和美国对白俄罗斯实施制裁,双方关系尚未实现正常化,白俄罗斯没有与美国和欧盟签署自贸区协议。中白工业园生产的商品在进入美国和欧盟市场时暂不享有任何优惠政策。欧美对白实施制裁后,在白中资企业更加难以进入欧美市场。无论进入哪个市场,都需要解决市场准入、生产成本、运输成本、市场竞争力等问题。

（四）园区居民企业的成本压力较大

财务成本、土地成本、管理运营成本严重挤压居民企业的利润空间。中白工业园的土地、天然气、电、水等生产要素价格与其他境外经贸合作区相比优势不明显。园区居民企业产业配套面临很大困难,原因是白方规定园区居民企业须从白俄罗斯国内或欧亚经济联盟成员国采购零部件,但实践中园区居民企业难以知晓市场相关信息,而且白俄罗斯国内的产业配套体系和商品经济远不如中国国内完整和成熟,企业在白俄罗斯市场或者找不到所需零部件,或者商品价格过高,都会导致企业生产成本上升。

（五）法律法规、标准不一致

白俄罗斯的很多法律法规承袭于苏联,法律法规信息对投资者而言相对冗杂,也不够透明,且变更较频繁,外国企业在投资前很难了解到与项目有关的全部法律法规。而受到企业欢迎的有利于投资的法律法规又难以落地。

中白两国行业标准不同。白俄罗斯总统令规定,中白工业园及项目的规划设计文件须经白俄罗斯国家鉴定,即由白方设计,符合白俄罗斯国家关于环保、建筑、消防等领域的标准。因此，在白中资企业办理相关手续至少需要半年，且按照白方设计图纸往往难以施工。而且，人工智能等新技术产业在白俄罗斯尚属空白领域，面临无标准可依的问题。

（六）招商门槛较高

园区发展的关键是引入竞争力强的企业和有发展前景的项目。园区在建设期内需要大量输血和造血，这就需要吸引符合市场需求的企业入驻，以保证园区聚敛人气、资金链健康流动和园区正常运转。不过，由于白方最初设定只有高科技企业才能入驻园区，很多有实力、符合白俄罗斯及周边市场需求、造血功能较强的企业被拒之门外。

（七）中白工业园与其他境外经贸合作园区之间的交流和合作不够

中白工业园的规模大、定位高、投资需求大，这就要求与其他境外经贸合作区建立良好的交流和合作关系，借鉴其他国际园区的先进经验，充分利用自身优势，克服不同文化、多方合作带来的挑战，建立能够调动世界上不同国际组织和国家优势资源且能够吸纳资本、技术、企业、人才的开放性合作平台。尽管中白工业园意识到园区交流的重要性，且与国内一些园区和境外经贸合作区开展了一些交流，例如，2022 年 8 月 30 日，中白工业园与中国—上海合作组织地方经贸合作示范区签署合作备忘录，双方互设联络处，并在示范区设立白俄罗斯商务咨询服务中心，以促进双园互动、协同发展，但类似的交流与合作机制还不多，还没有与其他园区建立常态化的交流机制、合作平台和合作关系。

（八）专业人才不足

中白工业园能否取得成功，人才是关键。缺乏人才将直接影响中白双方的交流与合作，也阻碍园区的健康稳定发展。白俄罗斯独立以来大批专业人才流向俄罗斯、波兰等周边国家,导致国内储备人才出现断层。白俄罗斯汉语教育发展很快,逐渐培养了一批翻译人才,但精通多门语言且懂管理、技术和业务的复合型人才仍然较少。与此同时,在中国企业中,懂英语、俄语和白俄罗斯语,熟悉白俄罗斯法律法规和业务的人才也很缺乏。另外,虽然白俄罗斯平均工资不高,但中白工业园雇用当地高素质员工的成本并不低,对于园区居民企业来说负担不小。

四、中白工业园应对挑战的路径选择

中白工业园既是关系到"一带一路"高质量发展的长期战略性工程,也关系到中白关系发展的长远前景。中白双方都需要对于未来可能出现的各种挑战做好充分的心理准备,始终坚持共商共建共享的原则,实事求是,稳扎稳打,真正把中白工业园建设好、经营好。

(一)加强相互沟通和政策对接,使中白工业园拥有特殊政策

相对而言,境外经贸合作区的发展前景更多取决于所在国的内在动力。所在国拥有园区的规划权、项目审批权、优惠政策制定权、法律解释权和行政管辖权。不同国家的制度、文化和观念存在差异是正常现象,短期内也很难发生变化。不过,中白双方可以通过加强沟通和交流、促进发展和合作的理念进一步契合。白方重视借鉴中国改革开放的经验,希望仿效苏州工业园使中白工业园成为新的经济增长点。中白工业园可以利用中国商务部、中国社会科学院等机构搭建的平台组织白俄罗斯代表团赴中国考察,深入了解中国改革开放、建设经济特区和工业园区的经验,借助中白发展分析中心等智库的力量尽可能达成共识,争取相互理解,推动白俄罗斯政府给予中白工业园区特殊政策,允许园区大胆创新、先行先试,对阻碍园区发展的现有经济体制和机制进行变革。

（二）多方融资，风险共担

中白工业园的面积大、投资周期长、见效慢。中白工业园的特殊性和复杂性在于，它不是纯粹的政府间合作项目，也不是企业可以自主决策的纯粹商业项目，而是所在国政府主导下、两国政府支持下、企业为主体的综合开发项目，具有长期性、战略性和商业性，且无先例可循，因此，需要政治保障、政策扶持、政府引导和企业开拓创新。在融资方面，不仅中白两国政府要发挥引领作用，还要争取引入多元化、不同属性、不同用途的资本，特别是要尽可能调动多边开发性金融机构的积极性，如世界银行、亚洲开发银行、"亚投行"等，以确保园区在商业和财政上的可持续性。这些多边开发性金融机构的资金不仅有引导、示范作用，更重要的是在项目治理中能够贯彻更高的标准，在降低成本、项目运作、提高效率方面有一整套经验，能提振民间资本的积极性和信心。此外，商业银行也要起到配套作用。在利用资本市场力量方面，发债融资是一个重要的融资手段，与此同时还需培育上市公司，充分发挥私募股权投资机构的作用。

（三）引进龙头企业，发展支柱产业，形成产业集群，解决销售市场问题

中国境外经贸合作区中运转较好的园区往往定位清晰，由龙头企业引领带动其他产业转型升级。中白工业园需要围绕机械制造、电子工业、新材料、精细化工、生物医药等重点产业招商，引进龙头企业，形成有核心竞争力的产业集群，带动配套产业发展，研发和生产两大市场稀缺的商品。中白工业园形成产业集群有利于园区对白俄罗斯经济形成有力支撑，有利于白俄罗斯从苏联时期的"装配车间"快速转型成为区域性制造大国，也有利于园区融入区域经济体系，甚至带动其周边国家包括俄罗斯、波兰等国的经济发展，并在中东欧和欧亚地区产生强烈示范效应，为推进"一带一路"建设提供新的动能。

市场问题是困扰中白工业园发展的核心问题。要解决此问题，需要以市场准入为目标推进制度性安排。由于发展动力不足，成员国获得经济利益有限且彼此间分歧较多，以及难以抗衡外部影响等原因，欧亚经济联盟面临诸多挑战。① 作为欧亚经济联盟的主导国，俄罗斯希望利用中国解决自身面临的困难，因而与中国发布"一带一盟"对接联合声明，并与中国签署《中国与欧亚经济联盟经贸合作协定》。2023 年 5 月 24 日，俄罗斯总统普京在"欧亚经济联盟第二届欧亚经济论坛"上指出，欧亚经济联盟支持旨在发展整个欧亚大陆的其他倡议，将继续与中国合作，将欧亚经济联盟框架内的一体化进程与中国朋友提出的"一带一路"倡议对接，实现"大欧亚伙伴关系"的宏伟构想。② 俄罗斯联邦政府代表团还专门考察中白工业园。③ 这表明，俄罗斯对于中白工业园的态度已经从最初的观望和警惕正在向研究合作可能性的方向转变。当下，中方有必要督促欧亚经济联盟成员国尽快落实与中方签署的经贸合作协定。考虑到俄罗斯在欧亚经济联盟中处于主导地位，中国需要与俄罗斯加强沟通和协调，督促双方有关部门制定具体行动计划和合作的路线图，建立定期评估机制，开展人员培训，并通过谈判逐步解决市场准入条件、投资和贸易规则以及贸易便利化等问题，为中白工业园居民企业生产的商品进入俄罗斯和欧亚经济联盟市场提供制度性便利。

（四）缓解居民企业的成本压力，减少甚至取消某些硬性限制，以吸引优质企业入驻园区

在中白工业园建设初期，应适当放宽对园区居民企业在原料、零部件采购以及劳动力使用等方面的要求，待园区产业配套条件逐渐完善时再做调整。

① 王志：《欧亚经济联盟：进展与挑战》，《俄罗斯研究》2018 年第 6 期。
② 《第二届欧亚经济论坛召开——深化欧亚地区一体化》，2023 年 5 月 27 日，https://baijiahao.baidu.com/s? id=1766997907516838991&wfr=spider&for=pc。
③ 《胡政与俄罗斯联邦政府副总理阿基莫夫举行会谈》，http://www.cmhk.com/main/a/2019/f30/a38393_39179.shtml。

相关金融机构宜充分考虑园区的实际经营状况,适当延缓还贷时限,以保障园区资金链周转顺畅。中白双方有必要研究其他境外经贸合作区的情况,扩大中白工业园的相对优势,弥补不足之处,就进一步降低生产要素价格加强协商,确定对企业有吸引力的生产要素价格,要想方设法降低园区和居民企业的财务成本、土地成本和运营成本。

(五)加强法律法规、标准的对接

现阶段中白双方要努力践行高标准、惠民生、可持续目标,实现法律法规信息共享并推动法律法规对接,为长期合作奠定良好扎实的基础。双方需要在落实已签署合作协议的基础上协商统一具体行业、具体领域的标准,制定保护投资合作项目的细则,建立标准合作机制与平台,以国际通用标准为基础,促进标准的相互认可。特别是针对白国内还没有的人工智能等领域高科技企业尽快制定标准。建立联合设计院,相互颁发标准认证的资质,促进标准的技术转换,为企业提供认证便利,与世界贸易组织《贸易便利化协定》接轨。

(六)设定弹性门槛,精准招商

招商是中白工业园开发建设的关键环节,不同阶段需设定不同的招商重点和目标。中白双方可协商一致,在二期和三期划出最好地块留待高科技企业入驻,而在现阶段宜实行入驻门槛的弹性化,精准招商。一方面,吸引互补性强、市场前景广的企业入驻园区,同时敦促已入驻园区的居民企业尽早动工和投产,以保证园区拥有造血功能。定期清理空壳企业和僵尸企业,以保证园区健康发展。另一方面,增加除中国以外的国家的企业入驻园区,通过加强双方和多方利益互锁维护投资安全,把开放、绿色、廉洁办园的理念落到实处,使园区朝着真正国际化生态产业园的方向发展。

（七）与其他境外经贸合作区以及国内园区加强交流与合作，创建知识和信息共享平台

境外经贸合作区经过多年的建设和运营，已经各自探索出一套经验、理念和模式，包括园区的融资和盈利方式、运营和管理体制、技术创新体系和科技成果孵化办法、人才引进和培养方式、环境可持续发展理念、多元文化和谐共处经验等。中国商务部有必要制定境外经贸合作区统筹发展规划，建立园区彼此合作交流平台和机制，对有前景的园区重点扶持，防止重复建设和出现烂尾园区。中白工业园也可以自行和其他境外经贸合作区、国内园区建立定期的信息交流机制和经验、知识共享机制，相互学习和借鉴园区发展的理念和经验，探讨解决园区发展中的共性问题的办法，取长补短，寻求园区之间的合作机会。

（八）广泛合作，为园区发展培养专业人才

随着中白工业园建设的快速推进，园区对人才的需求日益迫切，特别是既懂多门语言又懂业务的复合型人才缺口很大。中白工业园可以向相关政府机构申请专项基金，并与中白两国高校、孔子学院、科研院所加强合作，选拔优秀学生并介入教学和定向培养，在园区设立图书馆、实习培训和调研基地，充分利用国家国际发展合作署等机构的项目邀请各领域专家对园区员工进行培训，有计划地为园区发展培养专业人才。

（九）提升定位，转换思路，化危为机，推动园区可持续发展

中白工业园需要积极探索发展新思路和创新盈利模式。

首先，需要充分利用两国业已建立的政治机制，推动确定中白工业园的战略定位。长期以来，中白两国高水平的政治关系为中白工业园提供了重要支撑和保障，特别是两国领导人之间以及政府机构之间坦诚而高效的沟通与合

作在园区发展过程中发挥了重要的引领和服务作用，为双方互利合作创造了良好条件。中白工业园可以继续加强与两国政府的沟通，争取政府更大力度的支持。

其次，面对乌克兰危机升级和东欧地区局势恶化的不利局面，中白工业园需要做好应对挑战的长期准备，暂缓启动二期和三期基础设施建设，而是把重心放在已开发区域的管理和经营上，继续完善和创新内部管理机制，重新整合中白工业园开发股份公司的资源，增强公司的整体实力，使决策更加高效，并且朝着商业性和营利性园区的方向发展。

再次，白俄罗斯企业因欧美制裁失去原材料和零配件购买渠道，转向中国市场采购。中白工业园可以抓住机会将自身打造成为中白贸易合作的最优平台。2022年7月6日，中白工业园作为运营商在中国京东、抖音等电商平台开设"白俄罗斯国家馆"，构建了白俄罗斯优质产品进入中国市场的新通道。白俄罗斯的糖果、巧克力、零食、奶粉、肉制品、酒精饮料等商品热销中国市场。未来，双方可以继续扩展贸易品类和规模。

最后，在俄白联盟国家建设加速推进的背景下，俄白两国之间经贸合作的制度化水平不断提升，开展经济合作更加便利，中白工业园居民企业可以借此契机加快扩展俄罗斯和欧亚经济联盟市场。

后疫情时代中欧班列运行的
进展、挑战与对策①

　　新冠疫情的暴发极大地改变了中欧班列的发展环境。一方面,疫情冲击下的国际海运、空运和公路运输大面积受阻甚至停运,迫使部分货物改转中欧班列进行运输。另一方面,由于中欧班列实行分段运输,不涉及人员检疫,疫情防控下的运输优势凸显。中欧班列各参与方紧抓机遇,全力承接海运、空运转移货源,开行数量和运货量均实现逆势增长。2020 年、2021 年和2022 年,中欧班列分别开行 1.2406 万列、1.5183 万列和 1.6562 万列,系首次过万和连续超 1.5 万。② 与此同时,中欧班列的朋友圈不断扩大,战略通道作用彰显,为稳定国际供应链和携手全球抗疫贡献了中国力量。诚如前国务委员兼外交部部长王毅所言,中欧班列在抗疫中的突出表现使"一带一路"成为欧亚大陆之间名副其实的"生命之路"③。然而,随着欧亚多国提前进入后疫情时代以及国际形势不确定性的增强,中欧班列在继续拥有较大市场空间的同时也面临诸多挑战,推动中欧班列高质量发展需要内外联动、精准化合作。

---

　　① 作者:徐刚,中国社会科学院俄罗斯东欧中亚研究所研究员,中国社会科学院"一带一路"研究中心副秘书长。

　　② 该数据引自国家铁路局官网(http://www.nra.gov.cn)。

　　③ 《国务委员兼外交部长王毅就中国外交政策和对外关系回答中外记者提问》,外交部网站,2020 年 5 月 24 日,https://www.mfa.gov.cn/web/zyxw/202005/t20200525_348224.shtml。

一、疫情暴发以来中欧班列主要线路运行情况

疫情暴发至今,中欧班列围绕"巩固稳定提升"主线,聚焦高质量发展主题,突出安全、稳定和高效原则,逐步形成"点对点"向"枢纽对枢纽"转变、"干支结合、枢纽集散"的运行体系。截至 2022 年年底,中欧班列联通中国境内 108 个城市,其中,重庆、成都、郑州、西安、乌鲁木齐等首批五大集结中心①的中欧班列开行量稳步增长,占据全国总开行量的 2/3 以上。长沙、义乌、济南、沈阳、苏州、武汉等地中欧班列的发展势头较好,在 2021 年即实现日均开行超 1 列②。此外,2022 年中欧班列的网络和线路不断拓展,第一趟"红古田号"在 4 月 29 日发车拉开了闽西革命老区通行中欧班列的序幕,京津冀中欧班列开通 8 条"+石欧"线路③。

(一)重庆线路的运行情况

重庆线路先行先试,排头兵地位不断夯实。重庆是中欧班列的开拓者和先行者,2011 年渝新欧的开行奏响了中欧班列的序曲。经过 10 年的发展,中欧班列(渝新欧)由最初仅为重庆本地 IT 企业服务的定制专列,逐渐发展成为中欧班列的示范品牌和重要的国际大通道。根据渝新欧(重庆)物流有限公司数据显示,2020 年中欧班列(渝新欧)共开行 2603 列,同比增长 72%,运输货值超 900 亿元人民币,同比增长 65%。综合 10 年的数据,中欧班列(渝新

---

① 2023 年 3 月 4 日,中欧班列(沈阳)集结中心正式投入运营,能够满足班列年均开行 1000 列以上需求。此外,中欧班列(齐鲁号)集结中心项目也于 2022 年 9 月开工建设。

② 《2021 年中欧班列开行再创佳绩 成为畅通亚欧供应链的一条大通道》,国家发展和改革委员会,2022 年 2 月 21 日,https://www.ndrc.gov.cn/fggz/fgzy/shgqhy/202202/t20220221_1316068.html?code=&state=123。

③ 2022 年,京津冀班列先后开通"邢石欧"(7 月 9 日)、"沧石欧"(7 月 15 日)、"衡石欧"(8 月 9 日)、"京石欧"(8 月 16 日)、"保石欧"(9 月 27 日)、"津石欧"(11 月 8 日)、"邯石欧"(12 月 24 日)、"廊石欧"(12 月 24 日)线路。2023 年 4 月 6 日,"张石欧"线路开通,将"+石欧"线路扩充至 9 条。

欧）累计开行中欧班列超 7000 列，累计开行数量、发运货值均居全国首位①。此外，重庆率先于 2017 年与西南几省开通"西部陆海新通道"，设立西部陆海新物流通道和运营组织中心，推动西部陆海新通道班列和国际运输快速发展。

适应疫情发展新需求，不断增添运输新模式。2020 年，中欧班列（渝新欧）开辟国际物资应急运输"绿色通道"，累计组织运输医疗和民生物资超2000 大箱，货值超 27 亿元人民币；同时开行全国首趟"中国邮政号"专列并实现稳定运行，全年运邮量超 2000 万件，邮件疏运量居全国之首。2020 年 9 月 1 日，中欧班列（渝新欧）再推新举，顺利开行全国首趟跨境电商 B2B 出口专列②。截至 2020 年年底，通过中欧班列（渝新欧）发送的跨境电商货物累计超过 7000 标箱③。同月，重庆和乌鲁木齐海关携手提速通关、开启"铁路快通"新模式，标志着中欧班列迈入"铁路快通"时代。

进入 2021 年，中欧班列（成渝）开行，重庆与成都携手打造全国中欧班列第一品牌。2021 年，中欧班列（成渝）开行量超 4800 列、占全国中欧班列的30%，运输货值超 2000 亿元人民币，两项指标均居全国第一④。2022 年，中欧班列（成渝）全年开行超 5000 列，继续位居全国首位。同时，通过跨区域集货集运、合资合作、股权收购等模式，中欧班列（渝新欧）与全国近 10 个省市建立起区域战略合作关系，持续发挥中欧班列集结中心作用和促进区域经济协调发展⑤。需要提到的是，重庆还是西部陆海新通道的承载地和运营中心。

---

① 《中国首条中欧班列线路 2020 年开行超 2600 班》，渝新欧（重庆）物流有限公司网站，2021 年 1 月 28 日，http://www.yuxinoulogistics.com/website/h-Chinese/news-show.jsp? weixinNo＝bqxV8wFZ1a73wqb8E3swG7638W0AI9&pageName＝new。

② 《中欧班列（渝新欧）全国首发跨境电商 B2B 出口专列》，重庆市人民政府网站，2020 年 9 月 2 日，http://www.cq.gov.cn/ywdt/jrzq/202009/t20200902_8638551.html。

③ 《开行十载　中欧班列（渝新欧）给重庆带来什么》，重庆市人民政府网站，2021 年 3 月 19 日，http://www.cq.gov.cn/zt/ttxx/bxjpzsjdyyztqmlszzqdds/202103/t20210319_9013581.html。

④ 《中欧班列（成渝）开行量突破 20000 列》，人民网，2022 年 7 月 6 日，http://sc.people.com.cn/n2/2022/0706/c379471-40025392.html。

⑤ 《"重庆造"集结"出海" 中欧班列（渝新欧）四车齐发》，重庆海关，2023 年 1 月 29 日，http://nanchang.customs.gov.cn/chongqing_customs/515855/515857/4819209/index.html。

2022 年,重庆经西部陆海新通道运输 14.8 万标箱,同比增长 32%。总的来看,中欧班列(渝新欧)已建立起"3+8+N"集结分拨体系,形成"东南西北"多点扩散的国际铁路联运大通道网络,稳定运行线路近 50 条,境外辐射近 40 个国家 100 余座城市,境内通达 59 个铁路站点和 29 个港口,惠及全国 30 多个城市和地区,干支网络基本覆盖亚欧大陆全境,成为重庆出海出境和连接"一带一路"沿线国家的重要通道。

(二)成都线路的运行情况

中欧班列(成都)同样是开行时间较早、运营模式成熟、线路规模较大的班列平台。该班列线路始于 2013 年 4 月,起初名为蓉欧快铁,2016 年 6 月统一品牌后称为中欧班列(成都)。2021 年,成都和重庆两地又联手改称中欧班列(成渝)。据统计,2020 年中欧班列(成都)去程开行 1058 列,同比增长 75.6%;回程开行 1373 列,同比增长 43.6%。2021 年和 2022 年与重庆共享的数据均超过 5000 列。

依托中欧班列(成渝),拓线路、建通道、扩版图。2021 年,中欧班列(成都)累计新增俄罗斯圣彼得堡、荷兰阿姆斯特丹、英国费利克斯托、波兰格但斯克、德国罗斯托克、英国伊明汉姆等 11 个站点,有效扩大了海外布局。同时,中欧班列(成都)通过设立海外办公室、改进装卸作业流程、提升通关效率,实现时效性的大幅度提升①。截至 2022 年年底,中欧班列(成都)辐射境外超 100 个城市、境内 30 个城市。此外,四川省虽然晚两年于 2019 年加入"西部陆海新通道"②,但发展速度较快,特别是成都市双流区陆续开通经昆明至磨憨口岸直达万象,再辐射东南亚的空铁公多式联运通道。

---

① 《全国率先 中欧班列(成都)累计开行量突破 6000 列》,成都市人民政府网站,2020 年 8 月 27 日,http://www.chengdu.gov.cn/chengdu/home/2020-08/28/content_a529ead9bbba437180d70ba8a8acf994.shtml。

② 2019 年 10 月,成都市出台印发了《成都市推进西部陆海新通道建设促进南向开放合作三年行动计划(2019—2021 年)》。

（三）郑州线路的运行情况

郑州线路运行质量和效益处于全国第一方阵,稳步建设中东部地区唯一中欧班列集结中心示范工程。中欧班列(郑州)起步于 2013 年 7 月,目前已成为国内中欧班列开行数量、运送货值、覆盖范围等指标稳居前列的平台之一。2020 年全年,中欧班列(郑州)开行 1126 列,累计货重 71.49 万吨,且基本实现往返均衡对开①。2021 年,中欧班列(郑州)累计开行班列 1546 列,班次、货值、货重同比分别增长 37.6%、40.1%、41.2%。

物流网络体系不断拓展,运输通道布局不断优化。2013 年 7 月,河南郑州开行首列中欧班列。2022 年 4 月,河南各地开行的跨境铁路货运列车统一命名为"中豫号"。截至 2023 年 2 月底,中欧班列(中豫号)10 年间已累计开行超 7700 班,年均增长达到 90%。10 年来,中欧班列(中豫号)开行了运邮专列、木材专列、绿豆专列、绿茶专列、宇通客车专列、新能源汽车专列等特色专列。中欧班列(郑州)从开行之初的每周一班,只有一个出入境口岸、一个境外站点,且只有出口班列发展到目前每周平均去程 16 班、回程 18 班的高频次常态化往返均衡开行状态,已经形成了覆盖欧洲、中亚、东盟、亚太(日韩等)的"多站点、多口岸"物流网络,集疏运网络遍布欧盟和俄罗斯及中亚地区 30 多个国家 130 多个城市,境内外合作伙伴逾 6000 家,为国际贸易提供坚强运力支撑与更多物流选择②。中欧班列(中豫号)打通了河南连通亚欧大陆的国际物流大通道,弥补了河南"不沿边、不临江、不靠海"的短板,为河南对外贸易降本增效、提质扩量提供了运力保障③。

---

① 《去年全年开行 1126 班 中欧班列(郑州)开行逆势增长》,郑州国际陆港公司网站,2021 年 1 月 5 日,http://www.zzguojilugang.com/xinwenzixun/qiyexinwen/2021/0219/583.html。
② 《持续拓宽物流大通道 打开货通天下新门户》,《郑州日报》2022 年 3 月 8 日第 2 版。
③ 《中欧班列(中豫号)2022 年累计开行数量突破 1000 班》,《河南日报》2022 年 8 月 24 日。

（四）西安线路的运行情况

疫情防控期间,西安线路强势增长,数量和质量均名列前茅。中欧班列"长安号"于 2013 年 11 月 28 日开通,起步虽比重庆、成都甚至郑州都晚,但发展速度较快。根据西安市人民政府数据显示,2020 年中欧班列"长安号"全年开行 3720 列,是 2019 年的 1.7 倍,创历史新高,班列开行量、重箱率、货运量等核心指标居全国第一,运送货物总重达 281.1 万吨,是 2019 年的 1.6 倍,其中欧洲方向约占全国市场总量的 20%,超过 8 万吨防疫物资运抵欧洲,为国际防疫合作提供了有力支持①。同样,2021 年中欧班列"长安号"全年开行达到 3841 列,运送货物总重达 284.8 万吨以上,累计开行突破 1.13 万列,占全国中欧班列开行总量的 1/4。2022 年,中欧班列"长安号"开行 4639 列,比 2021 年增长 20.8%,开行量、货运量、重箱率三项核心指标均居全国第一。

集结中心辐射力和影响力持续增强。中欧班列"长安号"向西已开通 17 条干线,覆盖欧亚大陆全境,辐射国内长三角、珠三角、京津冀等主要货源地,并吸引日韩等过境货物开拓第三方国际市场。目前,中欧班列"长安号"运输的省外货物占比超过 75%,进口货物中 65% 以上从西安港发出,来自中国 29 个省份和"一带一路"沿线国家的货物在西安港集散分拨,为促进国内和国际市场双向发展构筑了稳定的贸易通道②。近年来,中欧班列"长安号"不断优化班列运行线路和运输组织模式,建好用好长安号综合服务平台、数字金融平台以及启运港退税政策。如今,中欧班列"长安号"已成为全国开行班列城市中线路最全、覆盖最广、效率最高、速度最快的国际货运班列,西安已成为辐射全国、连通欧亚的货物集散中转枢纽。

---

① 《西安市政府新闻办召开"中欧班列长安号 2020 年度开行情况新闻发布会"》,西安市人民政府网站,2021 年 1 月 19 日,http://www.xa.gov.cn/ld/hwq/ldhd/60063da2f8fd1c2073eafbd3.html。

② 《中欧班列"长安号"开行八年 跑出互利共赢新速度》,西安市人民政府网站,2021 年 12 月 6 日,http://xadrc.xa.gov.cn/xwzx/dtyw/61adeb41f8fd1c0bdc7298c7.html。

（五）乌鲁木齐线路的运行情况

乌鲁木齐线路后来者居上，优势日益显现。乌鲁木齐国际陆港区于 2015 年 11 月启动规划建设。2016 年乌鲁木齐被确定为中欧班列枢纽节点之一。同年 6 月，乌鲁木齐集结中心建成投运，其枢纽作用和辐射功能日趋增强。2020 年乌鲁木齐国际陆港区与海关、铁路等单位高效联动，在统筹疫情防控基础上竭力保障中欧班列畅通发运，全年累计开行班列 1015 列，班列日均发运量保持在 3 列至 4 列。2021 年，中欧班列（乌鲁木齐）开行 1000 列，发送货运量约 155 万吨。2022 年，乌鲁木齐国际陆港区累计开行中欧（中亚）班列 1165 列，比 2021 年增长 16.5%。目前，乌鲁木齐国际陆港区开行班列线路 21 条，通达欧亚 19 个国家和地区、26 个城市。

"新疆经验"扩容，集结中心建设提速。中欧班列（乌鲁木齐）集结中心建成投运后，积极探索"集拼集运模式"①并取得显著成效，作为典型试点经验在全国范围内推广。2021 年乌鲁木齐国际陆港区启运中吉乌公铁联运货运班列，全程采用集装箱"铁路—公路"的国际多式联运方式，实现了中欧（中亚）班列在多式联运新通道方面的新突破。此外，新疆加大对公铁联运相关场地建设与设施设备配备的投入。2022 年 3 月，中欧班列乌鲁木齐集结中心多式联运集货区项目二期开建，预计 2023 年竣工。2022 年乌鲁木齐国际陆港区首次开行了陆海新通道海铁联运班列和中吉乌公铁联运国际货运班列，并与成都双流空铁国际联运港携手共推"空铁公海"多式联运模式，进一步发挥了

---

① 按照国际标准，一列中欧班列通常需要集成 41 组以上集装箱才能开行，且集装箱仓位固定使用，途中无法更换。"中欧班列集拼集运模式"班列挂 46 个集装箱，其中 5 个集装箱为内地至新疆的内贸集装箱，其余 41 个集装箱是外贸集装箱。班列抵达乌鲁木齐后，将目的地为新疆的内贸箱换装成乌鲁木齐发往欧洲的外贸箱，实现对中欧班列内外贸商品集拼集运。"集拼集运模式"解决了中欧班列"一站到底"模式下空箱闲置、运输成本高的问题，使中欧班列重载率提升 10%，开行成本进一步降低，并成功探索出西北边境与西南内地省份协同开放、合作共赢的新范式。《新疆首创"中欧班列集拼集运模式"解决回程空驶难题》，2019 年 6 月 5 日，http://xatb.mofcom.gov.cn/article/sczl/201906/20190602873873.shtml。

新疆在全国向西开放总体布局中桥头堡和战略枢纽的关键作用①。

(六)其他线路的运行情况

除首批五大中欧班列集结中心外,中欧班列(长沙)、中欧班列(义新欧)和中欧班列(武汉)等线路发展势头强劲。

长沙是全国首批开通中欧班列的城市,然而由于种种原因,2014—2018年开行量一直徘徊不前。2018 年 8 月湖南中南国际陆港有限公司的组建以及 2019 年 4 月长沙市人民政府与中国外运的战略合作开启了中欧班列(长沙)新征程。2019 年、2020 年中欧班列(长沙)的开行量均超过 2014—2018年五年的总量,连续两年跻身全国前五位。2021 年,中欧班列(长沙)开行量首次超过千列,达 1030 列。2022 年,中欧班列(长沙)累计开行 1012 列,其中,出口 547 列,进口 465 列,开行量位列全国第三,连续四年稳居全国第一方阵。值得一提的是,疫情期间中欧班列(长沙)坚持每天开行,长沙成为全国 4个"天班"城市之一。如今,长沙已开行明斯克、马拉、布达佩斯、俄罗斯、乌克兰、中亚、东盟等常态化运行路线 10 余条,每周稳定开行 9—12 列,网络遍布14 个国家近 29 个城市,成为内陆开放的新前沿②。

中欧班列(义新欧)虽起步相对较晚,于 2014 年 11 月开行,但依靠长三角的区位优势发展速度惊人。2020 年,中欧班列(义新欧)共开行 1399 列,共发运 11.5534 万标箱,同比增长 129.6%。2021 年,中欧班列(义新欧)开行1903 列,同比增长 36%,约占全国中欧班列的 12.7%。截至 2022 年年底,中欧班列(义新欧)累计开行突破 6724 列,发运标箱超 55 万,运行线路 19 条,覆

---

① 《乌鲁木齐国际陆港区开出第 6500 列中欧班列的背后》,天山网,2023 年 2 月 6 日,https://www.ts.cn/xwzx/jjxw/202302/t20230206_11476824.shtml。

② 《中欧班列(长沙)开行量连续两年跻身全国前五 长沙重点打造"一个中心、两个枢纽、三大通道"》,2021 年 6 月 1 日,http://wk.changsha.gov.cn/zfxxgk/ztzl/zobl/202106/t20210601_9983527.html。

盖51个国家和地区、直达160个城市,成功打通亚欧大陆"从太平洋直达大西洋、波罗的海,义乌直达东南亚"的互联互通①。中欧班列(义新欧)运输货品由最初的浙江省内货源占比20%上升至64%,其中义乌市场货源占比近45%;运输的商品种类丰富扩展至新能源汽车整车及配件、机械设备、手机等高货值产品,运输种类数目已达上万件;茶叶、玩具、光伏产品等客户定制版班列数逐年增多。②

中欧班列齐鲁号也是相对起步较晚但发展迅速的一条线路。2015年起,青岛、潍坊、临沂、滨州、济南、淄博、威海、日照、济宁等城市相继开行中欧班列。2018年10月,山东省内各市的中欧班列统一为齐鲁号,由山东高速集团统筹运营。此后,中欧班列齐鲁号年度开行量不断实现新的突破。其中,2019年、2020年、2021年和2022年分别开行1054列、1506列、1825列和2057列,稳居全国前列。目前,中欧班列齐鲁号运行线路已增加至53条,直达24个国家55个城市,可提供日韩主要港口—山东—中亚、俄罗斯、欧洲、东南亚和上合组织国家的全程物流服务③。2022年,中欧班列齐鲁号加快构建"双循环"服务网络,济南、青岛、临沂3个集结中心建设快速推进。

此外,受疫情影响,中欧班列(武汉)曾一度停运两个月之久。2020年3月28日,中欧班列(武汉)恢复常态化运营④。2020年,中欧班列(武汉)累计发运215列,其中去程101列,回程114列。2021年全年,中欧班列(武汉)累计往返411列,其中去程159列,回程252列。中欧班列(武汉)虽然开行总数

---

① 《"义新欧"中欧班列超额完成一季度开行目标》,2022年4月1日,http://www.yw.gov.cn/art/2022/4/1/art_1229187636_59306600.html。

② 《浙江:"义新欧"中欧班列义乌平台累计开行超五千列》,义新欧官网,2023年1月6日,http://www.yixinou.com/detail.htm? id=399。

③ 《圆满收官! 中欧班列(齐鲁号)年度开行量突破2000列,再创历史新高》,山东高速齐鲁号欧亚班列运营有限公司官网,2022年12月31日,http://sdhsqlh-logistics.com/news/792.html。

④ 《中欧班列(武汉)3月28日恢复常态化开行》,新华网,2020年3月28日,http://www.xinhuanet.com/silkroad/2020-03/28/c_1125781066.htm。

不多,但在全球疫情扩散后迅速恢复的意义重大,特别是全年累计向德国、波兰、匈牙利等国运送口罩、防护服、呼吸机、手术衣等防疫物资 9770.86 吨①,为国际抗疫合作作出巨大贡献。2022 年,中欧班列(武汉)共开行 538 列,是 10 年来开行数量最多的一年,创下历史新高。2022 年以来,在以往开行线路的基础上,中欧班列(武汉)持续在打通新通道、开辟新货源上发力,先后开通武汉—满洲里—乌斯季卢卡—德国杜伊斯堡铁海联运班列、武汉—磨憨—万象/琅勃拉邦班列、武汉—罗兹专列、武汉—贝尔格莱德专列、武汉—东方港国际铁海联运班列等,且首次贯通欧洲—武汉—韩国铁水联运回程过境贸易通道,拥有跨境运输线路 41 条,辐射欧亚大陆 40 个国家 107 个城市②。

二、疫情以来主要口岸出入境中欧班列情况

口岸的通畅、效率及容量既是影响中欧班列运行的重要因素,也是反映中欧班列运行状态的重要指标。中欧班列出入境主要有西、中、东三大通道。其中,西通道主要服务于西北地区、西南地区,经由霍尔果斯口岸或阿拉山口口岸出入境;中通道主要服务于华北地区,经由二连浩特口岸出入境;东通道主要服务于东北地区和东南沿海地区,经由满洲里口岸或绥芬河口岸出入境。前述国内主要中欧班列线路的发展情况大体可从五大口岸的运行加以验证③。

先来看西通道的霍尔果斯口岸和阿拉山口口岸。2020 年经新疆霍尔果斯口岸出入境的中欧班列达 4722 列,货运量 368 万余吨,同比分别增长 38.8%、30.2%。其中,全年开行数量创口岸班列开行以来历史新高,货运量、

---

① 《中欧班列(武汉)2021 年累计往返 411 列》,湖北日报网,2022 年 1 月 2 日,https://epa-per.hubeidaily.net/pc/content/202201/02/content_147727.html。
② 《中欧班列(武汉)2022 年开行 539 列,创开行十年最好纪录》,武汉市发展和改革委员会官网,2023 年 1 月 10 日,http://fgw.wuhan.gov.cn/xwzx/tpxw/202301/t20230112_2130774.html。
③ 下引各口岸数据,若无特别说明均引自各地海关。

出境列数均居全国首位。2021 年经霍尔果斯口岸出入境的中欧班列达 6362 列,同比增长 26.6%;货运量达 906.9 万吨,同比增长 37.0%。其中出境 4826 列,返程班列 1536 列;出境班列货运量 525.76 万吨,返程班列货运量 381.17 万吨,均实现增长。2022 年经霍尔果斯口岸开行的中欧班列数量突破 7000 列,达 7068 列,居全国首位,同比增长 11.09%;过货量突破 900 万吨,达 952.4 万吨,同比增长 5.02%,创造双超纪录,实现双增长①。此外,2020 年经阿拉山口口岸出入境的中欧班列累计 5027 列,共计 45.6 万个标箱,分别同比增长 41.8%、47.1%,均占全国中欧班列开行总列数和总标箱数的四成多,双双稳居全国铁路口岸首位。2021 年经阿拉山口口岸出入境的中欧班列 5848 列,同比增长 16.3%,年度通行班列数量再创历史新高。2022 年经阿拉山口口岸通行中欧班列达 6211 列,同比增长 6.2%,其中返程班列达 2462 列,居全国铁路口岸首位②。

再看中通道的二连浩特口岸。2020 年经二连浩特口岸出入境的中欧班列 2379 列,比 2019 年增长 53.3%,满载 35.5193 万标箱,比 2019 年增长 32.0%③。2021 年经二连浩特口岸出入境的中欧班列 2739 列,同比增长 15.1%,再创历史新高,共完成进出口货运量 1605.10 万吨,连续两年突破 1600 万吨大关④。2022 年经二连浩特口岸出入境的中欧班列 2555 列,集装箱 27.426 万标箱,货重 259.92 万吨,货值 352.03 亿元人民币。

最后看东通道的满洲里口岸和绥芬河口岸。2020 年满洲里、绥芬河两大铁路口岸出入境的中欧班列数均创历史新高,其中经满洲里口岸出入境的中

---

① 《新年首趟中欧班列经霍尔果斯口岸出境》,中国新闻网,2023 年 1 月 1 日,http://www.chinanews.com.cn/cj/shipin/cns-d/2023/01-01/news947164.shtml。

② 《阿拉山口口岸通行中欧班列再添新线路》,阿拉山口人民政府网,2023 年 1 月 11 日,http://www.alsk.gov.cn/info/1012/53642.htm。

③ 《内蒙古二连浩特口岸 2020 年出入境中欧班列 2379 列》,二连浩特市人民政府,2021 年 2 月 25 日,http://www.elht.gov.cn/dtzx/kadt/202103/t20210315_194940.html。

④ 《二连浩特铁路口岸 2021 年进出口运量、中欧班列数量再创新高》,二连浩特市人民政府,2022 年 1 月 25 日,http://www.elht.gov.cn/dtzx/szyw/202201/t20220125_198715.html。

欧班列 3585 列,同比增长 34.4%,经绥芬河口岸出入境的中欧班列 217 列,同比增长 77.9%。2021 年经满洲里口岸出入境的中欧班列达 435 列,比 2020 年增加 650 列,增幅达 18%。其中,2021 年经满洲里口岸入境的中欧班列 2235 列,同比增加 456 列,增幅为 25.6%;出境的中欧班列 2000 列,同比增加 194 列,增幅为 10.7%。入境班列数量首次超过出境班列。2021 年经绥芬河口岸出入境的中欧班列 549 列。2022 年经满洲里口岸出入境的中欧班列 4818 列,同比增长 37.6%;经绥芬河口岸出入境的中欧班列 884 列,同比增长 61%。

表 1   经五大口岸出入境中欧班列列次(2020—2022 年) (单位:列)

年份	霍尔果斯口岸	阿拉山口口岸	二连浩特口岸	满洲里口岸	绥芬河口岸
2020	4722	5027	2379	3585	217
2021	6362	5848	2739	4235	549
2022	7068	6211	2555	4818	884
合计	18152	17086	7673	12638	1650

资料来源:根据五大口岸所在地海关数据制作。

三、疫情以来中欧班列的运行特点

自新冠疫情暴发以来,世界各国经济遭受沉重打击,国际贸易面临不确定性,全球运输和供应链受到持续冲击。作为稳定国际供应链的重要支撑,中欧班列已成为国际贸易和运输体系不可或缺的重要组成部分。中欧班列各参与方抓住了历史机遇,不断创新发展模式,取得了显著成绩。

(一)总体规模持续扩大

在全球疫情持续蔓延、世界贸易规模出现相对萎缩等不利条件下,中欧班列仍然保持了高速增长态势。2020年全年开行1.2406万列，同比增长50%，首次突破"万列"大关，是2016年开行量的7.3倍，更是2011年开行量的83倍。2021年开行量再次刷新历史纪录，达1.5183万列，同比增长22%，首次站上1.5万列大关，连续两年突破"万列"，且实现"月行千列"。2022年开行量继续上扬，达1.6562万列，10年来全国中欧班列累计开行突破6.5万列。

（二）朋友圈不断拓展

越来越多的行业和国家加入，国际市场网络加快拓展。2020年，中欧班列通达21个国家的92个城市，比2019年同期增加37个，通达城市数量增长了67%。2021年，中欧班列铺画78条运行线，通达欧洲23个国家的180个城市，比2020年增加两个国家和88个城市，通达城市数量增长了96%。截至2022年年底，中欧班列已通达约25个国家208个城市，通达城市数量两年内便实现了一倍多的增长。此外，西部陆海新通道发展迅速，2021年覆盖中国13个省区市的47个城市、91个站点，换船出海的货物可到达全球六大洲106个国家和地区的311个港口，班列每天开行频次最高可达22列[1]。2022年，通道班列覆盖17省60市113站，并实现中国西部12个省份全覆盖，目的地拓展至113个国家和地区的338个港口，运输品类增加至640多种[2]。

（三）防疫物资搭建桥梁

疫情发生以来，中国各级政府、企业和民间机构积极通过中欧班列向遭受疫情严重影响的亚欧各国出口和捐赠紧缺的医疗物资用品，中欧班列成为各

---

[1] 《2021年西部陆海新通道全年发送箱数同比增长57.5%》，央广网，2022年1月7日，http://gx.cnr.cn/gstjgx/20220107/t20220107_525709058.shtml。

[2] 《2022年西部陆海新通道班列开行8800列》，中国新闻网，2022年12月31日，http://www.chinanews.com.cn/cj/shipin/cns-d/2022/12-31/news947057.shtml。

国携手抗击疫情的"生命通道"和"命运纽带"。2020 年,中欧班列运送防疫物资 939 万件、7.6 万吨①。2021 年,中欧班列运送防疫物资 423 万件、2.9 万吨。截至 2022 年 7 月底,中欧班列累计向欧洲发运防疫物资 1420 万件、10.9 万吨,成为国际抗疫合作的"生命通道",生动诠释了守望相助、休戚与共的人类命运共同体理念。

(四)运营状况逐渐优化

疫情背景下的全球物流体系受阻为中欧班列提供了转型升级的机遇,促使其优化运营状况。一方面,中欧班列运价提升减轻了班列运营压力,降低了中欧班列对地方补贴的依赖度,为中欧班列真正走向市场提供了机遇。疫情前,大部分中欧班列线路的价位维持在 3000 美元/40 尺大箱至 5000 美元/40 尺大箱。疫情发生后,海运"一箱难求"价格飞涨,中欧班列市场大幅增长,出现了舱位紧张现象,价格攀升至 1 万美元/40 尺大箱左右②。另一方面,中欧班列线路集中度提升产生了显著的集聚效应。目前,依托主要线路的中欧班列集结中心建设取得的初步成效,首批五大集结中心的运量占全国班列总运量的一半以上。以五大集结中心为主、108 个城市联动的全国运行网络逐步形成,各主要经济圈和经济带都不同程度地得到覆盖,区域发展合力不断凝聚。

(五)运营模式不断创新

中欧班列在短短 10 年时间内能够发展成为有竞争力、有品牌特色的货物运输平台离不开创新支持。自疫情暴发以来,各个地方平台纷纷利用自身优势,创新班列组织运营模式、开辟全新货源种类,取得良好成效。例如,成都和

---

① 《满载 100 个标箱 今年首趟中欧班列国际防疫专列发车》,央广网,2021 年 2 月 22 日,http://zj.cnr.cn/gedilianbo/jh/20210222/t20210222_525418988.shtml。

② 《运价跃升,企业为何愿走中欧班列?》,《经济日报》2021 年 7 月 16 日。

重庆携手创立中欧班列（成渝），共同打造统一品牌，着力提升认知度和市场占有率；重庆首发全国首列电商 B2B 班列，进一步丰富了货物出口路径，提升了货物出口通关效率，降低了电商企业综合成本，为班列发展注入新的活力；乌鲁木齐积极探索"集拼集运模式"取得显著成效，作为典型试点经验在全国范围内复制推广；全国首趟境内外全程时刻表中欧班列从中国西安开往德国杜伊斯堡，标志着中国段、宽轨段、欧洲段中欧班列运行时刻表首次实现全程贯通，国内始发站与德国终点站的运输时间有了更加稳定的预期，中欧班列高质量发展迈入新阶段。

四、后疫情时代中欧班列发展面临的挑战

新冠疫情对全球经济格局及走向产生了巨大影响，加之乌克兰危机进一步放大并激化世界百年未有之大变局，后疫情时代下的国际格局、世界秩序和全球经贸格局将会发生重大改变，全球经济将步入新的低迷期、大国博弈开启新征程、全球经济贸易政策不确定性达到新高度。在此背景下，中欧班列的运行环境也将出现新的变化，挑战也将不断增多。

（一）疫情"优势"退却，市场不确定性增大

在 2020 年新冠疫情持续蔓延的背景下，世界各国疫情防控节奏不同导致的全球物流体系紧张是中欧班列能够逆势上扬的前提，全球航运和空运运力下降形成的货源转移是中欧班列规模再次扩张的现实基础。在沿线国家疫情得到有效控制，全球生产、航运和空运逐步恢复的情况下，中欧班列开行规模必将受到影响，市场份额恐怕出现不小的缩减。鉴于海运和空运恢复将使目前不断升高的运价回落，届时中欧班列的相对优势会变得更弱。随着补贴退坡政策的实施，中欧班列如何定价将成为决定其在后疫情时代稳定发展的重要因素，各国市场主体和企业根据自身情况调整发展方向与策略，重构供应链

体系,也将给中欧班列中长期运行带来不确定性①。

(二)货源争夺激烈,市场化机制尚不完善

在中欧班列发展初期,各地政府为争取首开、多开班列和培育市场,制定了补贴政策。随着中欧班列开行城市增多,同质货源竞争日益激烈,部分地方政府通过提高补贴数额或以变相补贴形式低价揽货造成不同程度的无序竞争。2020 年 6 月中欧班列集结中心示范工程建设的开展一定程度上有助于加强国内各地方政府、班列线路、运营平台之间的协调,但争夺资源与市场的行为仍然存在。目前,国内已有 108 个城市开行中欧班列。各级地方政府开通中欧班列的思路虽然各异,但为中欧班列寻找货源、商谈线路等行为具有高度一致性,这就可能出现一地货源同时面临多家中欧班列物流平台公司争抢的现象。而在货源有限的条件下,倘若各个平台公司持地方政府补贴政策而采取"打价格战"等非理性竞争行为,则会严重破坏中欧班列健康发展的市场秩序和环境。

(三)基础设施投入不足,扩能改造进展缓慢

由于铁路通道境外段建设没跟上、疏解能力不足以及国内外口岸拥堵等现象,中欧班列在享受订单爆满、线路爆仓的同时,也存在货物积压、延迟的现象。从境外看,中欧班列沿线各国铁路基础设施发展情况千差万别,一些沿线国家受政治发展状况、中欧关系等政治因素以及铁路基础设施投资回报周期长、投资需求大等经济因素的共同影响,在铁路基础设施更新上投入不足,严重制约了中欧班列的运营效率。国外一些路段的平板车车板短缺造成通货能力紧张,加之换装、通关效率等问题,正常情况下还可以运行,货物一旦多了起

---

① 赵鸣、王卓如:《"十四五"时期中欧班列的创新发展与对策研究》,《大陆桥视野》2020年第 9 期。

来,通关效率问题就会显现出来①。从中国来看,瓶颈路段和拥堵口岸、"卡脖子"路段升级改造不够的情况仍然存在,阿拉山口、二连浩特、满洲里等重点口岸站亟须扩能改造,第二批集结中心的建设需要提速。

（四）地缘风险显著增加,乌克兰危机的后续影响不断延展

中欧班列良好运作的一个重要前提是国际通道的畅通。中欧班列开通的线路及规划线路沿途经过的国家和地区众多,其政治体制、经济社会发展以及文化传统迥然不同,运输组织、运价协调、线路拓展等方面的沟通存在不到位的情况。更为重要的是,地区冲突、大国博弈也将带来严峻的地缘风险。在2021年波白边境危机发生后,由于绝大多数中欧班列途经白俄罗斯和波兰即布列斯特/马拉舍维奇通道,引发人们对于中欧班列前景的担忧。乌克兰危机持续升级更是给中欧班列的发展蒙上了阴影。俄罗斯是中欧班列的重要合作伙伴之一,乌克兰是中欧班列最有潜力的过境国之一。乌克兰危机前景的不确定性不仅给中欧班列的运行带来严峻挑战,也给欧亚国际通道合作产生显著负面影响。乌克兰危机爆发后,已经有铁路货运运营商宣布改道进行中转,或暂停中欧之间的铁路货运项目的运营。此外,在全球贸易保护主义抬头趋势下,欧盟通过设置绿色贸易壁垒和技术壁垒等非关税壁垒来制约中欧班列的发展,减少在中国的进口贸易保障本国商品市场。

五、后疫情时代中欧班列发展的对策建议

在后疫情时代,世界百年未有之大变局加速演进,中欧班列面临的挑战将日益增多。维持高质量发展既是迎接挑战的最好回应,也是行稳致远的根本

---

① 林备战、李明:《"一带一路"倡议下国际运输通道建设及中欧班列运行现状与未来展望》,《东北亚经济论坛》2021年第4期。

所在。从中方来讲,根本的一点是,对中欧班列进行准确定位,既要实事求是,又要敢于开拓,以市场为导向,以共商共建共享为原则,以高质量发展为目标。具体讲,在内部,注重动力、能力与合力的建设;在外部,做好运行风险管控的同时致力于构建中欧班列国际合作网络,使其成为亚欧各国深化务实合作的重要载体和共建"一带一路"的重要国际公共产品。

第一,在新形势下找准自身定位,继续强调并夯实其国际公共产品的属性和价值。经过十多年的发展,中欧班列的国际公共产品价值得到体现并在疫情发生后不断提升,国际关注日益增强。很大程度上讲,2021 年 8 月 8 日推进"一带一路"建设工作领导小组办公室发布的《中欧班列发展报告(2021)》从五个方面对中欧班列进行的定位较为客观,即开辟亚欧陆路运输新通道、助力沿线国家经济发展、维护国际供应链安全稳定、促进沿线国家交流合作、成为名副其实的国际公共物流产品[1]。在新形势下,中方应从维护和夯实国际公共产品的经济属性和合作特性的定位出发,切实以推进中欧班列高质量发展为目标,强调中欧班列的政府引导、市场主导的动力机制和发展模式,坚定不移地发挥市场在中欧班列资源配置中的决定性作用。

第二,在新形势下继续锻造内功,注重动力、能力与合力的体系化建设。打铁还需自身硬。开展国际合作的首要前提是自身强、具有竞争力。在新形势下,面对日益不确定的国际发展环境,中国应在市场动力、基础设施能力与公平竞争促合力的体系化建设上下功夫,继续扩大同"一带一路"沿线国家的市场合作、做大经贸合作的基本盘,继续提升亚欧基础设施互联互通水平特别是解决通道能力瓶颈和效率低下等关键性问题,继续推动建立公平、规范、透明的市场经营准则和运营秩序,真正使中欧班列各参与主体的获得感显著提升。

第三,在新形势下继续推进国际合作,致力于构建中欧班列国际合作网

---

[1] 推进"一带一路"建设工作领导小组办公室编:《中欧班列发展报告(2021)》,2022 年 8 月 18 日,https://www.ndrc.gov.cn/fzggw/jgsj/kfs/sjdt/202208/P020220818311703111697.pdf。

络。中欧班列运行规模不断扩大、线路不断拓展,特别是欧亚变局使地区政治、经济、安全环境的复杂性增强,意味着风险点日益增多、战略调整的可能性增大①,国际合作尤其必要。因此,新形势下,中国应以打造安全高效的中欧班列运输模式为目标,研究建立中欧班列双边、多边国家政府间合作机制,在政策制定、规划对接、设施联通、便利通关、运输组织等领域强化合作的同时,建立防范化解重大风险问题的评估、预警和应对机制,不断夯实中欧班列高质量发展的环境基础,使中欧班列的发展行稳致远。

---

① 刘建军、吕昌伟、许维高:《中欧班列高质量发展面临的问题和对策研究》,《铁道经济研究》2023 年第 2 期。

前 景 篇

"一带一路"倡议促进
人类命运共同体建构研究①

一、引　言

在全球处于百年未有之大变局时期,各种全球性问题日益增多和尖锐化,如保护主义、保守主义、单边主义和霸凌主义抬头,能源、粮食、移民、生态危机频现,金融动荡加剧、全球债务水平上升、不平等和不公平现象增多、新冠疫情肆虐、技术风险涌动等,这些都严重威胁着全球经济复苏、可持续发展、全球治理变革和国际新秩序的建构。各国合作应对的共识、倡议和行动不足,封闭、隔阂和分歧、矛盾凸显,甚至国际合作概念本身也受到冲击,是当前全球经济发展低迷以及全球治理失能、失灵、失效和财政赤字增多的病根所在。面对新冠疫情大流行、气候变化、生态多样性丧失、数字空间缺陷以及地缘政治分歧等严重风险,多边应对措施成效远不尽如人意。如果我们持续割裂对立,那么这些风险亦将持续扩大②。面对诸多严峻的全球性难题,需要普遍而坚定的合作信念、价值追求、科学方案、有效机制和坚决行动的加持,以推进高效联通融合、公平分享和共同繁荣。"一带一路"倡议和共同推进人类命运共同体建设是中国向国际社会提出的创新方案,要使其被"一带一路"沿线国家、国际组织乃至全世界认同并得到它们的大力支持,迫切需要我们讲好"一带一路"

---

①　作者:郑雪平,西南石油大学经济管理学院副教授,经济学博士;林悦勤,中国社会科学院大学政府管理学院教授,中国社会科学院中国社会科学杂志社传播中心主任、研究员,经济学博士。
②　《古特雷斯谈任期首个最重要经验:单打独斗我们终将一事无成》,中国新闻网,2021 年6 月 21 日,https://baijiahao.baidu.com/s? id=1703140868121640588&wfr=spider&for=pc。

倡议及其成功实践的故事,发挥其凝聚共识、合力推动全球化稳健前行和人类命运共同体建设的强大驱动作用。

二、互联互通伙伴关系是增强国际合作的本质要求

人类社会的正常发展离不开相互间的联系、沟通与合作。从广义上讲,各主体、各领域和各环节间的互联互通影响并决定着交流合作,并成为推动全球化、国际合作深化的重要引擎。

(一)互联互通的内涵实质

互联互通本义是指运营商网络与不在该网络中的设备或设施之间的物理链接,既包括设备间互联(某个运营商的设施和其所属客户的设备间的连接),也包括网间互联(两个或更多运营商间的连接)。如美国法律将互联互通定义为"两个或多个网络的链接,用于通信流量的双边交换"。联通被视为器物间、网络间的对接,包括交通轨道等的对接,通常被引申为人与人、机构组织以及国家等多种主体间的沟通、联系、对接、协商以及合作,与封闭、隔离相对应。各主体在互联互通过程中产生的关系就是互联互通的伙伴关系,是各主体在相互沟通、协商过程中结成的合作关系。从人类合作视角看,互联互通就是资源、要素、信息、网络、人员、制度、政策等在国家和区域间以及全球的畅行交换,是经济全球化的必然要求。全球化的本质是减少交流障碍和桎梏,实现人类各方面的高度联通,更好地实现共享和谐发展。这与增进各国交往和均衡地享受全球化红利的全球一体化目标高度契合,全球化时代真正的互联互通就是指人与人之间理解的加深以及彼此间联系纽带的加强。中国的"新丝绸之路"发展战略是互联互通的一个重要体现①。不同组织、国家、区域、主

---

① 《亚欧学者对"互联互通"看法不同》,澎湃新闻,2014 年 7 月 23 日,https://m.thepaper. cn/newsDetail_forward_1257664。

体和网络间开展多元化沟通、协商、对接等,实现目标、制度、政策和行动等的良好"互联互通",可以促进全球秩序重构,推动开放式、包容式的发展。互联互通是消除隔阂、割裂、矛盾和冲突的纽带、润滑剂(陈文玲,2019)。例如,跨境铁路、公路、航线等的开通可以使陆锁国变为陆联国,使孤岛变为串珠,极大地便利国家之间的交往与合作。全球互联互通伙伴关系的构建能提供生产要素和财富在全球流动与融通的新渠道和新机遇,有利于减少全球发展洼地,促进实现公平均衡的世界大同。互联互通已经成为不可阻挡的世界潮流(苏长和,2017)。各国、各区域间加强基础设施、政策、经贸、文化等方面的联系和交流,形成畅通的联系纽带和紧密活跃的合作关系,更好地配置各自资源、实现财富积累效率和生活质量的提升、人类物质与精神文明的繁荣进步,这是全球化的本质要求,也是全球化发展的途径。

(二)互联互通是深化国际合作的桥梁和平台

人类社会由于空间距离、自然条件、民族文化、历史轨迹与现实发展的差异,以及规模实力、价值与战略取向的不同,国家、民族、区域之间缺乏沟通、认知、协商与合作。尤其是一些国家采取孤立主义、人为封锁或者谋求地缘政治优势等,更加剧了相互间的联通障碍,导致包括交通、通信等基础设施硬联通和制度、机制、政策文化等软联通的断裂,造成巨大的相互损耗,加剧了全球结构的脆弱性,削弱了全球经济在消除贫困、创造体面工作和实现可持续发展目标方面的能力。研究显示,"一带一路"沿线及其他的 94 个国家和地区在交通、能源和通信基础设施联通方面的平均得分仅为 9.71 分(2017 年),低于畅通水平标准(14 分),达到畅通水平的畅通型国家仅有 4 个①。此外,"一带一路"建设还面临一些域外国家的挑拨、诱惑、拉拢和竞争,这些均严重影响中国与沿线国家间的要素流动、市场联通、网络共生、人民交往等。联通越顺畅

---

① 《设施联通提升空间巨大——2018 年"一带一路"五通指数单项报告之二》,太和智库,2019 年 4 月 11 日,http://www.tai-heinstitute.org/Content/2019/04-10/1648583409.html。

紧密,互联互通水平也就越高,即各主体、各方面联系和交流的状态就越好,其对人类进步的促进作用也越强大。实证分析显示,投资母国与东道国间互联互通水平越高,企业跨国并购的成功率也越高。贸易基础设施好、贸易政策友好、通关便捷和成本低廉、关税较低或免税、汇率稳定等对国家间贸易繁荣至关重要。

互联互通逐渐成为国际共识、国际公共品和国际合作的重要载体。东盟于2010年通过了《东盟互联互通总体规划》,设定了基础设施建设、机制构建和人文交流三大重要领域的具体目标。2013年APEC巴厘岛会议发表的《活力亚太,全球引擎——亚太经合组织第二十一次领导人非正式会议宣言》强调,要深化互联互通领域的硬件、软件和人员交往(三大支柱)。2014年在北京举办的APEC会议将"加强全方位基础设施和互联互通建设"列为三大核心议题之一。2016年G20领导人峰会采纳了中国提出的建立"全球基础设施互联互通联盟"倡议。2018年9月欧盟委员会与欧盟对外行动署联合发布关于欧亚互联互通战略的文件——《连接欧洲和亚洲——对欧盟战略的设想》。在数字时代,数字联通的意义更为凸显。2017年APEC越南岘港会议通过《APEC互联网和数字经济路线图》与《APEC跨境电子商务便利化框架》,成为APEC各方希望加强数字经济联通、促进创新和包容增长的重要合作成果。2020年,为应对新冠疫情全球广泛使用数字技术,降低了疫情的物理隔离对互联互通的负面影响,促进了全球数字互联互通迈向更高的水平。

(三)促进互联互通是共建"一带一路"的基本抓手和核心内容

中国以大国责任意识和历史使命感倡导全球互联互通伙伴关系的建构并付出切实行动。2012年11月,党的十八大报告首次将"互联互通"纳入政策理念,2013年9月和10月,习近平主席在哈萨克斯坦和印度尼西亚分别提出共建"丝绸之路经济带"和"21世纪海上丝绸之路"的倡议,提出加强政策沟通、道路联通、贸易畅通、货币流通和民心相通,以及中国致力于加强同东盟国家的互联互通建设。2014 年 11 月 8 日,习近平主席在北京召开的"加强互联互通伙伴关系对话会"上提出,要建设亚洲互联互通伙伴关系,先行先试,实现在亚洲区域范围内交通基础设施的硬件联通,规章制度、标准、政策的软件联通,以及增进民间友好互信和文化交流的人文联通"三位一体"的互联互通伙伴关系。共同建设"丝绸之路经济带"和"21 世纪海上丝绸之路"与互联互通相融相近、相辅相成。如果将"一带一路"比喻为亚洲腾飞的两只翅膀,那么互联互通就是两只翅膀的血脉经络。这意味着互联互通是"一带一路"倡议实践运转的经脉血液。

在 2015 年中国多部委发布的关于"一带一路"倡议的愿景与行动文件中明确提出,通过道路联通、贸易畅通、产业融合、责任共担、文化沟通等打造基于"利益共同体、命运共同体和责任共同体"的互利共赢的区域合作机制,对构建合作共赢的人类命运共同体具有重要意义。习近平主席在第二届"一带一路"国际合作高峰论坛上再次提出,共建"一带一路"的关键是互联互通。互联互通有利于推动经济增长及经济社会发展,促进商品和服务贸易、带动投资、创造就业机会、增进人文交流,在开放、包容和透明的基础上推动构建全球互联互通伙伴关系将为各方带来机遇[1]。在 2020 年 6 月 18 日举行的"一带一路"国际合作高级别视频会议上,习近平主席提出:"促进互联互通、坚持开放包容是应对全球性危机和实现长远发展的必由之路,共建'一带一路'国际合作可以发挥重要作用;我们愿同合作伙伴一道,把'一带一路'打造成团结应对挑战的合作之路、维护人民健康安全的健康之路、促进经济社会恢复的复苏之路、释放发展潜力的增长之路;通过高质量共建'一带一路',携手推动构建人类命运共同体"[2]。在 2021 年 4 月 20 日博鳌亚洲论坛上,习近平主席在

---

[1] 《习近平在第二届"一带一路"国际合作高峰论坛记者会上的讲话》,新华社,2019 年 4 月 27 日,https://baijiahao.baidu.com/s? id=1631967312111977359&wfr=spider&for=pc。

[2] 《习近平向"一带一路"国际合作高级别视频会议发表书面致辞》,新华网,2020 年 6 月 18 日,http://www.xinhuanet.com/politics/leaders/2020-06/18/c_1126132341.htm。

讲话中强调：我们将同各方继续高质量共建"一带一路"，践行共商共建共享原则，弘扬开放、绿色、廉洁理念，努力实现高标准、惠民生、可持续发展目标；我们将建设更紧密的卫生合作伙伴关系，更紧密的互联互通伙伴关系，更紧密的绿色发展伙伴关系，更紧密的开放包容伙伴关系，为人类走向共同繁荣作出积极贡献①。习近平主席在 2021 年 11 月 19 日举行的第三次"一带一路"建设座谈会上再次强调，完整、准确、全面贯彻新发展理念，以高标准、可持续、惠民生为目标，巩固互联互通合作基础，拓展国际合作新空间，扎牢风险防控网络，努力实现更高合作水平、更高投入效益、更高供给质量、更高发展韧性，推动共建"一带一路"高质量发展不断取得新成效②。

可见，"一带一路"倡议高度重视包括基础设施的硬件联通、规章制度标准政策的软件联通、人文交流友好互信的人文联通在内的高质量的互联互通网络建设，旨在建立突破地理环境约束和行业领域偏狭的多元化、立体化、高效化的合作机制架构。这与联合国 2030 年可持续发展议程的 17 项大类和169 项具体目标高度契合且成为其重要支撑，对促进全球可持续发展、助推开放型世界经济具有不可替代的作用（陈文玲，2019）。从另一个方面看，互联互通建设以及伙伴关系形成也是高质量共建"一带一路"的内在要求和基本抓手，有助于"一带一路"建设在全球立体化铺开、形象化展现。在全球化遭遇逆流、贸易保护主义盛行、全球经济不确定性增多，尤其叠加新冠疫情的背景下，"一带一路"倡议更能凸显其全球公共产品和有效合作平台的网络功能。中国提出"一带一路"倡议正是旨在通过互联互通破解逆全球化思潮，缩小"发展鸿沟"，促进共同发展和繁荣，为构建人类命运共同体增添新动力（张茉楠，2020）。同时，互联互通建设将消除阻碍要素自由流动的各种因素，如

---

① 《习近平在博鳌亚洲论坛 2021 年年会开幕式上发表主旨演讲》，央广网，2021 年 4 月 21日，http://china.cnr.cn/news/20210421/t20210421_525466965.shtml。

② 《习近平出席第三次"一带一路"建设座谈会并发表重要讲话》，人民网，2021 年 11 月19 日，http://cpc.people.com.cn/n1/2021/1120/c435113-32287499.html。

封闭、隔阂、矛盾、差距、不公平以及恶性竞争和冲突,有助于市场要素畅通流动并发挥优势互补性和协同性,繁荣贸易投资,促进居民就业、增收和整体经济增长,改善友好合作氛围。改善相互联通可为"一带一路"倡议打牢基础、充实内容和强化动能,推进区域基础设施、产业和市场的形成,促进贸易投资自由化和便利化,就像打通经络和血脉,会让"一带一路"活起来、动起来、强起来①。可见,"一带一路"倡议与互联互通伙伴关系建设相互包容交叉、共促共进、相得益彰。十年来,共建"一带一路"聚焦基础设施建设这一最大实体经济投资,助推世界经济脱虚向实,消除全球金融危机产生的根源,发掘世界经济新增长点,实现共建国内部、跨国和区域的互联互通,引领疫情后全球地区化和分布式合作模式,增强发展中国家在全球治理中的分量,完善全球治理结构,推动全球化从新自由主义全球化向发展导向全球化、包容性全球化转型等,在全球发展与全球治理方面扮演了重要角色,作出了巨大贡献,从而逐渐成为构建人类命运共同体的重要实践平台(王义桅,2023)

三、"一带一路"倡议是促进互联互通的路径

鉴于互联互通是消除阻隔和障碍、促进各国沟通合作的桥梁和纽带,"一带一路"倡议的基本内容和指向就是与合作国家建立稳固、牢靠有效的多元化联通,具体体现在"政策沟通、设施联通、贸易畅通、资金融通和民心相通"五个方面,消除阻碍国家间、区域间相互交流、理解、沟通和合作的鸿沟,促进合作共识、制度政策协调、资源互补、市场流通、信息沟通和人员交流,通过打造基于"一带一路"倡议框架的政治互信、经济融合、文化包容的利益共同体、责任共同体和命运共同体,最终实现"建设持久和平、普遍安全、共同繁荣、开

---

① 《共建亚洲发展和命运共同体专家解读习近平主席在加强互联互通伙伴关系对话会上的讲话》,新华网,2014 年 11 月 9 日,http://www.xinhuanet.com/world/2014 - 11/09/c_1113170980.htm。

放包容、清洁美丽的世界"这一共同目标。

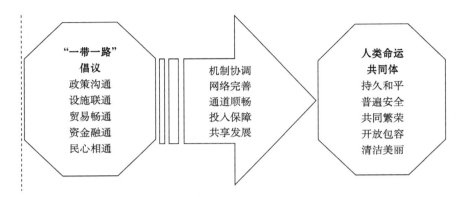

图1 "一带一路"倡议推动互联互通与人类命运共同体建设路径

（一）政策沟通促进合作机制协调

政策沟通是指合作国家本着求同存异的原则，就经济合作发展问题进行充分交流对接，为增进务实合作、深化利益融合、实现共赢发展、构建政府间宏观战略与政策交流的协同机制提供宏观政策支持和保障。由于跨国合作项目多、投入大、周期长、利益涉及面广、影响较大等，很多共建项目需要得到参与方政府的认同、支持以及相互协调。例如，在沿线合作国家的基础设施建设、产能合作、商品进出、运存清关、人员往来、大数据、电子商务等活动中涉及资金投入、技术标准、管理规则、海关检验、税费制度、汇率政策、数据流动、准入限制等制度、政策、规则、标准方面的差异与障碍，需要政府之间加以协调、对接，方能解决问题。加强制度与政策协调有利于消除制度障碍和政策"篱笆"，为在国家、区域乃至全球层面确立民主协商、公平正义、开放包容，谋求和平与安全、平等互利发展的人类最佳合作理念和行动范式树立示范样板。沿线国家围绕共建"一带一路"进行良好有效的战略对接和政策互动等，对于项目选定、规划设计、投资安排、建设运营规范以及引导其他相关主体加强协作、消除各种合作障碍、降低合作成本、提高效率等具有重要意义。双边多边政府对话、签署合作备忘录和合作协议以及举办高峰论坛（如"一带一路"国际合作高峰论坛）等是达成宏观战略合作与政策协同的重要平台和机制。

（二）设施联通改善交易机会和效率

设施通常指为人员、商品、物资、能源、通信等提供沟通联络的渠道，主要包括公路、铁路、空运、水运等交通设施网络，油气电力等能源互通设施网络以及光缆、卫星等通信设施网络等，是国家间合作的基础性支撑。通常，国家之间甚至相邻国家之间均存在诸多交流合作障碍（如地缘空间相距遥远、交通设施短缺、运输能力不足、海关出入境制度繁杂、通信网络不完善等），严重制约国家间商品、人员、技术等要素的便捷流动，从而抑制合作发展潜能的挖掘和利用。通过共同建设各类设施网络，可以改善交通便捷度，降低交流和交易成本，提升贸易速度、规模和效益，为改善合作条件和实现共同繁荣夯实基础。沿线国家签署贸易协定能够改善沿线国家的边境管理，深层次的贸易协定和更便利的市场准入将扩大沿线国家基础设施项目对贸易的影响，使进出口总额增加。预计到 2025 年，"一带一路"倡议涉及的总投资约 4 万亿美元的基础设施项目与产业园区的结合，将成为拉动周边经济体发展的经济走廊，促进合作经济体从封闭不发达经济向开放经济转变，并有助于各个合作伙伴创造新的比较优势，实现经济可持续发展①。研究显示，"一带一路"沿线交通网络（走廊）建设除了将使沿线国家和地区货运时间平均减少 1.7%—3.2%，以及降低运输成本的溢出效应外，还将产生"交通网络效应"，促进沿线合作经济体出口增长 4.6%、FDI 增长 4.97%、实际收入增长 1.2%—3.4%，全球实际收入增长 0.7%—2.9%（World Bank Group,2019）。

---

① 大卫·多德维尔：《有关中国"债务陷阱"外交的谬论须被一劳永逸地寿终正寝》，《南华早报》2021 年 3 月 28 日，https://oversea.huanqiu.com/article/42Urat1ZLek。

（三）贸易畅通促进开放包容发展和福利增长

贸易畅通旨在消除关税与非关税壁垒、简化通关程序、降低通关成本、提升通关速度和能力、促进贸易公平与平衡、消除投资壁垒、拓展相互投资领域、促进新兴产业合作等。贸易畅通还可以挖掘国家间合作潜能、优化要素配置、促进市场繁荣、提高技术转让和创新及出口竞争力水平、增加当地就业和提高居民收入、减少贫困等。"一带一路"建设将使全球贸易成本降低 1.1%—2.2%，其溢出效应可使全球所有国家的平均运输时间和贸易成本分别下降 2.5%和 2.2%，沿线国家间的贸易便利化可带动国际贸易增长 12%（Baniya 等,2019）。但是,"一带一路"沿线国家经济发展水平和贸易潜力差异大、语言文化多样、宗教和种族冲突多，一些国家没有正式加入 WTO，国际贸易规则体系不健全，关税和非关税壁垒水平较高。坚持市场开放、降低关税、便利通关、消除贸易障碍、促进贸易繁荣是中国倡导共建"一带一路"的目标取向之一。通过与合作国家协商推出贸易便利化政策、提高海关合作水平、完善跨境电商管理、开通跨境班列、创建海外仓储网络，可为降低沿线国家的贸易门槛、消除贸易障碍、激活贸易发展潜力、促进贸易繁荣、提振经济增长及增加财政收入和居民就业机会等提供新动能，也能为增强合作国家的国际经济竞争力作出积极贡献。

（四）资金融通消除合作发展瓶颈

资金是全球重要公共品，尤其是发展中国家的稀缺资源。依据经合组织数据，2016—2030 年，亚洲基础设施建设投资需求将超过 26.5 万亿美元，其中，电力建设投入需求达 14.7 万亿美元，交通设施投入需求 8 万亿美元，通信设施投资需求 2.3 万亿美元，供水及卫生设施建设需要 1.5 万亿美元，但实际投资缺口约达 50%（OECD,2018）。新冠疫情导致 2020 年全球外国直接投资同比下降 42%，其中，发达国家对外直接投资流量下降 69%。国际资本大幅度缩水或者外逃更让沿线国家特别是低收入发展中国家资金短缺、债务高企。

同时,沿线国家金融制度的限制以及资本市场不够开放和成熟更增加了融资的难度、风险和成本。迫切需要探索有效的融资新方案、新渠道和新机制。"一带一路"框架内对沿线国家的大量投融资是这些国家重要的资金来源,有助于解决其财政短缺和债务风险问题,并为它们开展产业结构转型、实现可持续发展提供空间。"一带一路"框架内对沿线合作国家基础设施投资每增长10%,在1—3年内就会带动全球总体投资分别增长7%、11%和16%。"一带一路"倡议全面落实可促进沿线各国就业率持续上升,使760万人摆脱极端贫困,使3200万人摆脱中度贫困,使东亚及太平洋发展中国家的GDP平均增加2.6%—3.9%(World Bank Group,2019)。"一带一路"建设能显著降低沿线国家政府债务及债务风险,与中国签订共建"一带一路"谅解备忘录的沿线国家的债务风险更低(邱煜和潘攀,2019)。联合国秘书长古特雷斯对世界利用"一带一路"倡议帮助填补实现可持续发展目标的重大融资缺口的作用给予高度肯定,他认为"一带一路"倡议将以其巨大的计划投资规模为所有人创造一个更加公平、繁荣的世界。

(五)民心相通夯实良好互联互通伙伴关系基础

参与共建"一带一路"国家的民众平等交流、相互理解和友好相处是"一带一路"倡议顺利实施的基础,可为其营造安全和谐环境。广泛参与的各国民众是"一带一路"框架内数以千计建设项目的直接参与者和主力军,其心愿取向直接决定了"一带一路"建设的民众基础与成效。沿线各国人民的认同、支持和参与对于"一带一路"建设成功与否及其示范带动效应至关重要。八年来,一些"一带一路"项目虽然促进了东道国的道路畅通、经济产出、商品出口、就业增收及丰富了消费选择等,但同时也受到一些误解、质疑甚至"攻击",这说明民众的广泛认同、支持和参与是深入推进"一带一路"实践的关键①。在中国与沿

---

① 彭念:《"一带一路"如何做到民心相通?》,《联合早报》2019年8月29日,https://beltandroad.zaobao.com/beltandroad/analysis/story20190829-984806。

线国家共同规划、建设、运营"一带一路"项目过程中,各国劳动者的广泛深入参与可以加深对共同利益的认识和命运与共的切身体验,加上成功项目的带动作用和媒体的传播,可以更好地提高对"一带一路"倡议促进全球良好互联互通伙伴关系形成的广泛认同和支持,从而为人类命运共同体实践提供示范和动力。

四、"一带一路"倡议促进互联互通成效显著

"一带一路"倡议基于互联互通建设取得了明显成就,对增进区域的安全互信、友好交往、平等开放、包容发展、绿色转型和互利共赢产生了积极作用,增强了国际社会对"一带一路"倡导的互联互通伙伴关系以及全球高质量互联互通带动作用的理解和认同。

(一)政策沟通改善了互联互通机制

中国政府在推进"一带一路"实践过程中致力于加强与有关国家、国际组织等的战略规划及机制与政策协同,并均取得明显进展,逐渐形成了多种形式的合作政策协调机制,包括发布双边共建声明和备忘录,签署双边、多边共建合作协议,与世界银行、IMF等国际组织签署共建协议等合作对话机制,以及国家元首会晤、政府部长会谈和签署投融资、产能合作、经贸协作等正式共建文件、制度安排,定期及不定期举办诸如"一带一路"国际合作高峰论坛,发布联合公报等。2017年中国发布的《共建"一带一路":理念、实践与中国的贡献》提出主动推进与"一带一路"沿线国家的国家战略、总体规划等的有效对接。2019年4月中国发布的《共建"一带一路"倡议:进展、贡献与展望》提出在自愿协商的基础上开展不附加强制性条款的政策对接和项目合作。2019年10月中国与欧亚经济联盟经贸合作协定正式生效。2019年11月,第二十二次中国—东盟领导人会议发表了《中国—东盟关于"一带一路"倡议同〈东

盟互联互通总体规划 2025〉对接合作的联合声明》。秉持共商共建共享原则，坚持开放、绿色、廉洁理念，实现高标准、惠民生、可持续目标等重要内容完整写入了第二届高峰圆桌峰会联合公报并成为国际共识。截至 2020 年 1 月，中国与沿线国家累计建立了 44 个工作组。中国与日韩等国共同召开双边经贸联委会等机制性会议，共商深化合作路径。中国与沿线合作国家在规章制度、标准规则、合作模式、绿色低碳、可持续发展等软联通的建设上也取得了长足进展，如海关通关制度协调等。中国发起的《推进"一带一路"贸易畅通合作倡议》已吸引了 80 多个国家和国际组织的参与，签署了 100 多项合作文件，实现了 50 多种农产品食品检疫的准入，通关时间缩短了 90%。2023 年 5 月18—19 日，在西安举办了中国—中亚峰会，这是中国与中亚五国建交 31 年来六国元首首次以实体形式举办的峰会，进一步丰富和发展了中国—中亚命运共同体的内涵，为促进地区繁荣稳定、增进各国人民福祉和推动共建"一带一路"高质量发展注入了强大动力。

（二）设施联通健全了互联互通网络

几年来，中国与其他国家签署了近 200 个交通运输方面的双多边协定，与"一带一路"沿线多数国家签署了双边和区域海运协定、双多边运输便利化协定，与欧盟委员会签署了启动中欧互联互通平台合作谅解备忘录。中国还在万国邮联框架内积极推进国际铁路运邮机制的建设。中国与老挝等三国编制了《澜沧江—湄公河国际航运发展规划（2015—2025 年）》。中国与土耳其等国签署了《关于加强"网上丝绸之路"建设合作促进信息互联互通的谅解备忘录》。持续合作建设使中国与"一带一路"沿线国家的陆上、海上、天上、网上四位一体的互联互通网络初具规模，促进了各类要素流动的加速、贸易成本的降低和贸易的增长。根据世界银行报告，中老铁路开通使得从万象到昆明的货运成本降低 40%—50%，同时，老挝国内运输成本也将降低 20%—40%。中老铁路建成运行后对老挝—泰国—中南半岛的联通都有辐射效应。匈塞铁路、雅万高铁等正在加紧施工中。中哈霍尔果斯国际边境合作中心与中哈连云港物流合作基地的建成，中老铁路项目竣工通车等一系列合作项目成功落地极大地提高了基础设施联通水平，使中亚国家和老挝等国从陆锁国变成陆联国。截至 2021 年 6 月 20 日，中欧班列累计开行突破 4 万列，线路 73 条，通达欧洲 22 个国家 160 多个城市，运输货品达 5 万余种，货值累计超过 2000 亿美元①。截至 2022 年 1 月底，中欧班列累计开行突破 5 万列，运送货物超 455 万标箱，货值达 2400 亿美元，通达欧洲 23 个国家的 180 个城市，"一带一路"互联互通水平得到显著提高。2022 年全年中欧班列开行 1.6 万列，发送货物 160 万标箱，同比分别增长 9%、10%。同时，数字"一带一路"（Digital Silk Road）建设提速，中国为沿线国家提供了数字方案，夯实了"一带一路"数字联通和使中国成为全球数字重要标准设定者的基础②。在打造"一带一路"网络联通以及为"走出去"企业提供优质数字化服务方面，中国联通与全球 300 多家运营商、500 多家移动运营商、130 多家 ICT 企业、12 家主流云商分别建立了生态合作伙伴体系、国际漫游合作伙伴体系、行业解决方案伙伴体系、云计算服务伙伴体系，打造"一带一路"国际快线产品，实现互利共赢。

（三）贸易畅通拓宽了合作通道

中国与合作国家间就坚持 WTO 自由贸易精神、开放市场和促进贸易便利化等开展制度政策协调，缓解或消除了贸易障碍。2015 年 12 月印发的《国务院关于加快实施自由贸易区战略的若干意见》、2017 年 5 月发布的《推进"一带一路"贸易畅通合作倡议》等文件积极推动了多边和双边贸易合作、次区域合作、经济走廊、产业园区、博览会、政策对接等多元合作机制的建立。截

---

① 《中欧班列累计开行突破 4 万列》，新华社，2021 年 6 月 20 日，http://www.gov.cn/xinwen/2021-06/20/content_5619689.htm。

② China's Post-pandemic Digital Silk Road[EB/OL].HKTDC,2021-08-05. https://research.hktdc.com/en/article/ODEzOT-kyNjg5。

至 2021 年 9 月,中国已经与 171 个国家和多个国际组织签署 205 份共建"一带一路"合作文件,与沿线 12 个国家建立了贸易畅通工作组,与 13 个沿线国家签署了 7 个自贸协定,与 20 个沿线国家签订了 AEO(经认证的经营者)互认安排,与沿线 10 多个国家签署了第三方市场合作文件,与沿线 17 个国家建立了双边电子商务合作机制,开通了 7 条边境口岸农产品绿色通道。这些制度与政策安排提高了中国与沿线国家的贸易便利化水平。2013—2021 年 9 月,中国与"一带一路"沿线国家货物贸易额累计达 10.4 万亿美元①。跨境"丝路电商"新业态和新模式也得到快速发展,缓解了新冠疫情对传统贸易的冲击。2020 年中国与沿线国家的跨境电商交易额同比增速超过 20%。2013—2022 年,中国与"一带一路"沿线国家货物贸易额从 1.04 万亿美元增至 2.07 万亿美元,年均增长 8%。2023 年 1—4 月,中国进出口总额达 13.32 万亿元人民币,同比增长 5.8%,其中对"一带一路"沿线国家合计进出口 4.61 万亿元,同比增长 16%。贸易畅通有力地推动了区域乃至全球的开放包容发展,并对激发全球遵循 WTO 规则产生极大的促进作用。

(四)资金融通缓解了互联互通融资难题

"一带一路"倡议通过多种模式向各类联通项目注入资金。几年来,中国采取了一系列有效举措保障"一带一路"五通建设的资金供给。例如:投资 400 亿美元成立了"丝路基金";出资近 300 亿美元发起成立亚洲基础设施投资银行;推动金砖国家新开发银行等金融平台为"一带一路"国家合作提供政策性融资;提供专项性投资安排;扩大沿线国家双边本币互换、结算的范围和规模;支持沿线国家在中国境内发行人民币债券;允许符合条件的中国境内金融机构和企业在境外发行人民币债券和外币债券,并在沿线国家使用所筹资金;倡导成立亚洲金融合作协会"一带一路"金融合作委员会,与 40 多个国家

---

① 《已同中国签订共建"一带一路"合作文件的国家一览》,中国"一带一路"网,2021 年 12 月 1 日,https://www.yidaiyilu.gov.cn/xwzx/roll/77298.htm。

建立了投资合作工作组。尤其是鼓励中国企业对外直接投资及开展与国际金融组织、第三方机构和跨国公司多种模式的合作,开发对沿线国家各类共建项目的融资支持,鼓励支持高新产业和绿色产业发展等。自2013年以来,中国政府陆续发布了《对外投资合作环境保护指南》《关于构建绿色金融体系的指导意见》《关于推进绿色"一带一路"建设的指导意见》《企业境外投资管理办法》《关于开展银行业存款类金融机构绿色信贷业绩评价的通知》《关于建设绿色"一带一路"的谅解备忘录》《绿色投资指导原则》等"绿色"政策文件,成立"一带一路"绿色发展国际联盟,启动"一带一路"生态环保大数据服务平台。同时,发行"债券通"绿色金融债券、"一带一路"银行间常态化合作机制绿色债券等。中国承诺不再投资境外煤电项目。截至2020年年底,中国共参与2000多个非金融类项目,中国金融机构为"一带一路"建设提供的资金超过4400亿美元,"一带一路"债券募集资金316.5亿元。2022年,中国企业对"一带一路"沿线国家的非金融类直接投资为209.7亿美元,同比增长3.3%,占同期总额的17.9%;在沿线国家承包工程完成营业额849.4亿美元,新签合同额1296.2亿美元,分别占中国对外承包工程完成营业额的54.8%和新签合同额的51.2%。2023年1—4月,中国企业对"一带一路"沿线国家的非金融类直接投资为516.3亿元人民币,同比增长17.3%(折合75.3亿美元,同比增长9%)。这不仅缓解了"一带一路"建设在设施联通,特别是基础设施建设、产业振兴和挖掘经济增长潜力方面的资金压力,还缓解了产业绿色转型的资金压力。例如,截至2021年9月,中国企业对中东欧地区的绿色能源投资达40亿欧元,有力增强了沿线国家及国际社会对中国倡导的"绿色丝绸之路"的认同感,并显示出中国应对气候变化问题的大国责任担当①。

①《联合国秘书长古特雷斯:"一带一路"倡议可以帮助缩小实现可持续发展目标的巨大资金缺口》,联合国经济和社会事务部,2019年4月26日,https://www.un.org/development/desa/zh/news/sustainable/china-belt-and-road-forum.html。

（五）人心相通夯实了和平安全发展的基础

中国在大力促进"一带一路"倡议下的基础设施等硬联通的同时,也积极推动"一带一路"人文交流合作,鼓励企业严格履行社会责任、加强与东道国政府及民众的友好沟通和交流、打造样板工程与精品项目,以努力增强东道国政府和民众参与合作的获得感和满足感,增强民众对"一带一路"倡议的认同和支持。例如,中国商务部陆续发布《关于加强对外投资合作在外人员分类管理工作的通知》《民营企业海外投资经营行为规范》《中国对外承包工程行业社区沟通手册》《中国国际承包商社会责任指南》等政策文件,要求"走出去"企业采用国际社会责任标准(SA8000)和经合组织(OECD)多国企业指导纲领,并与联合国《2030可持续发展议程》精准对接,遵循联合国和国际劳工组织包容性发展规则,实行产品和服务本地化采购,促进企业本土化运营和吸纳本地员工就业,在更高水平上推进包容性增长。近年来,中国在"一带一路"框架内打造的文化、艺术、旅游等人文交流合作项目和平台不断增多,每年安排上万名沿线国家学生来华留学,在沿线国家设立了大批孔子学院和孔子课堂,举办了大批专业培训班。截至2018年年底,中国与29个"一带一路"沿线国家实现了公民免签或落地签。中国与哈萨克斯坦、吉尔吉斯斯坦联合申报的"丝绸之路:起始段和天山廊道的路网"项目成功申遗。中国向沿线国家提供了大量抗疫医护产品、资金、技术设备,派出医疗专家现场交流经验,提供了7.75亿剂疫苗和原液以及进行联合疫苗生产等,提高了疫苗在"一带一路"沿线国家的可行性和可负担性。通过人心相通,中国向世界传递了"健康丝绸之路"建设与和平、发展、公平、正义等全人类的共同价值观,以及作为构建人类命运共同体重要实践平台的信号。

五、建设迈向人类命运共同体的
高质量互联互通之路

过去八年来，共建"一带一路"在促进互联互通方面取得了显著成效并成为日益重要的国际公共产品和国际合作平台，但整体联通质量及效能还不够凸显。来自美国的"建设更美好世界"（B3W）计划、欧盟的"全球门户"倡议等挑战日益严峻。随着沿线国家对未来分享"一带一路"倡议下互联互通效益期望值的提高，迫切需要进一步提高"一带一路"框架内的互联互通质量标准、效益分享及可持续性，为促进区域及全球发展共同体作出更大贡献。

（一）增强互联互通目标的对接性及引领性

为了进一步提高"一带一路"倡议下的联通网络化、便捷化、可持续化和可及化水平，未来在"一带一路"五通项目建设中，我们需要与合作国家和国际组织等就区域性、跨区域性联通网络的长期规划进行充分的沟通、对接，与合作国家以及合作区域的经济社会发展战略规划衔接，对多方合作主体、多种联通方式、多元发展规划之间的长期性、整体性、综合性、网络化进行权衡考量，提高"一带一路"倡议下互联互通建设的前瞻性、网络性、科学性、合理性、引领性水平。相应地，还需要加强与合作国家和区域在制度、政策等方面的有机协商整合，建立常态化的双边会晤和多边协商机制，在基建规格、技术标准、口岸管理、运输标准、管理规范等方面制定具有国际性、科学性和可行性的标准规范。因地制宜地建立设施联通差异化对接模式，发挥高质量互联互通对"一带一路"建设的最大驱动作用。加强"数字丝绸之路"基础建设，打造增长新引擎。

（二）提高互联互通质量标准

面对互联互通建设日益激烈的国际竞争，特别是美欧日澳等对"一带一路"倡议下的基础设施建设标准、质量、效益和招标建设过程中透明度、规范性等提出疑问和批评,提高"一带一路"框架内互联互通的网络标准、质量、效能、普惠性和可持续性,保证建设过程的科学性、合规性和透明性等迫在眉睫。未来,在推进"一带一路"倡议下的互联互通网络建设方面,应尽力达到各方提出的技术、规范、质量与效能等标准目标,包括项目设计的高标准与可靠性、建设过程的规范性与透明性,合作国家联通网络的完善性和便捷性,以及对合作国家和区域经济社会发展的积极作用和预期效益,居民普遍可及性和持续性等。力求提高合规管理水平,与合作伙伴共同科学规划设计、合力建设、运营管理好所有互联互通设施项目,对项目从规划、设计、建设到运行、管理、考核等全过程实行高标准监控,共同努力,打造具有国际一流水准和国际竞争力的互联互通样板工程。

(三)增强互联互通可持续性

互联互通的稳定可持续性要求联通项目网络建设有稳定持续的投入保障、持续可靠的运行质量、共同协调的合规管理、债务可控和稳定合理的投入回报及客观的经济社会收益等。稳定性及可持续性是"一带一路"框架内高质量互联互通建构的基本要求,也是提高其国际竞争力的重要基础。首先,需要做好重大联通项目的可行性规划。对重大项目做好科学设计,对质量标准、建设过程、运行管理等进行统筹考量,从源头上保证互联互通建设具有坚实的可持续性基础。其次,要建立稳定可持续的投入保障。合作各方要建立可靠的投融资机制,保证资金等要素的稳定可持续投入,避免资金链断裂、投资回收超预期、债务负担过重等导致的项目停工、延期或者中断,甚至被取消或者破产等情况的出现。再次,努力推进相关合作机制与政策保障配套。遵循联合国全球契约组织(UNGC)2020 年 6 月发起的"可持续基础设施建设助力'一带一路',加速实现联合国可持续发展目标"、第二届"一带一路"国际高峰论坛期间各方联合发布的《"一带一路"融资指导原则》及《"一带一路"债务可持续性分析框架》等文件的要求，遵守合作国家有关可持续发展的相关法律制度和政策规定，有效解决互联互通建设中金融、汇率、海关、劳动保障、环保等方面出现的问题，提高其合规管理水平，保证各类项目的稳定持续推进。

（四）促进互联互通普惠性

共商共建共享是共建"一带一路"的基本原则。互联互通成果的收益分享水平是检验"一带一路"倡议共享性的标志。惠民生意味着联通建设要惠及各参与者和相关方，更意味着要立足为沿线各国和地区人民服务，让大众对建设成果有真切实在的获得感、满足感。尽管各个国家在互联互通中的收益会有所不同，但国家之间只要能够充分合作协调，必将实现多方共赢①。要在合作项目规划和投资中更加聚焦民生工程，落实惠民生要求，应能提高当地就业水平、提高劳动者收入水平、降低贫困、增加政府税收、改善医疗卫生设施、坚持绿色发展，给劳动者提供教育培训机会及社会保障等。改善民生福祉，提升共建国家民众的平等主动参与感、获得感、幸福感、满意度。此外，还应注重公共设施建设运行后亲近民众、质量优良、服务便捷、价格可及与可持续利用。

（五）完善互联互通机制

机制化建设有助于整合沿线国家现有的发展计划，激励更广泛的相关方参与，从而建立新的伙伴关系，推进可持续发展。制度化、规则化、机制化建设有助于提高"一带一路"联通建设的政策沟通制度化水平。顺应经济全球化趋势，推动高水平制度型开放（推进高水平对外开放的出发点和落脚点），共建"一带一路"恰恰是实现更高水平对外开放的重要契机、平台和抓手。党的二十大报告强调，要稳步扩大规则、规制、管理、标准等制度型开放，意味着未来在推进高质量共建"一带一路"中更加重视服务贸易合作，制度规则对接、

---

① 《国内外60位专家献计推动共建"一带一路"高质量发展》，东方网，2019年9月11日，http://news.eastday.com/eastday/13news/auto/news/society/20190911/u7ai8809081.html。

坚持"走出去"和"引进来"并重,扩大外资市场准入;要通过自贸试验区开展高标准国际经贸规则实践,努力在一些行业率先尝试对接国际贸易规则,打造制度创新和开放窗口;要突出企业主体地位,通过制度型开放扩大对全球多边规则框架的影响力。

中国应与合作国家以及联合国等国际组织和机构共同推进互联互通的规则制度建设,创设符合国情和国际规范的基础设施建设、环境保护、绿色能源、技术流程、数字经济、人工智能、技能培训、公共卫生以及人文交流等方面的规则制度与标准规范,形成适合共建"一带一路"互联互通的国际合作新制度、新规则,为改善全球治理和推动国际新秩序建构提供新的公共产品。例如:探索"一带一路"基础设施 PPP 模式及规则;"一带一路"基金项目开放竞标规则;建立"绿色信贷指标体系";探索设立金融产品创新机制;推进政策沟通与制度协调的规则机制化安排;创新金融开放、货币互换和本币结算、投资便利化制度建设、技术标准规范相互认证、海关相互认证制度建设等。应提高"一带一路"框架内"软联通"制度规则的国际标准。建议完善和深化以"一带一路"国际高峰论坛为引领,以中国—联合国共建"一带一路"对话机制、"一带一路"倡议与欧亚经济联盟对接机制等为支撑,以中欧班列、港口、海关、金融、税务、能源、环保、文化、智库、媒体等各领域多双边合作为平台的"一带一路"国际合作机制,并发挥其打造互联互通伙伴关系的强大支撑服务功能。

站在"一带一路"倡议付诸实施十周年的历史节点,我们需要客观评估十年来的所作所为、成败得失,冷静分析推进高质量共建"一带一路"走深走实迈向新高度面临的新挑战和新问题,如美欧新近推出的"建设更美好世界"倡议(B3W)、"全球门户"计划(Global Gateway Program)以及印太经济框架(IPEF)等对冲"一带一路"倡议和中国对外合作发展的各类图谋,对"一带一路"倡议造成牵制和竞争压力。又如受美欧负面舆论影响,"一带一路"沿线国家还存在对"一带一路"的误读和质疑。据联合国高级专家大卫·莫里斯(David.Morris)2022 年 4 月 3 日在四川大学国际关系学院演讲所言,迄今为止,受美国、澳大利亚等西方主导的夸大安全风险、负面影响的歪曲叙事影响,沿线国家对共建"一带一路"产生质疑。实地走访显示,即便是作为"一带一路"重要节点的中亚国家也存在大量对中国企业和服务的误解、歧视、忧虑甚至反感。因此,构建对外叙事体系和形象塑造对于中国"一带一路"建设的稳健推进至关重要。

一个国际合作倡议和行动框架是否能够得到支持和参与,能否行稳致远并不断取得成功,足够的国际合法性和广泛认同及共识共情是前提条件和基础支撑。为此,需要发挥政府、媒体、智库、学界和实业界的协同之力,依照国际传播规律,增强媒体话语传播力建设,讲好"一带一路"故事,营造更加和谐的高质量共建"一带一路"国际舆论氛围,推动实现更加积极的"一带一路"国际叙事风格的转变,增进国际社会对"一带一路"的共情认同、支持和参与度,为把"一带一路"建成和平之路、繁荣之路、开放之路、创新之路、文明之路助力。

展望未来,在中国与合作国家和国际组织的共同努力之下,"一带一路"建设将克服各种阻力和障碍,不断走深走实。作为全球发展与全球治理的国际公共产品,其国际影响力和竞争力将不断提高,必将为推动周边命运共同体以及人类命运共同体建设作出日益显著的贡献。

综上所述,我们得出如下结论:第一,互联互通是人类认知、交流与合作的桥梁。在一个错综复杂、充满变数的人类世界中,封闭、隔阂是导致误解、分歧、矛盾和冲突的根源之一。建构互联互通伙伴关系、形成高质量互联互通网络能够推动人类的合作共识与行动。第二,"一带一路"倡议是建设区域乃至全球互联互通的重要平台。共建"一带一路"的宗旨不仅在于与合作国家建设基于五通的全面互联互通伙伴关系,更在于实现优势互补、互利共赢和区域命运共同体建设,进而促进人类命运共同体理念的实践。第三,"一带一路"倡议对区域和全球联通的健全完善及其积极作用日益凸显。自"一带一路"倡议提出以来,中国与各合作方的实践正在"织牢织密"软硬联通网络,并给合作国家乃至全球复苏、繁荣、和谐发展带来越来越多的正能量。第四,"一带一路"倡议下的高质量全球互联互通将为人类命运共同体理念的实践提供强大动能。面对美欧提出的"建设更美好世界"倡议和"全球门户"计划等的挑战,中国需要与合作国家共同提高互联互通建设的标准质量、提高红利分享的普惠程度、促进可持续性及制度规则的创新,以打造更高质量和更具竞争力的互联互通,进一步推动人类命运共同体的建设。

"一带一路"数字合作①

伴随着人工智能、5G 技术、云计算等发展,推进数字化转型已成为国际社会发展的一大趋势。"一带一路"倡议因时因势不断拓展合作范围,提出了绿色、健康、数字丝绸之路。其中数字丝绸之路提倡中国与"一带一路"沿线各国加强数字合作,共同推动经济发展与社会治理。本文重点关注中国与"一带一路"沿线国家数字合作的动因、进展、挑战以及进一步推动合作可采取的路径。

一、"一带一路"数字合作的动因

数字化给世界带来了巨大的变化,推动了经济发展、国家治理以及社会进步等方面变革。各国需要充分应用数字化带来的机遇,同时也要直面其挑战。习近平指出,数字经济"正在成为重组全球要素资源、重塑全球经济结构、改变全球竞争格局的关键力量"。② 只有推动数字合作才能做到趋利避害,充分享受数字化带来的红利。"一带一路"数字合作是全球性与地区性等多因素组合下推动展开的。

① 作者:韦进深,兰州大学政治与国际关系学院副教授。
② 《习近平在中共中央政治局第三十四次集体学习时强调 把握数字经济发展趋势和规律 推动我国数字经济健康发展》,2021 年 10 月 19 日,http://www.qstheory.cn/yaowen/2021-10/19/c_1127974061.htm。

（一）新一轮科技革命，使数字化转型成为大势所趋

以互联网、区块链、云计算、大数据平台、人工智能为表现的第四次科技革命，深刻改变了人们获取知识、创造知识以及使用知识的方式，对社会生活的多个方面产生了颠覆性影响。施瓦布在《第四次工业革命》中提到"第四次工业革命的核心技术以多种方式相互关联，他们拓展数字能力，不断扩展、发展演进并融入我们的生活"。[1] 数据的收集、储存与应用离不开互联网技术的更新与发展，换句话说，人类生活数字化程度在不断提升。从第三次工业革命以计算机为核心，到当前表现为量子计算等，数据处理能力实现了指数级提升。国家间竞争日益演变成以自主创新能力与人才争夺为表现的高科技竞争。发达国家与发展中国家都意识到了发展数字化的必要性，纷纷制定本国发展数字经济与数字化转型的战略。数字化转型成为一种趋势，顺应这种趋势的国家，能够在该过程中实现本国的发展与进步，反之则会倒退。从另一个角度来看，当前技术变革与迭代速度加快，这给一些发展中国家带来巨大的难题。正如有学者提出的，"跟不上全球技术步伐的国家常常一落千丈，甚至无法维持其生活水平"。[2] 技术进步打造了全球网络，形成了"地球村"，在空间距离对行为体交往的阻碍被大大缩小，为经济全球化的进一步发展以及产业链、供应链深度融合创造了良好条件。

（二）数字化成为经济发展的新引擎，为各国实现经济发展与社会治理提供新动能

经济全球化表现为世界市场的形成与国际分工的日益精细化。在当前国际社会中，虽然不乏反全球化和逆全球化的声音，但是各国之间利益已经紧密

---

① ［德］克劳德·施瓦布：《第四次工业革命：转型的力量》，李菁译，中信出版社 2016 年版，引言。

② 冯宋彻：《科技革命与世界格局》，北京广播学院出版社 2003 年版，第 116 页。

联系在一起了。从贸易额来看,联合国贸发会公布2021年全球贸易额达32万亿美元,其中服务贸易额为6.1万亿美元。以跨境电商以及数字产业为代表的数字经济已经成为国家发展的重要组成部分。动漫、电视剧、电影等影视作品的制作、宣传、播放,以及与之配套的产业如影院、轻工制造等形成了全产业链。这带动了技术进步、知识创新、经济发展等。据统计,2021年中国信息通信研究院(简称"信通院")测算的47个国家数字经济增加值规模为38.1万亿美元,占GDP比重的45.0%。① 数字经济对于经济发展的稳定性和促进作用更加凸显。进而来看,以产业数字化和数字产业化为代表的两个方面,在促进整体经济进步方面不可替代。而建设电子政务和智慧城市等,可以促进国家更好履行提升人民生活水平和质量以及推动社会治理等职能。② 对于欠发达地区而言,推进数字化建设有重大利好,既可以加快与世界经济接轨的进程,也可以提升国内治理水平,如反恐、打击犯罪、增加民众获得感等。各国在应对这一趋势时,提出了各自的战略规划,如德国提出"工业4.0"概念、中国提出"中国智造2025"等。"一带一路"沿线国家中亚、东南亚、拉美、非洲等地多国发布本国发展数字化以及数字化转型的战略,这为中国与其开展数字合作提供了良好的基础。

(三)服务中国国内发展战略,进一步扩大对外开放

中国对数字化建设高度重视,国内在电子商务、数字政府以及智慧城市、云计算、区块链、生物科技等方面取得了多项进展。从总体规划上来看,推动构建新发展格局,实现国内国际双循环,离不开数字经济。习近平指出,发展数字经济是把握新一轮科技革命和产业变革新机遇的战略选择,对于构建新发展格局、建设现代化经济体系与构筑国家发展竞争新优势至关

① 中国信息通信研究院:《全球数字经济白皮书(2022)》,第8—15页。
② 樊鹏:《第四次工业革命带给世界的深刻变革》,《经济评论》2021年4月7日,http://jer.whu.edu.cn/jjgc/11/2021-04-07/5041.html。

重要。① 在政策方面,中国政府出台了《"十四五"数字经济发展规划》,内容涵盖公共服务数字化、产业数字化等多个方面。在具体实践上,根据《2022中国数字经济发展研究报告》,中国数字经济规模达50.2万亿元,占到GDP的41.5%,数据价值化、数字产业化、产业数字化以及数字化治理组成了数字经济的四个框架。中国国内发展数字经济的经验通过"一带一路"倡议可为其他国家推进数字化转型提供借鉴,"与世界人民共享数字经济发展红利"。②

(四)推动"一带一路"倡议从写意画向工笔画转变

"一带一路"倡议提出十周年以来,相继提出了绿色"一带一路"、健康"一带一路"、数字"一带一路"等,涵盖到教育、卫生、能源、投资、基础设施建设、网络、贸易等各个领域。在拓展领域的同时,也在将各项事业做细、做好。中国与其他国家共同提出了《携手构建网络空间命运共同体行动倡议》《"一带一路"数字经济国际合作倡议》《金砖国家数字经济伙伴关系框架》《金砖国家制造业数字化转型合作倡议》等。在罗马峰会上,习近平宣布中国将申请加入《数字经济伙伴关系协定》。"一带一路"倡议已经从顶层战略谋划的"写意画",转化为既加强宏观经济合作,又能将具体合作项目推行促进沿线国家经济社会发展的"工笔画"。数字合作为多个领域发展提供了技术支持与新动力,推动"一带一路"倡议走向深入。

---

① 《习近平在中共中央政治局第三十四次集体学习时强调 把握数字经济发展趋势和规律 推动我国数字经济健康发展》,2021年10月19日,http://www.qstheory.cn/yaowen/2021-10/19/c_1127974061.htm。

② 何立峰:《国务院关于数字经济发展情况的报告——2022年10月28日在第十三届全国人民代表大会常务委员会第三十七次会议上》,2022年11月14日,http://www.npc.gov.cn/npc/c30834/202211/dd847f6232c94c73a8b59526d61b4728.shtml。

二、"一带一路"数字合作的进展

中国与"一带一路"沿线国家数字合作在近几年取得了较好成效。货物贸易、服务贸易、数据建设、智能化等方面合作不断提质增效。在不同区域，合作也在有序展开。东南亚、非洲、拉美、中亚、中东等地区数字经济建设逐渐起步。中国在这一时期适时提出"数字丝绸之路"理念，作为"一带一路"倡议的重要组成部分，"通过数据连通促进丝路沿线信息、贸易、经济合作，通过数字技术为丝绸之路经济带高质量发展提供支撑"[①]。到 2022 年，中国已与 17 个国家签署"数字丝绸之路"合作谅解备忘录，与 23 个国家建立"丝路电商"双边合作机制，与周边国家累计建设 34 条跨境陆缆和多条国际海缆。在具体合作进展上，体现在以下四个方面。

（一）基本实现"数字丝绸之路"与各国国内数字发展战略对接

受到全球数字化转型趋势影响，各国纷纷制定了相应战略。在东南亚地区，依托中国与东盟伙伴关系的建立，双边数字合作不断推进。东盟与其成员国相继颁布了数字化战略。东盟在 2020 年出台了《东盟信息通信技术总体规划 2020》，2021 年东盟数字部长会议启动了《东盟数字总体规划 2025》，旨在推动实现《东盟数字一体化框架》[②]。在成员国方面，新加坡的数字化进程较为迅速。新加坡采取了一些措施进行数字化，包括建立风险评估与扫描系统、启动"虚拟新加坡"项目、成立未来经济署、数字产业发展司、发放数字银行牌照等。在 2022 年 6 月世界贸易组织部长会上，中国与新加坡签署了《关于加强数字经济合作的谅解备忘录》，提出加强投资和数字贸易方面合作，推动数

---

① 任保平：《新发展格局下"数字丝绸之路"推动高水平对外开放的框架与路径》，《陕西师范大学学报》（哲学社会科学版）2022 年第 6 期。

② 《从〈东盟数字总体规划 2025〉说开去》，《人民邮电报》2021 年 4 月 1 日。

字化服务,以及建立可信安全的数字环境。缅甸成立了数字经济发展委员会以及颁布《电子通信法》和《电子通信法修正案》。中缅之间通过澜沧江—湄公河合作,建立了澜—湄数字经济合作计划,推进双边在数字经济方面的合作。越南、泰国、印度尼西亚、马来西亚、老挝、柬埔寨等国也出台了数字化战略,如 2021 年越南出台了《到 2030 年第四次工业革命国家战略》,提出"国家数字化转型计划"①;印尼出台了"2021—2024 年数字印尼路线图"②。总体来看,中国与东南亚国家在地区层面以东盟为依托形成了相互的数字合作,在双边层面或是依托澜—湄合作机制或是签订双边发展数字合作的协定。

在中亚与中东欧地区,由于缺乏统一的地区性国际组织,中国在该地区推行的数字合作主要通过双边的方式。2017 年哈萨克斯坦通过了"数字哈萨克斯坦"国家方案。次年,中哈之间签署了《中华人民共和国国家发展和改革委员会与哈萨克斯坦信息和通信部关于加强数字经济合作的谅解备忘录》,其中提出双方在智慧城市、电子政务、大数据等领域开展合作。在中亚地区,哈萨克斯坦数字经济发展最快,表现最为积极,乌兹别克斯坦与吉尔吉斯斯坦次之,土库曼斯坦和塔吉克斯坦则表现较差③。在中东欧地区,根据中国—中东欧国家全球伙伴中心发布的《中国—中东欧国家数字经济合作的现状与前景》,提出在中东欧地区爱沙尼亚数字化程度最高。中国与中东欧国家在地区层面建立了中国—中东欧区块链卓越中心以及中国—中东欧国家数字经济发展会议。④ 双边层面,中国与西巴尔干国家以及匈牙利存在紧密的合作,如中国与塞尔维亚签署了《关于加强信息互联互通的信息丝绸之路建设的谅解

---

① 赵卫华:《越南数字强国战略值得关注》,2021 年 2 月 25 日,http://views.ce.cn/view/ent/202102/25/t20210225_36336783. shtml。

② 《印尼通信部长阐述数字印尼路线图重点事项》,2022 年 3 月 23 日,http://id.mofcom.gov.cn/article/sxtz/202203/20220303297657. shtml。

③ 王海燕:《中国与中亚国家共建数字丝绸之路:基础、挑战与路径》,《国际问题研究》2020 年第 2 期。

④ 中国国际问题研究院(中国)、外交事务与贸易研究所-IFAT(匈牙利):《中国—中东欧国家数字经济合作的现状与前景》,2022 年 12 月。

备忘录》、中匈在智慧城市建设以及智能制造领域达成了战略合作。

在中东与非洲地区,数字合作与非洲联盟以及阿拉伯国家数字化转型形成了较好的需求匹配。非盟制定了《2063 议程》,其中包括加强政治和经济一体化,促进跨境合作和贸易;提高教育水平,包括普及初等义务教育和技能培训;推进科技化和创新,提升非洲的科技水平和数字化程度等内容。中国与埃及等国家共同发起了《"一带一路"数字经济国际合作倡议》。通过中非合作论坛,中国与非洲之间的交流更加密切,在数字合作领域形成了更多的成果,如在《中非合作论坛——北京行动计划(2019—2021 年)》中提到,中国支持非洲国家建设"智慧城市"、维护信息安全,鼓励企业在信息通信基础设施、互联网和数字经济等领域开展合作①。在中东地区,中阿合作论坛发挥了重要作用。2018 年,中阿之间签署了《中国—阿拉伯国家卫星导航领域合作行动计划(2022—2023)》意向书。阿里、腾讯等企业在中东地区设立数据中心,为中国与阿拉伯国家共建"数字丝绸之路"提供了坚实的基础。②

在拉美国家确立本国数字化发展的基础上,中拉"一带一路"数字合作有条不紊地推进。2018 年在中国—拉美和加勒比国家共同体论坛(简称"中拉论坛")上通过了《关于"一带一路"倡议的特别声明》,拉美地区也纳入"一带一路"倡议的范围,由此中拉之间数字合作得到进一步推动。不过总体来看,中国与拉美国家之间的数字化合作仍处于起步阶段。③

(二)在数字基础设施建设方面,提升了中国与沿线国家互联互通水平

数字化转型需要以相应技术为载体。当前无线通信技术取得长足进步,

---

① 《中非合作论坛—北京行动计划(2019—2021 年)》,2018 年 9 月 5 日,http://www.focac. org.cn/zywx/zywj/201809/t20180905_7875851.htm。

② 刘磊:《阿拉伯国家数字经济发展现状与中阿数字经济合作机遇》,《阿拉伯世界研究》2023 年第 2 期。

③ 楼项飞:《中拉共建"数字丝绸之路":挑战和路径选择》,《国际问题研究》2019 年第 2 期。

然而数字基础设施建设仍然是多国发展数字化的短板。由此导致的联网费用过高以及数据可及性低等问题进一步制约数字贸易以及电子政务方面建设。在"数字丝绸之路"提出近六年来,中国在促进与其他国家"硬联通"以及他国内部数字基础设施建设等方面取得了多方面成就,确立一批项目。"一带一路"以传统基础设施建设为重点合作方向,在新形势下,数字基础设施建设成为投资合作新的关注点。根据日本经济新闻报道,中国在海外的投资中,传统大型基础设施项目减少,生物、数字等尖端领域的投资快速增加。其中主要包括跨境电缆、海缆建设与数字基站建设两个方面。

在跨境电缆方面,中国与周边国家累计建设 34 条跨境陆缆和多条国际海缆。① 2021 年,跨越巴基斯坦、非洲之角最终到达法国马赛,一条全长 12000 公里的海底光缆建成。这条光缆由中国企业主导建设,具有强大的信息传输功能。通过它能够为中国同非洲、亚洲、欧洲的国家建立更加高效便捷的联系。"中巴光缆"项目是连接中国与巴基斯坦的首条跨境直达陆地光缆。除了与巴基斯坦的跨境陆缆之外,中国同中亚、南亚、东南亚、东北亚多国建设了陆缆通道。在海缆方面,从中国出发的海底光缆可以直达北美、亚洲内部、欧洲和非洲等地。② 一方面建设中国与对象国之间的联通项目,另一方面对外进行投资支持他国建设光缆项目也是中国推进互联互通的重要方式。中国进出口银行为巴布亚新几内亚国家海底光缆网络项目提供融资支持。该项目联通了莫尔兹比港、马当以及莱城等主要城市,并与印尼形成了新国际端口。③一些国家国内光缆项目或由中国企业承建或参与建设,如中国通信服务国际

---

① 林子涵:《中国"数字丝绸之路"创造新机遇》,《人民日报》(海外版),2022 年 10 月 10 日。

② 中国信息通信研究院:《中国国际光缆互联互通白皮书(2018)》,第 8—12 页。

③ 《巴布亚新几内亚国家海底光缆网络项目提前完工》,2020 年 8 月 19 日,https://www.yidaiyilu.gov.cn/xwzx/hwxw/143665.htm。

有限公司承建了位于尼泊尔加德满都的中部光缆骨干网项目。[1]

中国在 5G 领域的技术水平处于世界前列。5G 信号输送需要建立基站,因而中国通过进行海外基站建设,推动在数字基础设施领域的合作,促进"一带一路"沿线国家的数字化程度和转型。中国华为与中兴在全球多地有广泛的 5G 基站建设项目。如在东南亚,华为与柬埔寨电信运营商 Smart Axiata 进行 5G 合作。在中东欧地区,塞尔维亚 Telekom Srbija 和华为启动了 ALL-IP 转型项目、与挪威电信在贝尔格莱德科技园设立了首个 5G 基站。[2] 在中东地区,华为成为卡塔尔首批外商独资技术企业之一,推动了当地 5G 技术发展。华为与沙特主要电信运营商扎因公司签署合作协议,助力该公司打造中东北非地区首个 5G LAN 项目。在拉美地区,华为、中兴等中国企业在通信设备制造和通信信息服务方面的比重不断提高。中国北斗卫星综合定位服务系统也向外建立基站,如在老挝建立了赛色塔基站[3]。

(三)在数字贸易合作方面,中国与沿线国家之间以电子商务为主的数字贸易持续升温,数字产业化与产业数字化不断取得进展

电子商务的兴起,为国家间贸易、结算提供了便利。中国与沿线国家在电子商务上,以实际成效和签订相关电子商务合作协议来推动双边数字贸易。

从双边数字贸易额来看,跨境电商交易数额巨大,涉及种类繁多。根据商务部发布的消息,2021 年中国跨境电商出口额达 1.44 万亿元,2022 年跨境电商进出口额为 2.11 万亿元,出口 1.55 万亿元。[4] 仅宁波跨境电商与中欧国

① 周盛平:《中企参与建设尼泊尔全境信息高速公路》,2019 年 5 月 23 日,https://www.yidaiyilu.gov.cn/xwzx/hwxw/91556.htm。

② 中国国际问题研究院(中国)、外交事务与贸易研究所-IFAT(匈牙利):《中国—中东欧国家数字经济合作的现状与前景》,2022 年 12 月,第 19 页。

③ 章建华:《北斗卫星定位综合服务系统基站落户老挝》,2016 年 9 月 18 日,https://www.yidaiyilu.gov.cn/wtfz/sslt/243.htm。

④ 《去年中国跨境电商出口增长 11.7%——拓宽"中国制造"出海通道》,《人民日报》(海外版)2023 年 2 月 28 日。

家进口交易额已达 7.2 亿元。① 商品种类涉及日用品、教育、文化、食品等方面。中国企业通过进驻海外互联网电商平台、独立站模式,利用跨境支付系统,使用跨境物流,实现国内商品与国外消费者有效互动。中国互联网电商平台甚至在国外设有仓库,更加快速、便捷地实现商品配送。中国与"一带一路"沿线国家的商品相互进驻对方国家,在淘宝、京东等中国的电商平台也可以看到国外的产品。2021 年 1170 吨阿富汗松子通过"空中走廊"运至上海中国国际进口博览会进行销售。② 在电子商务平台上,部分海外商品通过保税仓以海外直发的方式运抵中国消费者手中,种类多样,包括巴黎化妆品、斯里兰卡红茶、俄罗斯巧克力等。通过跨境电商的数字化贸易,丰富了各国民众的生活多样性,为国家经济发展与企业生存提供新动力。商品流动加快,也带来跨境支付系统、移动支付的运用。中国在移动支付方面的优势地位,进一步推动数字贸易便利化。

中国与多国签署或达成了电子商务合作的协议与意向。首先,中国政府在国内设立多个电子商务示范基地,通过这种方式形成优势聚合,带动中小微企业的发展以及传统企业的数字化转型。截至 2022 年,商务部共给予 141 个电子商务园区"国家电子商务示范基地"的名号。③ 其中各省市结合自身情况,打造具有特色的跨境电子商务,如广西着重关注中国—东盟跨境电子商务基地,西安成立跨境电子商务联盟等。其次,各个国家和地区的电子商务发展迅速。中东地区电子商务市场规模 2021 年约为 317 亿美元。中东欧保加利亚有 44% 的互联网用户进行网上购物。最后,中国与"一带一路"沿线国家达成了多项协议。2021 年中国与中东欧成立了中国—中东欧国家电子商务合

---

① 中国国际问题研究院(中国)、外交事务与贸易研究所-IFAT(匈牙利):《中国—中东欧国家数字经济合作的现状与前景》,2022 年 12 月,第 18 页。

② 《阿富汗松子运抵上海,赵立坚现场"带货"》,2021 年 12 月 20 日,http://henan.china.com.cn/news/2021-12/20/content_41828806.htm。

③ 《商务部增补 14 家国家电子商务示范基地》,《人民日报》2022 年 9 月 21 日。

作对话机制。中国与泰国、老挝、乌兹别克斯坦、意大利、柬埔寨、巴基斯坦等多国达成了《关于电子商务合作的谅解备忘录》。中国已经与23个国家建立了"丝路电商"双边合作机制。中国企业深度参与到"一带一路"沿线国家的日常生活中,正如保加利亚电子商务协会会长珍妮·奈伊戴诺娃所言,"在保加利亚,许多网上商店出售的大部分商品进口自中国。不仅如此,保加利亚有很多消费者直接从中国知名电商平台如希音(SHEIN)和全球速卖通(AliExpress)上购买商品"①。

(四)在电子政务与数据治理方面,ICT 技术、智慧城市建设以及人工智能应用等逐渐起步

数字基础设施建设为数字化转型提供了基本条件,更为重要的是能够让更多的群体低成本、高效地接入互联网。当电子通信、网络平台成为民众生活中不可或缺的部分时,其背后依托的是电子信息收集、储存、分发等和专门信息数据中心的建立。中心的作用既可以是推动国家治理,即以电子政务的形式便捷民众生活、提高治理效能,也可以进行科技研发与提高国家创新能力。中国在海外同多个国家达成了数字建设协议,与他国共建智慧城市、数据港等。中国互联网企业如华为、中兴、阿里等在全球多国设立研发中心和信息中心。

在东南亚地区,中国与地区国家共建多个智能化数据技术中心。中国—东盟信息港建设是体现中国与东盟在数字化合作方面的重要成果。该港以深化网络互联、信息互通、合作互利为基本内容,形成区域性国际大数据资源应用服务枢纽。② 除此之外,中国与地区国家也形成了多个合作项目,如新加坡的"新国大人工智能技术创新及育成管理中心"③、华为获得印度尼西亚电信

---

① 蔡淳:《保加利亚电子商务发展迅猛》,《经济日报》2023 年 2 月 8 日。
② 中国—东盟信息港,http://dmxxg.gxzf.gov.cn/gyxxg/。
③ 陈敏冲、杜奇华:《共建"数字丝绸之路"背景下中国—东盟数字经济合作研究》,《广西社会科学》2022 年第 11 期。

运营商 Indosat Ooredoo 的 5G 设备订单,为印尼工业发展和智慧城市建设提供支持。腾讯云在印尼和新加坡陆续有数字中心开服。

在中东地区,中国为中东地区数字化转型提供了良好的技术条件。阿里云深耕中东市场,在迪拜建设了网络中心,同时与 Trading 合作在中东北非地区开展跨境贸易以展开数字经济。① 如今,阿里云已成为沙特前三大云计算厂商,为中东地区数字化转型赋能。腾讯云通过与巴林签署谅解合作备忘录,巴林设立在中东北非区域的首个云计算数据中心,已于 2021 年开业。② 物流平台的建设也是重要组成部分,菜鸟裹裹已经在西亚北非等地建立了快捷物流系统。

在中东欧地区,塞尔维亚、波黑等国与中国达成了在智慧城市建设等方面的成果。华为在塞尔维亚参与了多个智慧安全城市计划,与其国家数据中心合作兴建了城市数据中心。在电子政务方面,华为也为塞尔维亚提供了帮助。塞尔维亚同中国企业网龙合作,构建全国智慧教育管理和服务体系。中国企业为波黑的智慧城市和安全城市项目提供支持。同其他国家如匈牙利、爱沙尼亚等,在智慧城市以及电子政务方面同样确立了一些项目。③

在其他地区,中国与肯尼亚共建"移动钱包",为当地人民收款、支付、贷款等活动提供了稳定的技术支持。中国企业网龙在非洲地区以基础教育网络化为抓手,以智慧白板、线上平台教师培训等方式,在疫情期间又推出 Edmodo 在线教育平台,在埃及、加纳、非洲等地为"一带一路"数字合作提供了良好样板。④ 华为是非洲地区仅次于爱立信的通信供应商,其他近千家中国企业近

---

① 《阿里巴巴深耕迪拜》,2017 年 8 月 1 日,https://developer.aliyun.com/article/171672。

② 《腾讯云宣布四大国际云计算数据中心开服,国际化业务发展提速》,2021 年 6 月 3 日,http://www.ce.cn/xwzx/kj/202106/03/t20210603_36615607. shtml。

③ 中国国际问题研究院(中国)、外交事务与贸易研究所-IFAT(匈牙利):《中国—中东欧国家数字经济合作的现状与前景》,2022 年 12 月。

④ 唐溪源:《互联网出海,时不我待——网龙成功响应非洲信息化需求的启示》,《中国投资》2021 年第 9 期。

几年来也加入非洲的金融科技投资中，这些都为中国与非洲国家的数字合作提供了实实在在的成果。

三、"一带一路"数字合作的挑战

中国与"一带一路"沿线国家的数字合作不断升温，在政策互通、数字基础设施建设、数字贸易畅通以及科技合作等方面取得了实际进展，助力了地区数字化转型。但是，沿线国家受制于经济社会发展状况，对于推动与中国进行数字合作迈向更高水平仍然受到制约。

（一）沿线各国数字基础设施状况不佳，制约数字合作的开展

数字基础设施建设是发展数字经济以及电子政务的前提和基础。数字化转型的根本是数据的收集、应用及互联互通。从当前情况来看，各地区之间、地区内部国家间的数字基础设施建设情况不均衡。根据华为发布的《全球联接指数（2020）》，"一带一路"沿线国家的联接指数普遍偏低。报告将联接指数划分为领跑者、加速者和起步者。"一带一路"沿线国家多数被归为加速者，如阿联酋、俄罗斯、哈萨克斯坦、泰国等，而非洲国家大多是处于起步者阶段①。这意味着诸多国家数字基础设施建设基础薄弱，增加了数字合作的难度。

从这些区域来看，数字基础设施建设相较于发达国家比较滞后。联通程度较高的区域是中东欧以及中东地区。斯洛文尼亚、爱沙尼亚、捷克等国的数字基础条件在欧盟内部也处于中等偏上的水平。不过，中东欧国家的发展状况仍然参差不齐，这同中东地区的基础设施状况相似。中东地区阿联酋、沙特阿拉伯、巴林等国的联通指数相对较高，然而黎巴嫩、约旦等国的数字化程度

---

① 华为：《全球联结指数（2020）》，2021 年 1 月 26 日，https://www.huawei.com/minisite/gci/cn/。

仍然处于极低状态,以至一些国家如叙利亚等国都没有进入联通指数统计中。在东南亚地区,新加坡数字基础设施建设水平远远领先于其他国家,其他国家大多处于加速者。印度尼西亚和菲律宾还处于起步阶段。从华为发布的全球联通指数来看,稍好于中亚和非洲,但是远远落后于其他地区。中亚和非洲地区,只有哈萨克斯坦表现较好,其余国家基本处于数字化起步阶段。

通过对比联通指数,可以发现这些地区间以及地区内部存在较大差异,这对数字合作以及相应经济发展潜力发挥产生负面作用。在东南亚,新加坡、马来西亚等国积极发展5G,但是其他一些地区仍处于3G状态。这种差异从根本上限制中国与东盟国家的跨境贸易发展。① 非洲整体上处于数字经济的"洼地"。由于发展数字基础设施需要高投入,但是收益周期相对较长,短期收益不明显。对于非洲国家来说,国家有限资源用于发展数字设施建设难以对经济发展提供太大帮助。② "然而,在数字基础设施建设情况较好的地区,仍然面临设施使用的问题。在拉脱维亚,其数字基础设施条件较好,但是数字化应用和数字普及率相对偏低,在前沿数字技术方面创新能力不足。"③在地区的整体性发展过程中,由于地区性的数字化程度不均衡,会引起区域协同能力提升受到牵制。换而言之,地区内互联互通水平将严重受制于数字基础设施建设。

"一带一路"沿线国家存在数字基础设施建设较好的情况,不过整体上仍处于偏低的状态。虽然中国近些年来加强了对"一带一路"沿线国家数字基础设施的投资,但是数字化转型要求的智能化、网络化、数字化等,其依托人工智能、云计算、大数据、物联网等在"一带一路"沿线国家多数都不具备,继而

---

① 陈敏冲、杜奇华:《共建"数字丝绸之路"背景下中国—东盟数字经济合作研究》,《广西社会科学》2022年第11期。

② 楼项飞:《中拉共建"数字丝绸之路":挑战和路径选择》,《国际问题研究》2019年第2期。

③ 中国国际问题研究院(中国)、外交事务与贸易研究所-IFAT(匈牙利):《中国—中东欧国家数字经济合作的现状与前景》,2022年12月,第12页。

掣肘了数字合作的进一步发展。

（二）数据鸿沟与数字主权阻碍数据共享

联合国《2021年数字经济报告》提出，在全球范围内存在巨大的"数字鸿沟"，表现在发达国家与不发达国家之间，城市与农村之间以及"数据价值链"层面①。在各地区"数字鸿沟"都存在，并且表现得较为明显。"数字鸿沟"首先就表现在中国与对象国之间。中国信息通信研究院2022年发布的《全球数字经济白皮书》中提到，中美欧形成了数字经济发展的三极格局，在市场、规模以及规则方面占有优势②。中国在数字经济等方面的发展迅猛，逐渐走向世界前列，与之对照，"一带一路"沿线诸多国家数字化发展水平仍然处于偏低状态。

"一带一路"沿线地区内部数字发展不平衡，也在事实上产生了"数字鸿沟"现象。联合国提出的电子政务发展指数，分为非常高、高、中等和低四个水平。在2022年报告中，一部分国家在电子政务方面处于非常高的水平，如新加坡，与此相应，部分国家的指数处于较低的水平，如乍得。中东地区存在的数字鸿沟现象较为严重，根据其联通指数，阿联酋等国数字化程度较高，但是约旦等国则极低。韩建伟提出了中东地区"数字鸿沟"产生的三个因素，即治理能力差别较大，受到战争、政局动荡的影响以及协同数字治理能力弱等③。一国内城市与农村之间数字鸿沟现象也是明显的。在中国推进"一带一路"数字合作过程中，无形中拉大了国家内部的"数字鸿沟"，使得城市的网络更可及，而农村地区仍然处于相对滞后状态。在数字的使用、产出方面，也存在不平衡。年龄、性别、国家经济发展状况等因素对个人使用数字网络存在影响。"数字鸿沟"的产生一方面是现实数字基础设施建设滞后，另一方面也

---

① 联合国贸易和发展会议：《2021年全球数字经济报告》。
② 中国信息通信研究院：《2022年全球数字经济白皮书》，第13—15页。
③ 韩建伟：《中东数字鸿沟问题与"数字丝绸之路"的高质量发展》，《国外社会科学》2022年第4期。

是由于各国对于网络安全的担忧引起对"数字主权"的敏感,进而在数字合作上难以深入。

在数字主权方面,欧盟对此最为坚持。数据的生产和利用,需要通过平台来运行。当前国际大型互联网企业如谷歌、亚马逊、脸书、阿里巴巴、华为等分属中美两国。这些企业提供的技术支持背后存在被"政治化"的可能。传统意义上的国家主权,此时因技术升级带来空间上的改变,也即通过交互过程,国家传统意义上的领土边界被销蚀了。任何行为体接入互联网、使用大数据、建设智慧城市,都会产生数字信息,但是其中包含着涉及国家安全的内容,这部分信息在国家交往中无法获得。因此"数字主权"的概念进而产生。欧盟强调"数字主权",也即"欧洲在数字世界独立行动的能力,是欧盟用来推动数字创新的保护机制和防御性工具"①。其他地区国家也同样采取了维护数字主权的行为,如中亚哈萨克斯坦以要求外方让渡核心技术、服务器和运营团队本地化的方式来维护自身主权。②

欧盟数字化转型程度较高,对数字主权要求的自觉性更强。其他地区国家在发展包括数字经济以及数字社会的过程中,也在不断提升数字主权观念。然而从更广阔意义来看,数字主权的存在不利于数据共享与弥补"数字鸿沟",而推进全球数字治理以及更高水平的数字化,却是要求进行数据共享,其间张力在于缺乏统一的全球数字治理机制与平台,数字化转型的过程被"政治化"了,成为国家间政治竞争的工具。

(三)数字人才供给不足制约国家数字化转型及对外数字合作

在消费和生产数字化两个领域的数字化转型都严重依赖"人口红利"。

---

① 转引自房乐宪、方婧懿:《中欧数字合作伙伴关系构建及含义》,《教学与研究》2023 年第 2 期;郑春荣、金欣:《欧盟数字主权建设的背景、路径与挑战》,《当代世界与社会主义》2020 年第 4 期。

② 康杰:《中亚国家数字化转型中的数字主权政策——以哈萨克斯坦、乌兹别克斯坦为例》,《俄罗斯东欧中亚研究》2022 年第 4 期。

在生产领域,数字人才的充足可以为技术创新与应用提供更强的动力,推动数字化转型。数字化人才在推进数字化中可拉动政府治理、经济发展以及民生水平的提升,由此数字人才的刚需时代已经开启。① 然而,在许多国家都面临数字人才的可及性以及充足性问题。这涉及两个方面:第一,数字人才的培养;第二,数字人才的分布与流动。两者共同作用,导致"一带一路"沿线国家在不同程度上面临数字人才短缺的境况。

一方面,数字人才的培养对于一国的要求较高。由于数字化转型的压力以及国际竞争激烈化,导致各国对数字人才的需求极度增加。然而,各国对于数字人才培养能力是有差异的。中国相继印发了《提升全民数字素养与技能行动纲要》《关于加强新时代高技能人才队伍建设的意见》《十四五数字经济发展规划》等文件。数字人才的需求与供给之间存在张力,这在发展中国家表现得尤为明显。当前中国在同"一带一路"沿线国家推进数字人才培养合作方面,已经付诸了一些行动,如在非洲地区华为设立培训中心培养信息和通信技术人员、阿里邀请非洲创业者来华学习经验等②。这些合作举措能够为地方提供少量的数字人才,但是只有通过本国教育体系尤其是高等教育体系的完善以及社会化培训系统的增量,才能实现数字人才的培育和供给的增加。在高等教育方面,一些国家的高等教育系统缺乏相应专业设置,以便对此类人才进行系统化培养。但是如美国与中国等国家,在大学培养中,开始专门设立人工智能专业或者成立人工智能学院。③ 技术积累以及专门化学科培养模式成为阻碍国家发展数字人才的重要因素。数字人才是进行技术创新的基本动力,在终端具备数字素养的用户也需要培育。根据欧盟发布的数据,欧盟中互联网接入比例达85%,而具备数字素养的仅占58%。在中亚、东南亚以及非

---

① 《开启数字人才刚需时代》,《光明日报》2022年8月4日。

② 黄玉沛:《中非共建"数字丝绸之路":机遇、挑战与路径选择》,《国际问题研究》2019年第4期。

③ 薛新龙、岳云嵩:《世界各国如何构建数字人才体系》,《光明日报》2022年10月13日。

洲等地,具备数字素养的民众比例较欧盟会更低。

另一方面,数字人才的分布与国际流动,让一些国家的人才不断外流,产生供给赤字。国家推进数字化转型所需的数字人才,一方面可以通过本土化培养,另一方面可以通过从他国引进。数字人才主要分布在北美、欧洲和亚太地区,如美国、德国、法国、中国、印度、新加坡等国。这些国家的人才同样主要集中在各国主要城市如纽约、芝加哥、华盛顿、北京、上海、广州、班加罗尔、柏林、伦敦等地。通过人才流动情况来看,绝大多数人才进行区域内流动,少量北美以及欧洲人才流向亚太,且主要方向是中国。[1] 对于"一带一路"沿线诸多国家则意味着即便是本土化培养的人才也存在向外流动的风险,而事实上这种现象正在发生。国家吸引力不足引起的人才流失,导致本国数字化人才严重缺乏。从数字人才类型上看,可分为信息与通信技术行业(ICT)以及非信息与通信技术行业。信息与通信技术行业主要包括软件与 IT 服务与计算机网络与硬件;非信息与通信技术行业主要指制造、金融、消费品等。[2] 在非ICT 行业数字人才所占比例更高,需求量更大,对产业数字化与数字产业化的推动作用更强。不过,"一带一路"沿线国家人才流失情况严重以及本土化人才培养能力弱等现实,致使中国与其推进数字化合作受到制约。

(四)"一带一路"沿线国家治理能力低效制约数字化合作的开展与推进

数字化转型是全球范围内的一个趋势,其具体实施以及进展情况各国差异明显。如前所述,中东欧地区数字化基础较好,涵盖程度高,非洲地区数字基础设施建设落后,网络普及化程度低。且各国国内政治、经济以及社会状况

---

① 陈煜波等:《全球数字人才与数字技能发展趋势》,https://m.thepaper.cn/baijiahao_20252072。

② 《CIDG & Linkedin:2020 年全球数字人才发展年度报告》,2021 年 2 月 1 日,http://www.199it.com/archives/1199110.html。

会影响数字化发展以及对外数字合作的能力与意愿。"一带一路"倡议联接的东南亚、中亚、中东、拉美、非洲等地区,均不同程度上存在国家或地区治理效能低下等问题,这又在以下两个方面对数字合作造成挑战。

第一,全球缺乏统一的数字规则,不同地区规则各异阻碍了数字合作。当前全球数字治理面临规则与标准之争,主要表现在中美之间的全方位战略竞争。① 美国在数字领域掌握规则制定权,占据主导地位。而中国在对外进行数字基础设施投资以及技术合作时,要以中国规则标准为指导。随着中国国内 5G 技术发展,中国开始在云计算、大数据平台、人工智能等领域逐渐掌握规则制定权。由于全球缺乏统一的数字规则,因此各方遵守的规则存在差异。陈敏冲等学者在研究中国同东南亚地区数字经济合作时指出,中国与东盟国家在经贸标准、数字协调等方面协调性差、配合性弱,以及在跨境支付物流等方面不兼容、不协调。② 在非洲地区,海关监管措施失位、知识产权意识缺乏等阻碍了中非跨境贸易的发展。由此,规则的混乱与不协调以及受到外部竞争压力的限制给"一带一路"数字合作增添了不确定性因素。

第二,地区或国内动荡,缺乏稳定的政策环境。在非洲推进"一带一路"数字合作上,黄玉沛等学者指出,非洲国家"国家治理能力有限,国内政治派别和利益集团众多,政治版图'破碎化',对外政策稳定性差,政策延续周期短"③,这些对在非洲地区开展数字合作产生负面影响。东南亚地区的民族和宗教众多,风俗习惯各异,而地区内的监管漏洞和对于数字合作的不理解则进一步加剧开展合作的难度。④ 多地出现的恐怖主义行为对国内社会稳定产生冲击。当前恐怖组织也开始数字化进程,依托互联网进行传播恐怖主义思想。打击数字恐怖主义和网络恐怖主义已经成为联合国反恐的重要议程。恐怖组

---

① 刘海莺、程娜:《全球数字治理的多元挑战与中国对策研究》,《东北亚论坛》2022 年第 3 期。

② 陈敏冲、杜奇华:《共建"数字丝绸之路"背景下中国—东盟数字经济合作研究》。

③ 黄玉沛:《中非共建"数字丝绸之路":机遇、挑战与路径选择》。

④ 陈敏冲、杜奇华:《共建"数字丝绸之路"背景下中国—东盟数字经济合作研究》。

织的存在也对中国企业对外数字合作项目达成、开展以及运行等多个方面产生不利影响。

总而言之,中国同"一带一路"倡议沿线国家开展数字合作面临多重挑战,内容涵盖基础设施建设、人才培养、数字共享以及地区稳定等多个方面。解决上述问题以及推动数字合作进一步前行,考验着中国以及"一带一路"倡议沿线国家。

四、推进"一带一路"数字合作的路径选择

数字化转型围绕利用数字技术、大数据平台、物联网等推进数字产业化、产业数字化、智慧城市、电子政务、人工智能等应用,以培养数字人才以及提升人民的数字基本素养为基础。从全球来看,数字化转型速度持续加快和数字领域的竞争逐渐白热化。"一带一路"数字合作是应对新形势,共同探索数字政府、数字经济以及数字社会建设的重要途径。未来,统筹推进数字合作需要采取多元措施。

(一)加强顶层设计,以共识引领合作,兼顾各地区国家不同情况与需求

目前,中国同"一带一路"倡议沿线各国基本建立了合作关系,而进一步推进合作,需要从三个层面继续发力。首先,以政治关系为引领,深化数字经济方面务实合作。政治领导人或高级官员的互访可以增进国家间的理解与合作。提高政治互信水平能够使双方增强对数字合作的关注与追踪项目进展。以政治与经济良性互动推动数字合作的水平。其次,削弱外部因素竞争带来的负面影响。美国对华认知日趋负面,在高科技以及数字领域对中国重要互联网企业进行制裁,如美国商务部将中国华为、中兴等企业列入"实体清单",限制美国企业对其进行技术出口以及英国等国购买华为的产品。另外,外部

舆论对中国与他国合作进行污名化，动摇对象国民众对中国的信任。最后，考虑不同国家的实际情况，有针对性地发展数字合作。各国国内数字化转型程度高低不一，有的国家首要需求是数字基础设施建设，如非洲多国；有的国家是需要提升产业数字化程度，如东南亚等国。因而发展数字合作需要以共识为引导，提供稳定良好的双边关系环境。

（二）进一步加强数字基础设施建设，提高数字涵盖范围

发展数字化与推进技术合作需要完善的基础设施。近些年来，各国发展数字化的政策相继出台，中国在数字互联互通方面进行了多项投资，数字化便利水平有所改善。实现民众更加有效、低成本地接入互联网，需要逐步完善光缆、基站等硬件设备以及信息与通信设备能够为一般民众所及。在光缆方面，需要在各区域建设更多跨境陆缆、海缆以及国内光缆，使得从中国出发能够直接连接中亚、中东、非洲、东南亚以至拉美等地，推进硬联通的水平。在数字基站方面，修建更多的5G信号基站。部分国家仍然处于3G向4G过渡阶段，信号传输速度以及覆盖范围有限。通过修建5G基站，可以帮助国家在数字领域实现跨越式发展，快速推动数字化转型。同样，中国在进行"一带一路"数字合作时，需要注意电子信息通信设备的对外销售，打造适合当地具体情况的智能设备以及特色应用。

（三）推动数据共享，搭建数据平台

数字鸿沟表现在国家与区域之间数字化程度、占有的信息与技术水平、自主创新能力等方面。弥补数字鸿沟，一方面需要增进基础设施建设情况，另一方面需要搭建数据平台推进数据共享。在保证城市数字化水平稳步提升并逐渐提高质量的同时，强化在农村以及偏远地区的数字基础设施建设，弥合在数字可及性方面的鸿沟。发展中国家与发达国家之间的数字鸿沟，需要以国际合作的方式来解决。构建全球性数据共享平台，也要保证各国的数字主权，不

能以侵犯他国数字信息的方式行事。各国在自愿的基础上推动构建平台,同时要避免平台被"政治化"。在促进数据共享的过程中,需要关注数据安全问题。在"一带一路"倡议的框架下,需要各国合作应对网络安全威胁,推进网络协同治理,营造风清气朗的全球网络环境,联合打击黑客、跨国网络犯罪等。

(四)拓展多元数字人才培养模式,为数字合作提供坚实人才基础

数字人才供给不足是各国进行数字化转型的困境之一,既有本地化人才培养能力不足的问题,也有人才外流因素。中国可以同"一带一路"沿线国家加强在人才培养方面的合作。一方面,企业通过设立孵育计划、员工深造、跨域交流、企业奖学金等方式,提升员工或企业的数字化水平。在对外项目建设过程中,对象国员工可以有意识地通过施工而提升自身数字化素质,逐渐实现身份转变。另一方面,政府采用联合培养、设立专门技能培训项目等增加数字人才。在上合组织框架内设立的上合组织大学,成员国内一批高校如兰州大学、纳扎尔巴耶夫大学、莫斯科国立大学等纷纷设立工科、计算机等项目以此推动数字人才培养,为各国的数字化转型以及推进数字合作提供了良好基础。

(五)增强在数字合作领域内的规则制定权

"一带一路"数字合作所涵盖的国家大多是发展中国家,在数字领域内缺乏话语权与规则制定权。为了更加高效地推动数字合作,有学者指出,可以建立数字"一带一路"产品认证体系①,统一在数字基础设施建设以及数字产业化、服务贸易等方面的规则标准。中国当前在5G标准方面占据领先地位,以对外基础设施建设的方式推广技术标准。中国国内数字化水平的提升,能够为其他国家发展数字经济、数字政府、数字社会提供更多经验。由此,有学者指出,"中国技术公司应提高在全球范围内的服务能力,使中国在数字基础设

---

① 王文、刘玉书、梁雨谷:《数字"一带一路":进展、挑战与实践方案》,《社会科学战线》2019年第6期。

施建设中使用的技术成为各国发展新的数字经济的基础"①。中国在与其他国家数字合作过程中，要积极主动作为，打造样板项目，抓住发展中国家以及新兴经济体在数字化转型中规则的制定权，才能更加有效地维护国家权益。

总而言之，"一带一路"数字合作在长期实践中取得了令人满意的成效。然而在机遇与风险并存的时代，各国需要通力合作，秉持共商共建共享的原则，做到趋利避害，在合作中实现共同发展。

---

① 刘海莺、程娜：《全球数字治理的多元挑战与中国对策研究》。

"一带一路"科技创新合作 10 周年：
回顾、总结与展望[①]

科技创新是"一带一路"建设的核心驱动力,是推动"一带一路"高质量发展和行稳致远的重要保障。

一、"一带一路"科技创新行动计划提出的背景

2017 年 5 月,习近平主席在"一带一路"国际合作高峰论坛开幕式发表主旨演讲时提出,要将"一带一路"建成创新之路,为此启动共建"一带一路"科技创新行动计划。"一带一路"科技创新行动计划的提出,是我国秉持全球视野,根据世界科技发展之变、产业之变、大国科技竞合态势之变、中国科技实力之变,倡导人类命运共同体理念,充分发挥科技创新在"一带一路"建设中的引领作用与支撑作用,注重发挥各国比较优势和资源禀赋优势,推动"一带一路"高质量发展,扩大开放的重大战略抉择。

(一)世界科技发展之变

在新一轮科技革命背景下,世界科技创新进入空前密集活跃期。世界科技创新发展呈现如下态势:

---

① 作者:高际香,中国社会科学院俄罗斯东欧中亚研究所研究员。

首先,颠覆性技术、新兴技术势如破竹,呈现多点突破和群体突破特征。新一代信息技术,生命科学和生物技术,新能源技术,新材料,深空、深海、深地探测领域技术等不断取得进展。其中,人工智能、大数据、区块链、云计算、云服务、超算、机器人数字技术等成为新一轮技术革命主角。数字技术通过与其他技术深度融合,一方面为其他技术领域发展提供了极具经济性且坚实稳固的技术底座,另一方面打造了数据驱动的平台化、生态化的科技基础设施群,推动技术高频迭代且整体功能高速演进,也带动相关技术领域快速跟进。

其次,科技创新范式发生深刻变化。一是"大科学化",即重大科技基础设施在研发中的作用彰显。随着技术研究向超宏观、超微观和极端方向发展,重大理论发现和科学突破越来越依赖于先进的实验装备和重大科技基础设施等科研条件的支撑。特别是在物理学、化学等领域,重大成果都与重大科技基础设施相关。二是"数字化",即数据、人工智能等驱动的科技创新蓬勃发展。以人工智能和云计算为代表的计算技术和数据处理技术均取得了突破性进展。化学、生物等传统依赖实验数据的学科,正逐渐开始利用大数据和计算机仿真模拟进行研究,即依据数据驱动实行突破。三是"生态化",即创新生态和科学共同体在科技创新中的作用越发重要。创新依托人才集聚,良好的创新生态和科学共同体建设是汇聚人才的重要载体。大数据、云计算、人工智能及区块链技术的加速应用,科技创新平台的建设,使创新活动的地域、组织与技术边界亦不断延伸,使创新从封闭走向开放,通过多种创新要素、多元创新主体的连接及数据交换积累,创造良好的创新生态,为创新带来了更多机会,多主体协同创新趋势更加明显。四是"融合化",即学科交叉深度融合趋势。当今世界,科学前沿的重大突破,大都是多学科交叉融合的产物。信息、生命、制造、能源、空间、海洋等的原创突破为前沿技术、颠覆性技术提供了更多创新源泉,学科之间、科学和技术之间、技术之间、自然科学和人文社会科学之间日益呈现交叉融合趋势。除学科之间融合外,研发和应用之间的界限也不再清晰。五是"基础化",即越来越重视基于基础研究的"源头创新"。强大的基础科学研究是建设世界科技强国的基石，主要国家和大型跨国公司纷纷加强对基础前沿领域的投入和探索，力争在源头上实现根本性突破。六是"逆向牵引化"，即"市场需求—技术需求—科学突破"的反向互动更加明显。科技创新路径一方面从科学向技术转化、基础研究向应用拓展，另一方面，科学家、创业者、投资人、政府等各方主体共同参与的由场景驱动的逆向生态式创新后来居上，进而逆向牵引基础研究实现突破。七是"创新周期缩短化"，新知识创造与技术、产品和服务开发及其进入市场的时间大大缩短。八是"科技信息规模化"，科技信息迅速增加，新型信息处理方式不断涌现，研发的组织方式、硬件和软件工具随之发生变化。九是"高技能化"，对研发人员的技能水平要求提高，吸引优秀高技术人才的国际竞争加剧。十是"标准制定权争夺白热化"，科技标准制定权之争日益激烈，谁主导了标准，谁就能够主导全球科技发展，主导研发的"少数国家集团"正在形成。再次，科研组织模式面临重构。前沿技术路线选择的物质资源与智力资源投入规模空前，风险陡增，引领性技术预见、战略性技术路线图、愿景型科技创新规划实施体系的作用更加重要。一方面，国家主导科技创新成为趋势。面向国防、能源、工业等社会经济需求，政府通过加大任务导向型研究投入，由政府所辖研发机构执行，正在成为国家科技创新的重要方式，选题与考核权力也回归政府。其中应用导向的工程科技主要集中在新一代信息、先进制造、能源和生物技术等领域，这些领域也成为主要国家未来产业竞争的焦点。另一方面，随着"小众创新"向"大众创新"转变，科研活动数字化转型深入推进，出现了集中式组织化研发同分布式网络化研发并存局面。上述多主体联动、协同创新对科研组织方式提出新要求。须通过各方共同参与建立共商共治机制和利益共享机制，融合各方主体力量，包括企业家、科学家、工程师、创业者、投资者、中介机构、政府决策管理者等，鼓励创新要素的连接、产业主体的深入合作，重构新型"竞合关系"。

最后，对全球科技治理提出新挑战。科技创新的飞速发展，在为人类社会创造价值的同时，也带来了新的挑战。人工智能、基因编辑、自动驾驶、自主武器、网络安全漏洞、人兽胚胎、黑客技术等可能对国家安全，乃至人类安全带来重大风险或巨大威胁，突破人类伦理底线，摧毁人类社会生存发展的根基。因此，引导科技始终向善，强化人工智能、遗传生物等新兴技术治理体系化制度化建设，规范全球治理，成为国际社会高度重视的共同议题。鉴于国际社会对于新技术的治理都处于摸索状态，没有成熟经验，需要各国加强合作。

（二）世界产业之变

科技变革催发下，产业在创新中的作用显著提升，"科技—产业"交互迭代效应正在加速形成，新一轮产业变革因而具有颠覆性特征。一是彻底打破传统时空概念，实现万物互联。地理距离、时间轴、空间轴发生巨大变化。利用物联网技术可以更加高效、精准地管理生产和生活，传感器、射频识别、5G技术为智慧城市、智慧交通、智慧农业、智慧物流赋能，大数据、区块链技术也深刻影响司法、税务、出版等领域的治理和发展。二是虚拟世界和现实世界界限日益模糊，将混合为一。类脑智能、图像传感、仿生嗅觉、声音传感、触觉传感等技术在延伸和突破着人类原有的生物感知系统，虚实合一打破人类几万年间延续下来的感知界限，无人驾驶、智能语音、智能工业、可穿戴设备等领域快速发展。三是行业界限被打破，产业和服务、文化和科技跨界融合趋势明显。四是需求端全程参与企业研发与生产，彻底改变生产体系。需求主体的意愿表达及对其需求的数据挖掘成为竞争的重要内容，需求主体不仅以市场端的购买行为，而且以创客、极客、众包研发等方式参与企业的研发生产过程，在一定程度上决定着企业的产品选择和发展方向。客户越来越成为经济的核心，生产商和销售商关注焦点是不断改进对顾客的服务方式，同时将大规模用户体验产生的海量数据作为生产的科学依据，持续改善生产质量、加快产品更新速度。五是战略性新兴产业板块应运而生。如以智能科技为代表，以人工智能、大数据、网络平台、区块链、云计算等为核心的数字化科技产业；以清洁能源、新能源汽车等为核心的大能源科技产业；以基因编辑、生物治疗等为代表的大健康科技产业；以石墨烯、高性能复合材料等为代表的新材料产业等。六是世界产业竞争版图将重塑。数字化智能化技术为特征的技术革命，一方面使得以先进技术装备替代劳动力的经济性逐步显现，在贴近市场需求的个性化制造、设计、消费与制造融合的服务型制造等方面，可能出现加工制造环节向发达国家的部分回流。另一方面，以数字化智能化为主要特征的新兴产业将弥合消费与制造的时间与空间，个性化制造、分散生产、规模化定制式生产等可能挤占大规模生产的部分空间。由此，国际产业分工将出现重大调整。

（三）大国科技竞合态势之变

新一轮科技革命带来的重大变革，使全球战略竞争从重视军事实力的地缘政治时代渐渐转向聚焦创新的技术政治时代。世界主要发达国家对科技创新的重视度明显提高，在科技前沿领域加快战略布局，试图抢占科技经济制高点。首先，各国科技前沿领域战略规划密集出台。如美国推出了大量涉及人工智能、量子科技、5G/6G、能源、先进计算、云计算、生物医药、太空技术等方向的战略部署文件。欧盟发布的科技经济战略涵盖人工智能、量子科技、5G/6G、网络安全、关键原材料、电池生态系统等多个领域。英国也发布多份科技经济战略，在量子科技、网络安全、人工智能、尖端技术改造农业、合成生物学、石墨烯等领域加紧布局。其次，科技创新投入明显加大。美国通过《无尽前沿法案》《美国创新与竞争法案》《芯片和科学法案》等，试图全方位调动美国国家力量，以立法与国家投资等方式，聚焦核心科技领域的教育、基础研究和应用研究等，为美国长期科技优势固本守根。"欧洲地平线"（Horizon Europe）计划提出，2021—2027 年，在新一轮科研支柱框架下，拨款约 1000 亿欧元，重点加大在三大领域的投入：基础研究、科技创新、社会重大问题。再次，各经济体科技布局的重点领域逐渐趋同。研发重点集中在人工智能、物联网、区块链、量子科技等领域。如在人工智能领域，美国推出《提高新兴技术生产力的竞争力法案》等，旨在加强人工智能技术创新，公布《人工智能应用规范指南》《在联邦政府推行可信赖人工智能行政命令》《国家 AI 倡议法案》等，力推人工智能应用。欧洲 25 个国家公布了《欧洲人工智能》作为综合 AI 战略。在物联网领域，美国在包括物联网在内的数字技术方面，以网络和信息技术开发程序为中心进行研发；欧盟设立物联网创新联盟。在区块链技术领域，美国国防部公布《数字现代化战略》，把区块链技术列为未来必要技术之一；德国发布了《联邦政府的区块链战略》。在量子技术领域，美国制定了《国家量子计划法案》；欧盟发布《2030 年数字罗盘》，提出在 2025 年之前开发出第一款量子计算机；日本制定《量子技术创新战略》，作为未来 10—20 年的国家重要战略之一；俄罗斯批准第二份量子通信发展路线图，由俄罗斯铁路公司牵头制定，提出 2024 年前将实施 120 多项措施和项目，包括发展光纤、大气和卫星量子通信技术，建立商业量子通信网络和相应专用设备，研发用户设备，发展量子物联网，以及形成教育、科学、工业市场和生态系统。最后，美国推动科技创新意识形态化、集团化、国家安全泛化。后发展国家新兴技术和数据能力的增强，特别是在数字技术、智能系统技术、全球健康与保健技术、扩大人类活动疆域的技术等方面能力的增强，削弱了美国等技术先发国家的战略优势，使其产生了"集体焦虑"，导致全球科技竞合中对抗性增强。美国不惜违背科技创新自身发展规律，推动科技创新意识形态化、国家安全泛化。一方面，采用各种"科技脱钩"手段对后发国家进行打压，诸如出口管制、外资审查、人员安全审查、长臂管辖等措施；另一方面，倡导以意识形态划分阵营，联合盟友构建科技创新合作集团，试图打造一个数字互联互通、具有另一套技术标准，且供应链自给自足的科技生态体系，孤立后发国家。如美日印澳欲组建科技联盟，美欧成立贸易和技术委员会（TTC）等就属于这方面的尝试。在国际创新治理规则领域，凡是美国无法主导或间接控制的技术领域和行业，均视为对美国国家安全的威胁，采取遏制和限制手段，限制其他国家进入其国内市场并阻止参与国际治理规则的制定。

（四）中国科技实力之变

中国日益增强的科技实力，是高质量推进"一带一路"科技创新合作的前提。自 2006 年中国提出建设创新型国家目标以来，科技创新取得重大成就。特别是近 10 年来，科技创新被摆在国家发展全局的核心位置，推进科技自立自强渐成主旨，科技实力从点的突破转向系统能力提升。世界知识产权组织发布的《2022 年全球创新指数报告》显示，中国位列第 11 名。我国科技投入显著增加，全社会研发经费支出从 2012 年的 1.03 万亿元增加到 2022 年的 3.09 万亿元，居世界第二位，同期研发投入强度从 1.91% 上升到 2.55%①，超过欧盟国家的平均水平。从科研产出看，国际科技论文数量和国际科技论文被引量均居世界第二，发明专利授权量居世界首位。中国技术市场交易规模也从 2012 年的 0.7 万亿元增加到 4.8 万亿元。前沿技术和关键核心技术实现突破。在铁基超导、量子通信、干细胞、脑科学、光量子计算机、高温超导、中微子振荡、干细胞、合成生物学、结构生物学、纳米催化、极地研究等领域取得了重大原创成果，首次荣获诺贝尔生理学或医学奖、国际超导大会马蒂亚斯奖、国际量子通信奖等国际权威奖项。在战略高技术领域逐渐形成优势。载人航天和探月工程、卫星导航、采用自主研发芯片的超算系统、国产大飞机、载人深潜器、新一代核能技术、天然气水合物勘查开发、新一代高铁、云计算、人工智能等领域的竞争优势已经形成。高新技术产业方兴未艾，高铁、5G 移动通信等进入世界前列。成长出一批具有创新能力、运用前沿技术引领产品创新的企业，华为、腾讯、海尔、中车、国电等高技术企业已跨入世界 500 强行列。超级计算、人工智能、大数据、区块链、量子通信等新兴技术加快应用，催生了智能终端、远程医疗、在线教育等新产品、新业态，数字经济蓬勃发展。我国与"一带一路"沿线国家同为发展中国家，发展需求类似，发展路径选择更具共

---

① 中国国家统计局数据。

通之处。我国积累的大量先进适用技术在一定程度上能够助力沿线国家发展，科技人员也能够提供更具借鉴意义的发展经验。

二、"一带一路"科技创新行动计划要义

2016年10月，科技部、国家发展改革委、外交部、商务部联合推出《推进"一带一路"建设科技创新合作专项规划》（以下简称《专项规划》），旨在构建打造发展理念相通、科技设施联通、创新链条融通、人员交流顺通的创新共同体，为开创"一带一路"建设新局面提供有力支撑。

（一）重点任务设定

《专项规划》确定了五项重点任务。一是深化科技人文交流。通过科技创新政策沟通，构建多层次的科技人文交流平台，推动沿线国家青年科学家往来，增进科技界互信。二是推动技术转移。通过共建国家联合实验室（联合研究中心）、技术转移中心、先进适用技术示范与推广基地等平台，加强中国的科技资源、人才资源、信息资源与沿线国家的需求相结合，在深化产学研合作的同时，推动先进适用技术转移。三是科技支撑重大工程建设项目，推动路网联运、电网联通和科技资源共享互通。四是共建创新创业园区，鼓励科技型企业在沿线国家创新创业。五是聚焦沿线国家在经济社会发展中面临的关键共性技术问题，强化合作研究，诸如解决生态、天文观测、能源安全、生命健康、粮食安全等问题方面的合力公关。

（二）合作重点领域

农业、能源、交通、信息通信、资源、环境、海洋、先进制造、新材料、航空航天、医药健康、防灾减灾12个领域被确定为科技创新合作重点领域，并作出了具体目标要求。其中，农业领域合作的重点是特色作物的种质创制与新品种

的选育推广、农业灾害监测预警防控技术、绿色农业技术等。能源领域合作侧重可再生能源和传统能源清洁高效利用技术研发与示范推广合作，三代、四代核电技术推广合作，分布式和区域新型能源系统合作。交通领域，注重高速动车组及其运行安全保障技术、沿线港口信息互联技术、绿色港口枢纽建设关键技术、新能源汽车及其关键共性技术的合作研究开发。在信息通信领域，着力加强信息安全技术开发、新一代移动通信技术研发和网络部署、跨境电子商务联合创新和移动支付技术开发等。在资源领域，偏重工业固体废物和可再生资源综合利用技术创新合作、水资源利用和饮用水安全等技术示范。在环境领域，侧重打造生态环境科学观测网和监测预警应急系统、实施生态环保项目和低碳生态城市建设应用示范项目等。在海洋领域，重点是海洋环境观测技术合作与数据共享，海洋资源科学调查以及海洋油气及矿产勘探开发工程装备的研发与应用等。在先进制造领域，侧重制造业关键技术共同研发和产业化应用。在新材料领域，重点是基础材料关键技术、先进材料制造技术的合作研发等。在航空航天领域，侧重推动航空航天技术联合研发与产业化应用，推动空天信息综合服务平台建设，地球观测、导航与位置服务、航空飞行器实时监控方面的多国协作。在医药健康领域，侧重传统药物种质资源库和标准化体系建设、药物合作研发与产业化、重点疾病防治防控及突发公共卫生事件合作、新型药物和医疗器械的联合开发和推广、移动健康和数字医疗服务的应用等。在防灾减灾方面，侧重气象灾害、地质灾害等预测技术的推广与数据共享，研发和推广先进适用的救灾产品和工具，开展灾后重建技术的推广与示范等。

（三）合作模式创新

《专项规划》旨在打造官民并行互促、央地协同联动、凸显企业创新主体地位、融资体系多元、战略研究与人才强力支撑的多元化与立体化合作模式。在官民并行互促方面，一方面提倡加强政府间科技创新合作，建立对话机制；

另一方面倡导充分发挥民间组织作用,搭建民间科技组织合作网络平台。在央地协同联动方面,提出发挥各地区科技创新合作优势,引导和推动地方政府与沿线国家或地区开展科技创新合作与交流。在凸显企业创新主体作用方面,倡导形成骨干企业发挥先导带动作用,中小企业大规模参与吸纳社会力量共同参与,在沿线国家共建创新平台,吸引沿线国家的创新主体在优势互补基础上开展协同创新,深化产学研合作。在多元融资体系构建方面,一方面,加大中央财政投入统筹,鼓励地方加强投入,通过 PPP 等方式引导企业、科研院所、高等学校等加大投入,扩大对沿线国家的科技援助规模;另一方面,鼓励建立针对沿线国家的区域性科技金融服务平台和投融资机制,重点支持科技基础设施建设和重大科技攻关项目。在加强战略研究与人才支撑方面,提出打造科技智库并发挥科技智库的评估与决策咨询作用,促进双向人才流动,提升科技管理人才的国际化能力等。

三、"一带一路"科技创新合作成效

"一带一路"科技创新合作成效梳理主要从两方面展开,一方面是总体成效,另一方面是多边合作机制下的成效,主要涵盖中国与东盟合作、上合机制下的合作、金砖机制下的合作三部分。

(一)总体成效

根据《推进"一带一路"建设科技创新合作专项规划》部署,截至 2021 年年末,中国与 84 个"一带一路"国家建立科技合作关系,支持联合研究项目 1118 项,累计投入 29.9 亿元。其中在推动科技人文交流、共建联合实验室、科技园区合作、技术转移中心建设、主导平台建设方面取得积极进展。

在科技人文交流方面,截至 2021 年年底,支持约 3500 余人次青年科学家来华开展为期半年以上的科研工作,培训 1.5 万余名国外科技人员,资助专家近 2000 人次①。上述资助、培训等主要由科技部国际合作司、中国科学技术交流中心负责。在共建联合实验室方面,截至 2021 年年底,以"共建共享、需求导向、能力建设、示范引领"为原则,经过科技部分三批认定的"一带一路"联合实验室已经有 53 家②。"一带一路"联合实验室是参照国家重点实验室,组建的对外科技创新合作最高级别平台。科技部认定的主要实验室包括中国—以色列人群医学国家"一带一路"联合实验室、中国—俄罗斯极地技术与装备"一带一路"联合实验室、中国—肯尼亚作物分子生物学"一带一路"联合实验室、中国—捷克牵引与控制技术"一带一路"联合实验室、中国—克罗地亚生物多样性和生态系统服务"一带一路"联合实验室、中国—乌兹别克斯坦新药"一带一路"联合实验室、中国—塔吉克斯坦煤电能源清洁转化及高效综合利用"一带一路"联合实验室、中国—新西兰猕猴桃"一带一路"联合实验室、中国—奥地利人工智能与先进制造"一带一路"联合实验室、中国—俄罗斯先进能源动力技术"一带一路"联合实验室、中国—东盟海水养殖技术"一带一路"联合实验室、测控技术"一带一路"联合实验室、中国—中亚人类与环境"一带一路"联合实验室、中国—匈牙利脑科学"一带一路"联合实验室、中国电子科技集团公司第三十三研究所"一带一路"联合实验室等③。在科技园合作方面,"一带一路"沿线国家有泰国、伊朗、埃及、蒙古国等相继提出科技园区合作愿望,希望学习我国科技园区建设管理运营经验、吸引我国高科技企业入驻。泰国"工业 4.0"与东部经济走廊(EEC)战略提出学习中国科技园区发展经验;伊朗帕尔迪斯科技园、埃塞俄比亚德雷达瓦工业园、巴西科技园孵化器协会希望吸纳我国高科技企业入驻;蒙古、南非、老挝、埃及等国提出与中方共建科技园。科技园合作主要通过建设境外实体园区、与国外科技园区结

---

① 《我国积极推进全球科技交流合作》,《光明日报》2022 年 11 月 19 日,https://m.gmw.cn/baijia/2022-11/19/36171189.html。

② 2010—2021 年分三批认定,其中第一批 14 家,第二批 19 家,第三批 20 家。

③ 根据媒体信息整理。

为"姊妹园"、建设离岸高层次人才工作站和孵化器、与同类机构建立对口合作关系等四条路径展开①。境外园区建设方面，中国—比利时科技园、中国—东盟北斗科技城等是我国与"一带一路"沿线国家共建科技型境外园区的探索。在打造"姊妹园区"方面，成都高新区与法国索菲亚科技园结为姊妹园区。在"一园两地"探索方面，中俄丝绸之路高科技产业园西咸新区将与俄中投资基金按照"一园两地、两地并重"的原则，由中俄双方共同开发建设"中俄丝路创新园"，园区分别位于陕西省西安市西咸新区沣东新城统筹科技资源改革示范基地和俄罗斯莫斯科的斯科尔斯沃创新中心。中国南非孵化器于2020年12月在西安高新区和南非创新港同步成立。在高新区引进实体"园中园"方面，有常州武进高新区内的中以（常州）创新园、长春中白科技园等。"一带一路"科技园区合作的主要推动力量一是相关政府部门；二是国家园区和平台公司，旨在探索"中外双园"或者多园的"姊妹园"模式；三是大型国企，基于其在海外投资建设大型项目的良好基础，进一步深化建设科技园区；四是民营创新创业促进机构，致力于在海外投资建设科技园、孵化园。在"一带一路"技术转移中心建设方面，面向东盟、南亚、阿拉伯国家、中亚、中东欧国家、非洲、上合组织、拉美建设了8个跨国技术转移平台，并在联合国南南框架下建立"技术转移南南合作中心"，基本形成"一带一路"技术转移网络。在主导平台建设方面，中国科学院发起成立"一带一路"国际科学组织联盟（ANSO），主要任务是围绕重大科学挑战，发起、组织和实施多项重大国际科学计划；组织实施一系列人才教育和培养计划；围绕重大民生需求和福祉，实施科技项目；组织开展持续发展领域的科学评估和战略咨询；促进先进技术、产品与服务合作交流，制定和维护行业标准；加强知识产权保护国际合作，打造开放、公正、公平、非歧视的科研发展环境②。截至2021年年底，成员单位已达67

---

① 宋瑶、刘静、王润宏、施云燕、张明妍、杨芮:《中国科协创新战略研究院科研项目"世界科技经济社会发展战略研判与重大政策调整跟踪"——聚焦新兴技术发展战略与政策》。

② "一带一路"国际科学组织联盟官网，http://www.anso.org.cn/ch/。

家。"一带一路"科技创新联盟成立，会员单位主要是来自沿线国家高校、科研机构和企业。在与"一带一路"国家联合培养人才、共建联合实验室、邀请杰出科学家来华工作，开办先进适用技术、科技管理与政策培训班方面，发挥了积极作用。中国科协启动的"一带一路"国际科技组织合作平台建设项目，2016—2020 年吸引了联合国教科文组织、国际原子能机构、世界卫生组织等118 个国际组织机构及 541 个国别科技组织参与合作。项目覆盖全球 142 个国家，其中涉及的"一带一路"沿线国家有 111 个。①

（二）多边机制下合作成效

与东盟科技创新合作方面取得积极进展。一是建立了中国与东盟国家的跨国技术转移协作网络。跨境创新技术产业化平台：中国—东盟技术转移中心（CATTC）成立。这是目前中国唯一面向东盟的国家级技术转移机构。总部位于广西南宁，由科技部与广西政府共建、广西科技厅牵头建设和管理。截至目前，CATTC 已与东盟 10 国建立了政府间双边技术转移工作机制，与其中7 个东盟国家组建了技术转移联合工作组，还与越南广宁省建立了首个省际国际区域性技术转移中心②。二是推动设立了 15 个联合实验室和研究中心③。诸如中国—东盟传统药物研究联合实验室、国际岩溶研究中心、中越作物病虫害综合防控联合实验室等。三是通过举办"10+3 青年科学家论坛"、组织东盟杰出青年科学家入桂工作、举办中国—东盟技术经理人国际培训班和专项技术培训班等活动，培训东盟国家技术人才和科技管理骨干。四是在东盟国家的农业科技园区建设取得进展，如中越边境农业科技走廊、中国（广西）—柬埔寨（暹粒）农业科技示范园等。五是离岸技术转移孵化创新平台落

---

① 中国科协"一带一路"国际科技组织合作平台，http://bri.ciste.org.cn/index.php。

② 广西壮族自治区外事办公室，http://wsb.gxzf.gov.cn/yhjw_48207/gxydm_48209/t13052348.shtml。

③ 广西壮族自治区投资促进局，http://tzcjj.gxzf.gov.cn/ztzl/zzqzfzcxx/t16013847.shtml。

地。中国—东盟技术转移中心曼谷创新中心与中国科学院曼谷创新合作中心共同组成我国首个位于东盟国家的离岸创新孵化示范载体——中泰东盟创新港，位于泰国朱拉隆功大学创新园内，已有多家公司有意向入驻。

上合组织框架下的科技创新合作进展情况。上合组织推进科技创新合作机制建设始于2010年，当年在京举行了首届上合组织科技部长会议，由此开启科技部长会晤机制。2013年上合组织元首理事会第13次会议期间，成员国签署了《上海合作组织成员国政府间科技合作协定》，并设立上合组织成员国科技合作常设工作组。《上海合作组织成员国政府间科技合作协定》确定了上合组织成员国科技合作的主要领域：环境保护和自然资源的合理利用、生命科学、农业、纳米和新材料、信息和通信技术、能源和节能、地球科学等，框定了科技合作的主要方式：以双边或多边方式组织科学技术研究、制定和实施联合科技计划和项目、组织科学会议、创新技术研究及应用、科技信息交流、专家和学者交流等。2016年，中方倡议的《上海合作组织科技伙伴计划》在上海合作组织政府首脑（总理）理事会十五次会议上得到正式批准。《上海合作组织科技伙伴计划》旨在建立成员国之间务实高效、充满活力的新型科技伙伴关系。迄今为止，上合组织科技部长会议已举办六届，各方就《上海合作组织成员国政府间科技合作协定》落实行动计划以及建立上海合作组织成员国多边科技合作支持和协调机制的问题多次进行协商。2022年第六届科技部长会议审议通过了《上海合作组织多边联合科研创新项目实施机制方案》《上海合作组织成员国人工智能发展合作计划》《上海合作组织成员国优先领域科技合作行动计划（2022—2025年）》。行动计划涵盖农业、生物技术、电子、能源等领域，旨在将科技成果转化为现实生产力，推动重点产业发展。上合组织框架下的科技创新合作实践探索正稳步推进，新疆、青岛和陕西走在前列。2015年中国科技部和新疆维吾尔自治区人民政府启动"上海合作组织科技伙伴计划"，每年安排财政资金1000万元支持"上海合作组织科技伙伴计划"，新疆成为与上合组织国家开展科技合作的桥头堡。主要合作项目有中塔农业科技园、中塔特变电工科技合作中心、中哈现代种业科技园、中亚农业科学中心（与吉尔吉斯斯坦共建）等。2020 年上合组织国际科技合作平台"中国—上海合作组织技术转移中心"在青岛启用，中心致力于产业发展需求和科技供给之间的对接，推进上合组织成员国之间先进技术的转移转化，并启动孵化器计划，支持成员国青年创业。此外，青岛在利用双边和多边机制下共建国际科技合作基地、重点实验室、科技创新中心、信息中心、技术示范区，举办科技合作研讨会，进行人才培训等实践也在稳步推进。陕西自贸区内的杨凌片区是中国第一个国家级农业高新技术产业示范区、上合组织农业技术交流培训示范基地。杨凌片区在搭建国际农业科技合作平台、打造国际农业科技集聚创新高地、探索现代农业国际合作新模式、拓展国际人文交流、推动农业领域人才培养培训、农业技术推广示范方面发挥了积极作用。

金砖国家科技创新合作稳步推进。首先，合作机制化取得进展。根据金砖国家领导人第三次会晤发布的《三亚宣言》行动计划，2011—2013 年先后举办了三次"金砖国家科技创新合作高官会"。2014 年首届金砖国家科技和创新部长级会议在南非开普敦举行，截至 2022 年已经举办了 10 届。科技部长会议主要就各自国家科技创新发展和政策开展交流，听取金砖国家科技创新合作各专题领域工作组全年工作进展报告，拟定下一步工作计划。其次，金砖国家技术转移中心落地。2018 年 9 月，金砖国家技术转移中心中国中心落地昆明。作为国家科技合作交流的节点和金砖国家技术与科技成果转化的重要平台，金砖国家技术转移中心在促进金砖国家技术转移和人才交流、推进国际联合项目申报、支持金砖技术商业中心落地等方面发挥了积极作用。根据《金砖国家科技创新行动计划（2021—2024）》要求，在已有的金砖国家技术转移中心基础上，各国将继续支持和鼓励金砖各国共建金砖国家技术转移中心机制，策划发起各国别分中心。再次，在先进适用技术惠及各方、科技资源共享开放方面成效明显。在多边和双边机制下推动的先进适用技术合作，使参与国人民和各个参与方获得实实在在的利好。在培养科技领军人才，建立科研机构、大学与企业间长期合作关系方面,积累了良好经验。在基础前沿等领域共享科技资源,开放重大科研基础设施、共享科技创新经验和实践成果方面,有效促进了金砖国家共同发展。

四、对"一带一路"科技创新合作升级的思考

"一带一路"科技创新合作在提升沿线国家科技创新体系能力水平和韧性的同时,也是共同打造科创命运共同体的过程。未来,在合作思路重构、合作模式探索和路径选择方面,宜有所调整。

(一)合作思路重构

面向未来。科技发展态势科技创新是百年未有之大变局的重要变量。一方面,新科技革命是对传统知识体系的颠覆,在推动产业变革加速演进的过程中,将催生大量新产品、新产业、新业态,进而重构发展模式;另一方面,新科技革命也为全球发展带来诸多的不确定性,个别技术发展可能产生的风险将对社会道德、社会伦理、社会秩序、生态安全、政府治理等带来强烈冲击,引发人们对国家前途乃至人类命运的忧虑。站在新科技革命和产业变革的潮头,"一带一路"沿线国家需要根据未来科技发展方向和产业发展方向进行预判,共同进行前瞻性布局,对全球科技创新治理方案进行有益探索。

系统集成。科学研究范式的深刻变革,推动自然科学与社会科学之间交互渗透,基础研究、应用研究、技术开发和产业化边界日趋模糊,各国科技创新的竞争与合作逐渐演变为科技创新生态系统之间的竞争与合作。在此背景下,"一带一路"科技创新合作宜用系统集成的思维进行设计。沿线国家通过"政产学研用"链条融合,将诸多创新单元、要素进行高效集成和动态组合,形成大纵深、全链条的合作,一方面有助于建立协同共生、创新导向的创新生态

系统,另一方面有助于提升创新能力和技术实力。

开放包容。"融创新"时代要求学科之间、产业之间乃至国家之间进行更具深度和广度的交流、融合与集成。创新产品从研发设计、技术集成、生产组织、价值实现直到利益分配,均离不开跨越国界的各方互动。任何一个国家都不可能孤立依靠自身力量解决所有创新难题①。美国推动"科技脱钩"实质上是为研究者、投资者、开发者、生产者、服务者、应用者之间的互动合作设置障碍,为知识库拓展、技术持续迭代升级制造麻烦,既不符合经济规律又违背创新规律。"一带一路"国家在应对"科技脱钩"方面,宜更加重视科技开放,为创新要素的跨国流动和全球整合创造更便捷的环境,通过各种合作机制构建,从更广阔的空间获取创新资源。

因地施策。沿线国家在发展阶段上存在差异,合作优势不同,合作诉求亦有所不同。在深入研究沿线各国的科技创新发展战略、产业发展战略的基础上,明确各方的科技合作诉求和合作比较优势,求同存异,相互包容,加强科技创新发展战略和政策对接。择可行者而行之,因地施策确定优先合作方向,提出科技创新合作方案,推动实现优势互补,实现合作利益最大化,助力各国经济结构转型升级。

(二)合作模式探索

笔者认为,未来"一带一路"科技创新合作模式构建应从如下方向切入。

多元主体协同联动。沿线各国政府作为创新合作生态顶层设计者、建设者、维护者,应通过制定明晰的合作规则、技术标准、人员往来规程、信息交流口径等使科技创新合作各方参与者有法可依、有则可循,引导"智政产学研"各创新合作参与方各司其职、各尽所能、有效衔接,通过多方联动、密切合作、多维度、多路径参与科技创新合作,有效提升参与各方创新资源配置能力,提

---

① 参见习近平:《习近平谈治国理政》第二卷,外文出版社 2017 年版,第 43、488、538、539、540、546 页。

升各方在科技创新合作网络中的嵌入率与贡献度，实现以共创价值为导向的"协同创新"，一方面增强各参与方的创新收益，另一方面提升沿线各国在全球创新格局中的地位。

各类平台托举支撑。科技创新合作离不开人才、信息、金融的支撑，更离不开项目的落地与实施的商业支撑。需要引导建立人才信息平台、科技信息平台、科技政策发布平台、科技服务平台、技术孵化平台、技术产业转化平台、产业创新平台等。通过有效促进人才流动，科研机构交流合作，借助科技发展前景预判、科技信息咨询建议、科技评估等科技服务，促进技术转移转化，推动创新资源有机整合与优化配置，支撑科技创新合作行稳致远。

创新链与产业链深度融合。沿线各国都有将科技创新作为新动能推动战略新兴产业和现代制造业发展的诉求。实质上，检验科技创新成败的一个重要标准，就是看其能否推动产业升级和经济发展。实现创新链和产业链精准对接，使创新成果尽快转化为现实生产力，实现创新与产业良性互动、交互作用、融合发展是经过发达国家实践检验的合理路径。沿线国家在各自科技创新发展中遇到的问题，在很大程度上与创新链与产业链脱节有关。因此，深化"一带一路"沿线国家科技创新合作，必须一方面发挥创新驱动对产业发展的引领作用，另一方面以产业需求为导向，解决创新与产业脱节问题。

政府推动与市场互动结合。政府与市场关系是永恒的命题，在国家科技发展中如此，在国际科技合作中亦如此。政府主导模式存在可持续性不足的弊端，政府推动起到了至关重要的作用，由此奠定了中国工业体系基础。当然，在中苏关系恶化时期，政治关系严重影响了科技合作项目的推进。由此可见，政府推动与市场互动必须配合。科技创新领域宜坚持企业主体地位，采用市场化手段配置资源，有助于提升合作效率，推进合作行稳致远。当然，政府调节资源的手段在任何时候都不应该放弃，特别是在面临共同挑战，打造共同安全环境的条件下，政府的推动作用弥足珍贵。

（三）合作路径选择

共建"一带一路"国际科技智库网络。开展智库伙伴计划，联合沿线国家高校和智库机构共建高端国际科技智库网络。通过设立科技创新智库联盟、智库人才联盟等方式，聚合沿线国家一流学者开展高水平研究，聚焦各国科技创新战略、创新体系、成果转化体系、技术攻关体系、战略力量体系、区域创新与产业集群、产业政策、经济政策、科技外交、国际技术贸易等重大问题开展调查研究，汇聚共识，形成推动"一带一路"科技创新发展的新理念、新理论、新方案。

大力培养高端研究人才及复合型人才。实施"一带一路"高层次留学生选拔计划，择优秀人才而育之，应注重理工科人才培养。在奖学金和就业安置等问题上向理工科留学生倾斜。注重交叉学科人才培育，培养具有系统性思维和战略性思维的青年人才。多途径探索人才联合培养方式，尝试利用长期或短期学术进修、开展联合研究项目等方式联合培养人才。支持青年科研人员、博士生、博士后进行短期访问、参加技术培训、参与学术交流或实习活动、开展联合科研，深化交流合作。推动开展各类特色青少年科技交流活动，通过展览展示、科技竞赛、青少年科技特训营及创客营等方式，增进青少年科技教育交流。

搭建统一平台，兼顾研发与服务。统一平台包括研发与服务两大类。首先，在重点合作领域通过统一研发平台开展联合研究，共同应对挑战，提升沿线国家科技创新合作的实效性，聚焦经济社会发展中面临的共同技术难题。其次，打造集科技信息、技术转移、科技金融、学术研讨和成果展示于一体的高端专业服务平台。高端专业服务平台旨在实现科技创新资源的高效集成和深度融通，破除属地界限，通过合纵连横，连接沿线国家和所属各地区的合作资源，形成央地联动、区域互动的全新合作格局。

强化协调机制建设。沿线各国政府应当进一步加强前瞻性的规划安排和统筹把握，为合作提供稳定的制度保障和机制保障，促进各合作领域的无缝对接。首先，充分发挥政府间科技合作机制的促进协调作用。其次，政府引导各参与方建立长效工作对接机制。推动科创基金之间、创新机构之间、科技园区之间、高技术行业联盟之间，建立长效合作机制，保持交流互访渠道畅通，推动在各自领域实现有效对接。再次，在国家层面设立科技合作跨部门协调机制。通过全局性且有力度的协调统筹，疏通各部门之间存在的壁垒，推动跨领域对接，解决科技创新合作跨界融合问题，实现创新价值链上高等院校、科研院所和企业等不同创新主体之间的紧密合作、交叉赋能和互惠共赢，助推各类创新资源的合理配置与有效整合。

推进标准资格互认。在知识产权、技术标准、技术法规、计量和合格评定等领域加强协调，稳步扩大规制、管理、标准等对接，促进软联通，突破制约合作的瓶颈，打通堵点。亦将重点合作领域的标准转化与互认，建立安全、便捷与顺畅的跨境支付通道，优化跨境物流模式等放在首要地位。依托行业龙头企业，以打通行业标准为目标牵引，是较为合理的合作路径。开展工程师互认区域和行业试点，推动工程师双边互认。鼓励沿线国家学会与国际组织合作，推广国际标准应用，培养国际标准化人才。

充分发挥企业在科创合作中的主体作用。企业具有捕捉创新需求的能力，更是国际技术创新合作中的重要力量，特别是创新领军型企业。为此，必须创造条件使企业成为沿线国家科技创新合作的投入、执行和受益主体，以资本为纽带，以产业创新联盟为载体，汇聚创新要素，形成强大合力，造就一批核心技术能力突出、创新能力强的领军型企业，形成引擎企业带动、中小企业积极参与，科研院所、高等院校助力的合作态势。

深度参与全球科技治理。为构建更大范围、更宽领域、更深层次、更高水平的科技创新开放合作新格局，需要沿线国家共同参与国际大科学工程，增强国际科技话语权。一方面，面向基础研究领域和重大全球性科技问题，结合各国发展战略需求，整合上合组织、金砖国家科技组织积极参与国际大科学计划和大科学工程，用多边力量增强在国际科技舞台上的话语权。另一方面，推动沿线国家在知识产权、技术法规、标准、计量和合格评定等领域进一步加强合作，为新技术合理利用营造公平、公正、非歧视的环境，为全球科技创新发展重大议题和挑战提供解决方案，共同参与国际科技治理规则的制定。

绿色"一带一路"背景下中国与俄欧亚国家绿色发展战略对接:可能性、挑战与途径①

绿色"一带一路"在俄罗斯及中亚的推进和建设是下一阶段"一带一路"倡议推广落实的战略方向。鉴于欧亚地区"一带一路"沿线国家在绿色议程和绿色发展方面的影响与国家规模、排放规模、国家发展战略密切相关,本文以俄罗斯、哈萨克斯坦和乌兹别克斯坦为样本,在梳理和厘清这些国家的低碳发展概况的基础上,结合俄罗斯、哈萨克斯坦、乌兹别克斯坦三国的经济发展模式、产业状况和国家发展战略框架内的绿色发展政策,分析绿色"一带一路"与俄罗斯、哈萨克斯坦、乌兹别克斯坦绿色战略对接面临的挑战,探索相应的可行性,并提出对策建议。

一、导 言

作为一项全球议程,俄罗斯和哈萨克斯坦、乌兹别克斯坦等"一带一路"沿线主要国家在碳排放和绿色发展方面同样负有义务,也各自制定了相关政策和发展方案。由于经济发展阶段、资源禀赋、国家发展战略以及国际政治诉求的差异,俄罗斯、哈萨克斯坦、乌兹别克斯坦在绿色发展和对碳排放全球议程方面的立场和应对措施有很大差异,而且与中国的诉求也有很大差别。在

———————
① 作者:郭晓琼,中国社会科学院俄罗斯东欧中亚研究所研究员;徐坡岭,中国社会科学院俄罗斯东欧中亚研究所研究员;丁超,中国社会科学院俄罗斯东欧中亚研究所副研究员。

这种情况下，在欧亚地区推进绿色"一带一路"建设，面临的国别环境和条件，以及相应的挑战和问题也大不相同。

从历史发展进程看，俄罗斯、哈萨克斯坦和乌兹别克斯坦在市场化经济转型之后，经济结构、产业结构和经济发展模式与苏联时期相比均发生了重大变化。其中，一个最主要的变化是随着开放和融入国际经济循环，这些国家的经济结构中遵循自然比较优势逻辑成长起来的能源与自然资源行业，以及逐渐萎缩的工业制造业，从根本上改变了这些国家的相对碳排放水平。由于俄罗斯和哈萨克斯坦对碳氢能源出口的高度依赖，使得俄、哈两国对快速推进的碳排放气候议程可能对本国经济产生的负面影响高度警惕。另一方面，俄罗斯和哈萨克斯坦对本国转型以来快速的去工业化进程带来的国家竞争力损失也充满担忧，相继制定了进口替代工业化战略和复兴工业制造业的现代化战略。在这种情况下，碳排放绿色发展全球议程可能产生的全球工业制造业格局固化效应，也使得俄罗斯、哈萨克斯坦对于中国基于"3060 承诺"提出的绿色"一带一路"倡议可能产生的发展约束充满警惕。乌兹别克斯坦是该地区劳动人口和天然气资源相对丰裕的国家，工业化是米尔济约耶夫总统新政之后国家发展战略的核心议程，因此，其对全球绿色发展议程和中国的绿色"一带一路"倡议将持何种态度，也需要深入研究和斟酌。

中国承诺 2030 年实现碳达峰，2060 年实现碳中和，是一项高水平而且宏大的目标。"3060 目标"的实现一方面需要在内循环层面对产业结构、技术水平和排放强度做出根本性的改变，另一方面也需要在外循环层面做出合理的战略性安排，为内循环碳排放目标的实现提供条件。绿色"一带一路"建设将为"3060 目标"的实现提供产业重构、绿色技术创新、绿色投资、绿色金融和绿色产业链循环等方面的支持。与欧亚地区主要"一带一路"沿线国家俄罗斯、哈萨克斯坦、乌兹别克斯坦实现绿色发展战略对接，需要在可能的产业、技术、领域等方面进行深入地研究，从而在公益与经济利益平衡的基础上推进相关投资和国际合作。

二、绿色"一带一路"与俄罗斯战略对接

(一)俄罗斯资源环境与工业基础

俄罗斯地大物博,是世界上自然资源最为丰富的国家之一,其自然资源总量居世界首位,具有种类多、储量大、自给程度高的特点。许多资源的储量均位居世界前列,在矿产、森林、土地和水资源等方面,俄罗斯的资源优势尤其明显。俄罗斯石油储量占全球6%,次于沙特阿拉伯、委内瑞拉、加拿大、伊拉克和伊朗,居世界第六位。天然气开采量达到7254亿立方米,仅次于美国,居世界第二位,占世界总量的17%。煤炭储量占世界18%,次于美国、澳大利亚和中国,居世界第四位。

俄罗斯工业化开始于苏联时期,随着工业化进程的推进,碳排放量也快速增长,1959年苏联二氧化碳排放量为2亿吨,1968年已达到6亿吨,从20世纪初到苏联解体,俄罗斯一直是全球第二大碳排放国。1990年是俄罗斯温室气体排放的峰值年,排放量达到31.13亿吨二氧化碳当量,该年也是《京都议定书》的基准年份。

苏联解体后,俄罗斯在向市场经济过渡过程中采取了"休克疗法",立即实行对外贸易自由化,加工制造业部门的产品由于长期存在资源补贴机制以及生产工艺落后的问题,难以与外国产品竞争。为了获取短缺的外汇资金,促进经济复苏,俄罗斯不得不大量出口能源、原材料等初级产品,从而形成了经济结构的能源、原材料化趋势,进而对制造业形成挤出效应。劳动力、人力资本、资金等生产要素不断从制造业涌入自然资源部门,能源和原材料行业不断扩大。1990年,俄罗斯工业中能源和原材料工业比重为33.5%,制造业比重为66.5%。到2019年,矿产资源开采业增加值在工业中的比重已提高到41.5%,能源、原材料相关行业的比重提高到76.3%,加工工业比重下降至

48.3%,加工工业中除掉能源、原材料相关行业剩余的制造业比重下降至 23.7%。

表1　2011—2019 年工业结构变化　　（单位:%）

年份	2011	2012	2013	2014	2015	2016	2017	2018	2019
工业	100	100	100	100	100	100	100	100	100
矿产资源开采业	36.0	36.4	36.7	35.8	36.3	37.0	39.0	42.8	41.5
加工工业	50.2	50.8	50.1	51.5	51.4	49.9	48.8	47.0	48.3
食品、饮料、烟草制品生产	7.2	8.1	8.7	8.1	7.5	7.9	7.2	6.5	7.4
纺织品、服装、皮革及制品生产	0.9	0.9	1.0	0.9	0.9	0.9	0.9	0.8	0.8
木材加工、木材及软木制品生产（家具除外）、秸秆制品及编制材料生产	0.9	0.8	0.9	1.0	1.0	1.0	0.9	0.9	0.8
纸及纸制品生产	1.1	0.9	0.9	1.0	1.2	1.4	1.1	1.1	1.1
印刷及复印	0.3	0.3	0.3	0.4	0.4	0.4	0.4	0.3	0.3
焦炭及石油产品生产	11.8	10.9	10.9	10.1	7.6	7.3	7.6	9.8	8.6
化工业	3.4	3.2	2.6	3.2	4.3	3.9	3.5	3.4	3.3
药品及医用材料生产	0.5	0.5	0.6	0.7	0.8	0.9	1.0	0.8	1.0
塑料及橡胶制品生产	0.9	0.9	1.1	0.9	1.0	1.1	1.0	0.8	0.9
其他非金属矿产品生产	2.3	2.5	2.4	2.4	2.1	2.0	1.9	1.7	1.8
冶金业	7.8	7.2	6.3	7.9	9.2	8.7	8.4	8.2	9.2
金属制品生产（机器和设备制造除外）	1.8	2.0	2.3	2.3	2.7	3.5	2.9	2.4	2.7
电脑、电子及光学产品生产	1.9	2.0	2.2	2.5	2.6	2.4	2.2	1.8	1.8
电气设备制造	1.3	1.3	1.1	1.2	1.2	1.0	1.0	0.8	0.8
不包含在其他分类中的机器和设备制造	2.1	2.3	2.1	1.9	2.0	1.6	1.5	1.2	1.2
汽车、拖车及半挂车制造	1.4	1.7	1.4	1.4	1.0	1.2	1.4	1.3	1.3
其他运输工具及设备制造	2.8	3.2	3.1	3.4	4.0	2.3	3.2	2.7	2.6

续表

年份	2011	2012	2013	2014	2015	2016	2017	2018	2019
家具生产	0.7	0.8	0.8	0.9	0.8	0.6	0.7	0.6	0.7
机器和设备的修理及安装	1.3	1.4	1.5	1.5	1.1	1.8	2.1	1.7	1.9
电力、燃气和蒸汽及空调的供应业	11.9	10.9	11.2	10.6	10.4	11.2	10.4	8.6	8.6
给排水、废品收集及加工利用、清污	1.8	1.9	1.9	2.1	1.9	1.9	1.8	1.6	1.6

资料来源:根据俄罗斯联邦国家统计局按现价计算的增加值整理。

由于经济下滑和生产设备现代化停滞,与1990年相比,1998年俄罗斯温室气体排放量下降了一半。此后,尽管俄罗斯经济发展经历了十年黄金时期,但至今工业生产仍未恢复到苏联解体前的水平,温室气体排放无需采取任何措施自然下降。2017年,俄罗斯温室气体排放量为15.78亿吨二氧化碳当量,为1990年水平的52%。

(二)俄罗斯环境政策演变

在现有的气候协议中,《京都议定书》是起点,《巴黎气候协定》达成了减排协议。当时规定了气候行动的三个阶段,其中,2008—2012年为第一阶段,2013—2020年为第二阶段,并确定了主要大国在2021—2030年(第三阶段)的减排义务。

按照《巴黎气候协定》达成的协议,俄罗斯2012年温室气体排放总量为2322.2Mt,占世界排放总量的5.2%。俄罗斯承诺尽一切努力执行《京都议定书》,但在2012年拒绝参加该协议的第二阶段减排。因为参加《京都议定书》的第一阶段不需要俄罗斯的努力。2000年之后俄罗斯高速增长的能源部门的产出主要用于出口,而国内由于去工业化导致工业生产的下降,2012年温室气体排放量反而比2000年下降了31.8%。

俄罗斯在第二阶段的减排义务是到2020年将温室气体排放量减少到不

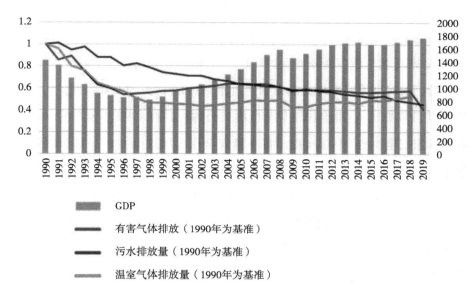

GDP

有害气体排放（1990年为基准）

污水排放量（1990年为基准）

温室气体排放量（1990年为基准）

图1　1990—2019年俄罗斯经济增长与有害气体、污水和温室气体排放变动趋势

备注：左轴为以1990年为基准，相应年份有害气体、污水和温室气体排放量，右轴为1990—2019年GDP（单位：10亿美元）。

资料来源：Поворот к природе：новая экологическая политика России в условиях "зеленой" трансформации мировой экономики и политики. / Национальный исследовательский университет "Высшая школа экономики"，Факультет мировой экономики и мировой политики. —М.：Международные отношения，2021. —97 с.，ил. ISBN 978 – 5 – 7133 – 1691-4. https://globalaffairs.ru/articles/povorot-k-prirode/。

超过1990年排放量的75%。为了实现这一目标，俄罗斯几乎无需在当前政策之外采取额外行动来降低经济的能源密度。因此，在普京第四任期前，俄罗斯对待环境议题的态度并不积极，在相关问题上的表态往往服从当时国家的外交需要，时常出现态度摇摆。在国内环境治理方面，由于俄罗斯仍在努力推进工业化进程，经济发展阶段决定俄罗斯将促进经济增长、改善民生的目标置于比环境保护更重要的位置。

　　苏联时期，环境保护议题是因切尔诺贝利事故才出现在国内的政治讨论中。20世纪80年代末和90年代初，苏联民众对环境问题的关注度较高，民众对环境问题的担忧也在一定程度上促成了国家环境监管体系的形成。1988

年苏共中央和苏联部长会议通过《关于国家环境保护的根本性调整》的决议，随后成立了苏联国家自然保护委员会和苏联自然管理及环境保护部，苏联解体后，该部更名为俄罗斯环境保护和自然资源部。

叶利钦时期俄罗斯外交政策倒向西方，为响应西方国家环境保护的号召，1992年俄罗斯加入《联合国气候变化框架公约》，并在1999年公布的《俄罗斯联邦国家安全构想》中首次提出将环境安全作为国家利益的一部分，但该构想中的"环境安全"基本只涉及国内环保，而非战略意义上的举措。[①] 气候变化和环境保护议题只是为外交政策服务，是回应西方国家诉求的被动之举。当时，激进的经济转型导致俄罗斯经济严重下降，居民生活水平急剧下滑，民众更加关注经济和社会问题的解决，越来越多的人将环境保护视为经济增长的负担。

2000—2008年是普京总统执政的前两任期，俄政府对待环境议题最积极的举措就是于2002年批准了《京都议定书》，在美国拒绝签署的情况下，俄罗斯的这一举措对《京都议定书》起到了决定性作用，人类历史上首次以法律形式限制温室气体排放的国际公约得以生效。[②] 然而，该时期俄罗斯经济快速增长，为了不打断经济增长势头，俄政府放宽了对环境问题的监管。1996年俄政府取消了环境保护部，2000年取消了国家环境保护委员会，直到2008年环境部门的机构设置才并入自然资源部，成为自然资源与环境部。在减排方面，这一时期俄罗斯电力行业能源结构大幅调整，天然气占主导地位（占46%），低碳核能占19%，水力发电占18%，整体上能源结构相对合理，然而俄罗斯经济的碳强度较高，能源效率低下，提高能效成为未来减排的重点方向。

2008—2012年梅德韦杰夫任俄罗斯总统期间，俄政府对气候变化问题的态度相对积极。梅德韦杰夫承认全球气候变暖的不利影响，并提出俄罗斯应

①　丛鹏：《大国安全观比较》，时事出版社2004年版，第157页。

②　姜睿：《气候政治的俄罗斯因素——俄罗斯参与国际气候合作的立场、问题与前景》，《俄罗斯研究》2012年第4期。

从国内和国外两方面积极推动环境保护，认为通过提高能效减少温室气体排放，无论从经济还是从环境角度都符合俄罗斯的利益。2009 年俄政府通过了《俄罗斯联邦气候战略》，明确了气候政策的目标、主要方向和实施方式，并提出为应对气候变暖俄罗斯政府将采取的措施。在 2009 年哥本哈根气候大会上，梅德韦杰夫还提出俄罗斯将在 2020 年前将碳排放在 1990 年的基础上减少 25% 的减排目标。[1]

2012 年普京再次出任总统后，俄罗斯对待气候问题的态度回归"实用主义"，主要是从能源富集国的角度出发，在世界气候大会及一些气候议题的具体谈判中，施展气候外交的手段，维护俄罗斯本国利益。对待气候问题，俄罗斯并不在意全球气候治理的改进，而是将气候问题作为外交政策的一部分，根据别国的态度来决定本国的表态，很多时候甚至出现表态上的"摇摆"。例如，在 2013 年华沙大会上俄罗斯拒绝参加下一个减排承诺期。乌克兰危机之后，为挽回受损的国际形象，2015 年俄罗斯在巴黎气候大会上对《巴黎气候协定》持积极态度。2016 年俄罗斯提出要在天然气开发、核能开发和可再生能源利用等领域积极开展行动以应对气候变化。[2] 同年 11 月 3 日，俄政府颁布第 2344-r 号命令，通过一系列措施计划，改善国家对温室气体排放的监管。这一提议与俄罗斯国内经济发展和能源产业优化升级的国内政策相一致，而并非出于对气候问题的重视。俄政府对待气候问题表态的"摇摆"正体现出俄罗斯在该问题上始终本着本国利益优先的原则。2013 年以前俄政府在环境保护方面的预算支出不到联邦预算支出的 0.2%，此后虽有增长，但 2019 年该比重仍不足 0.7%。

欧盟推出碳边界调节税后，俄罗斯在第三阶段的减排任务骤然加大，面临能源转型的巨大压力。《巴黎气候协定》规定的第三阶段减排的目标是到

---

① 为实现该目标，2009 年 10 月 17 日，梅德韦杰夫颁布第 861 号命令。2013 年 9 月 30 日，普京再次颁布《关于减少温室气体排放》的总统令。2014 年 4 月 2 日，俄政府颁布法令予以实施。

② 史洋：《俄罗斯:采取五大措施积极应对全球气候变化》，http://news.cri.cn/20161114/83fe91e5-2ad9-63cc-a45b-ab1260a45750.html，2016-11-04。

2030 年将温室气体排放量降至 1990 年水平的 70%—75%。由于第二阶段许多国家没有完成减排任务,欧盟在清洁能源问题上突然推出碳边界调节税,这样不仅使高能源密度的产品如钢铁和煤炭受到打击,而且传统能源的使用和出口也将受到打击。

征收碳边界调节税将导致俄罗斯对欧洲传统化石能源出口的减少。为了维护国家经济利益,降低损失,俄政府一方面在国际社会积极发声为俄罗斯气候政策辩护,在 20 国集团、金砖国家合作组织等平台进行了多方面的外交努力,宣传俄罗斯在减排和绿色发展议程方面的立场,包括森林资源的温室气体吸附对冲效应、核能绿色化、氢能源路径等;另一方面在国内出台了一系列低碳发展的措施、计划,加快推动社会经济向低碳发展转变。

2020 年 4 月 11 日,普京总统颁布《关于降低温室气体排放》的总统令,该命令提出在保证俄罗斯社会稳定、经济可持续发展的前提下,考虑到森林和相关生态系统的中和能力,提出到 2030 年将俄罗斯温室气体排放量降低至 1990 年水平的 70%。为实现这一目标,俄政府根据《巴黎气候协定》的条款,陆续出台了一系列环境方面的战略规划。具体包括:2020 年 1 月出台的《2022 年前适应气候变化第一阶段国家行动计划》、2020 年 3 月公布的《2050 年前俄罗斯降低温室气体排放水平长期发展战略草案》、2020 年 8 月公布的《俄罗斯碳单位交易系统规划草案》、2021 年 4 月 21 日经国家杜马一读通过的《限制温室气体排放法律草案》,以及 2021 年 11 月 1 日批准的《2050 年前俄罗斯低碳社会经济发展战略》。根据这些战略及规划,俄罗斯当前环境政策的主要内容为:完善环境立法、建立排放管理机制、提高能源效率、提高中和能力、积极开展科学研究等。

(三)俄罗斯在全球绿色发展议程上的立场和目标

1. 认为当前的气候议程正在成为某些国家实施贸易限制和不公平竞争措施的工具

俄罗斯一方面赞同当前的全球气候议程,并在 7 月份制定和公布了"俄联邦低碳发展战略"框架,并以"关于限制温室气体排放"第№ 296 - Φ3 号联邦法律文件的形式确定下来。

另一方面,俄罗斯认为,目前气候议程中的优先事项在很大程度上是由个别国家和组织的经济利益驱动的。某些国家实施气候议程的方式正在制造新的贸易壁垒,并在全球市场上创造不平等的竞争环境。俄罗斯工业家和企业家联盟主席绍欣强调,气候议程的特别挑战在于确保国际合作中关键行为者的利益平衡和最佳政策。

俄罗斯政府官员明确表示,俄罗斯在 2021 年 11 月格拉斯哥气候框架协议缔约方会议上的主要目标是维护俄罗斯的社会经济利益,实现普京总统确定的国家发展目标。

2.《巴黎气候协定》中规定的共同但有差别的减排原则应在格拉斯哥气候框架协议缔约方会议上得到遵守和执行

俄罗斯的基本立场是确保国际气候治理的公平规则,确保国际机制遵循普遍、共同和有差别的责任原则。《巴黎气候协定》确立的"各国可以根据各自的国情和能力,选择实现减少全球温室气体排放的共同目标的方式"应该在 11 月格拉斯哥气候框架协议缔约方会议上继续维护。俄罗斯认为,任何强加或限制的做法都不符合已达成的国际协议。

3. 争取在多边框架内达成一个欧盟碳边界调节税的替代方案

俄罗斯坚持认为,欧盟通过单方面实施跨界碳管制对外国施加限制是不可接受的。欧盟碳边界调节税开创了一个糟糕的先例,欧盟对所有其他国家实行统一的监管做法(温室气体排放税或排放配额),是对多边贸易体系规则的破坏和世界贸易组织(世贸组织)机构的侵蚀。

俄罗斯工业家和企业家联盟强调,按照《关税及贸易总协定》第 11 条第 1 款(禁止征收保护主义关税、进口货物与国内生产货物之间的歧视以及对国际贸易的其他变相限制)和《联合国气候变化框架公约》第 3 条第 5 款(不允许利用气候变化措施限制国际贸易)的规定,欧盟实施的碳边界调节税机制违背了《巴黎协定》的基本原则。

俄罗斯希望在格拉斯哥会议上达成一个多边气候框架协议，来替代欧盟的单边碳边界调节税方案。俄罗斯认为，当前供应链中断、市场失衡和新一轮保护主义的风险正在因气候议程上升。

4. 俄确立和制定了关于全球绿色发展的立场和方案

该方案的要点是：在现有世贸组织规则等国际法的基础上，遵循普遍又有差别的责任原则，循序渐进推进相关议程。具体包括：

（1）碳管制应符合世贸组织现行国际法，并应避免任何基于国家或产品的歧视；（2）碳监管应考虑到企业已经实现的减排水平，并以特定企业生产的产品的实际碳密度为基础，在"污染者付费"原则的基础上考虑"差别责任"实施监管；（3）在进口商品的碳密集度低于欧盟生产商的碳密集度时，碳管制应提供折扣或完全豁免来鼓励最有效率的生产商；（4）欧盟碳边界调节税对内实施的特定产业领域免费配额应向其他国家的生产者提供同等待遇；（5）碳密度单位费率和碳强度标准制订应考虑公平原则和国际标准；（6）应鼓励碳捕捉和碳吸收的自然（森林）解决办法，鼓励各国自愿的气候项目，减少碳强度评估的难题；（7）为了避免意外的负面影响和减少适用风险，应分阶段实施碳税进口应对机制，从结构和进口量最简单的部门开始，逐渐转向更复杂和更大规模的部门；（8）碳管制不仅针对最终产品，应当扩大到中间产品，涵盖整个生产链（从初级商品到成品）；（9）碳监管和管制的国际合作机制必须是可靠和透明的，并在《巴黎气候协定》第六条规定的国家和国际交易的有效监测和监督框架内实行问责制；（10）应鼓励技术转让和资助符合《巴黎气候协定》目标（脱碳，减少碳密集度，能源密集度，其他气候项目）的气候项目，包括取消制裁；（11）碳减排承诺一次有效，避免对已有承诺重新谈判和强调更多的气候责任。

（四）绿色"一带一路"与俄罗斯战略对接的方向与领域

绿色"一带一路"建设不仅对我国国内国际双循环发展格局具有现实意

义,也是共建"一带一路"高质量发展的重要内容,在全球治理绿色升级的背景下,绿色"一带一路"建设对后疫情时代改善全球治理赤字起到积极作用。

2017年我国环保部、外交部、商务部和发改委联合发布《关于推进绿色"一带一路"建设的指导意见》,明确提出建设绿色"一带一路"的理念及初步思路。① 2019年习近平主席在第二届"一带一路"国际合作高峰论坛上强调要坚持开放、绿色、廉洁理念,把绿色作为底色,推动绿色基础设施建设、绿色投资、绿色金融,保护好我们赖以生存的共同家园。② 绿色"一带一路"成为中国参与全球治理及改革全球治理体系的重要路径,也为世界提出了中国方案。

基于中俄两国共同的利益诉求,在绿色"一带一路"框架下,中俄在环境保护、碳氢能源转型、绿色能源、绿色工业化技术、绿色金融、绿色农业等领域展开合作。

1. 环境保护合作

中俄两国在生态领域的合作起步较早,自20世纪80年代开始于毗邻地区,两国就解决界河界湖的生态环境问题签署了一系列协议。如1986年10月23日,两国签订《中俄边境水体水资源管理协定》;1994年5月27日签订《中俄关于在界河黑龙江和乌苏里江水生资源保护、利用和再生产领域的合作协定》;1996年4月25日,两国签订《中俄在兴凯湖建立禁渔区的协定》等。1994年5月两国签署的《中俄环境保护合作协定》为两国国家级生态合作拉开帷幕。2005年松花江水体污染事件之后,环保合作的重要性逐渐凸显,2006年两国成立了中俄总理定期会晤委员会环保分委会,每年定期轮流召开部长级分委会及工作组会议,自此两国环保合作的机制建设逐步展开。绿色"一带一路"倡议提出后,两国在该倡议下也积极开展环保合作。2019年,两国元首共同签署《中华人民共和国和俄罗斯联邦关于发展新时代全面战略协作伙伴关系的联合声明》,声明也涉及生态领域,指出双方将"加强跨界水体

---

① 《关于推进绿色"一带一路"建设的指导意见》,《中国环境报》2017年5月9日,第3版。
② 《习近平谈治国理政》第三卷,外文出版社2020年版,第491页。

保护、环境灾害应急联络、生物多样性保护、应对气候变化、固废处理等领域合作"。

2. 碳氢能源转型

新冠疫情让国际社会对工业生产所造成的环境污染问题更加重视，民众的环境保护意识加速觉醒。当前，以透支生态环境为代价换取经济增长的发展模式已不可持续，能源行业特别是碳氢能源领域未来的发展路径、碳中和目标等问题逐渐成为世界关注的焦点。为顺应这一趋势，油气企业生产提质增效、降低碳排放强度成为当前的首要任务，很多油气企业主张采取多元化经营策略投资新能源产业，并加大碳捕获、利用与封存技术投入，从而支持上游业务减排。

未来一段时期内，原油市场逐步走向萎缩，天然气和可再生能源将成为碳氢能源领域的增长引擎。近年来，中俄两国在天然气及可再生能源领域已展开深入合作，亚马尔天然气、中俄东线天然气管道项目均已取得良好合作成果，中国提出"双碳"目标，也将进一步推动碳减排和能源利用技术革命，促进传统能源清洁化转型，加速新能源产业发展，绿色能源领域合作将成为未来中俄共建绿色"一带一路"的重要内容。

3. 清洁能源合作

俄罗斯在核能利用领域拥有丰富的经验，中俄两国在核能领域合作多年，田湾核电站是中俄核能合作的成功案例。一期工程 1、2 号机组已于 2007 年投入运营，二期工程 3、4 号机组分别于 2018 年 2 月和 2018 年 12 月投入商业运营，三期工程 5、6 号机组采用中核集团自主 M310+改进机型，相继于 2015 年 12 月和 2016 年 9 月开工建设，计划 2021 年底前投入商业运营。2019 年 3 月 7 日，中俄双方签署《田湾核电站 7、8 号机组总合同》，7 号机组于 2021 年 5 月开工，8 号机组于 2022 年 3 月开工建设。徐大堡核电站项目也在推进过程中，2018 年 6 月，中核集团与俄罗斯国家原子能集团签署《徐大堡核电站框架合同》。2019 年 3 月 7 日，中俄双方在两国元首的共同见证下签署《徐大堡核电站3、4号机组总合同》。在水电合作中,2016年5月,中国三峡集团还与俄罗斯水电公司成立合资公司共同开发俄罗斯下布列亚水电项目,该项目能够增强该流域的防洪能力,水电站所发的电能够回送中国。俄罗斯拥有丰富的水资源,而中国在风力和光伏发电领域技术先进,两国在清洁能源领域的合作前景广阔。

4. 绿色工业化技术合作

俄罗斯目前正处于再工业化阶段,工业基础设施严重老化,这也是其工业高能耗、低效率的重要原因之一。中国在基础设施及设备的电气化方面拥有丰富的经验,可在俄罗斯工业设备现代化更新的过程中发挥重要作用。在"绿色"及"低碳"的相关技术研发领域,中俄两国也可取长补短,开展联合研发、技术引进等合作。

5. 绿色金融合作

目前,在低碳发展的全球趋势下,世界上很多企业开始将减少碳排放作为公司战略的一部分,但大多数公司在现阶段很难实现减排目标,更希望通过对外部低碳项目投资来抵消其碳足迹。就俄罗斯工业发展现状而言,其具有较强的减排潜力。目前俄罗斯仍处在欧盟制裁之下,很难吸引到西方国家的投资,因此对吸引中国来俄投资"绿色项目"抱有较大期待。俄罗斯"绿色债券"市场也在迅速发展,2020年7月,俄罗斯外经银行发布俄罗斯首份《绿色金融指导意见》,确立了俄罗斯绿色金融总体框架体系,还明确了"绿色工程""绿色贷款""绿色债券"等概念。在制订该文件时,俄罗斯外经银行还参考了中国的经验,其绿色金融的分类和标准也与中国的体系完全兼容,为俄罗斯公司在中国的交易所发行债券扫清了障碍。

6. 绿色农业

中俄两国在农业发展方面各有所长:中国气候条件优越,有利于农业全面发展,农作物产品种类繁多;俄罗斯幅员辽阔,拥有肥沃的土地和丰富的水资源,土地规模大,适合大面积机械作业。中俄两国进行农业合作,有利于发两国的比较优势，具有广阔的发展前景。近年来，绿色环保理念和高科技创新元素的融入，赋予中俄农业合作更大的发展潜力。俄罗斯对农药化肥的使用极为谨慎，且严禁转基因产品，因此，俄罗斯绿色有机的玉米、大豆、葵花籽油、面粉、蜂蜜等农产品深受中国消费者喜爱，近年来两国农产品贸易快速增长。中俄两国双向农业投资逐步开展，在中国东北地区与俄罗斯远东地区合作背景下，一些中国企业也在俄罗斯远东地区投资农业，从事农业种植、农产品贸易和加工，生产绿色农产品。2020年黑河市建成首个中俄绿色农业综合服务中心并投入使用，为中俄两国绿色农业生产和经营者提供各类服务，促进两国绿色农业合作深化发展。

三、绿色"一带一路"与哈萨克斯坦和乌兹别克斯坦战略对接

（一）哈乌工业化进程与能源依赖

哈萨克斯坦以能源原材料为主导产业，经济增长一方面是由于原材料价格上涨、油气出口增加助推国内贸易和服务业发展；另一方面是基于油气投资及由此带来的基础设施建设、机械、炼油和化工等领域的发展。乌兹别克斯坦虽然是后苏联空间产业基础最好的国家，但能源原材料出口也对经济快速平稳增长起到了重要的支撑作用，尤其是在前总统卡里莫夫执政期间。由于能源化、原材料化趋势具有一定刚性，且对拉动经济增长负有特殊使命，这些国家难以真正摒弃能源思维和能源依赖。以经济增长为纲、放任粗放型的生产和生活方式，对环境造成了不可逆的后果，水资源短缺和不合理利用、土地沙漠化和退化加剧、自然灾害频发，最终陷入恶性循环。

哈萨克斯坦于2000年开始制定工业政策，但由于油价维持高位，丰盈的财政收入和高额利润致使改革动力不足。2010年3月政府出台国家工业化

和创新发展规划,制造业才开始扭转相对于采掘业的弱势状态(图2)。在2015—2019年规划中政府进一步聚焦制造业的竞争力,并制定了"光明大道"新经济政策,希望通过基础设施建设带动钢铁、机械、石化、设备制造等生产型服务业的发展。但结果是,原材料模式加深了经济的"去工业化"进程,至2019年,国内制造业占工业总产值的比重依然未能恢复到2000年的水平,也未能形成电子、机器制造等领域的专业化基础。2020年是第三个工业化和创新发展规划的开局之年,旨在发展竞争性制造业,任务清单中除劳动生产率、出口量、固定资产投资等指标外,还增加了生产制造型企业占比和经济复杂性指数两项。

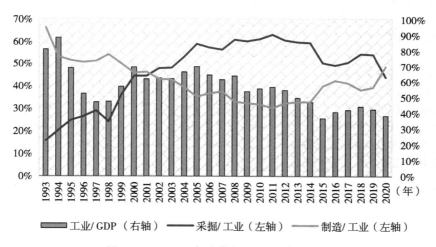

图2 1993—2020年哈萨克斯坦工业发展状况

数据来源:根据哈萨克斯坦国家统计局数据测算。

米尔济约耶夫总统上台后,乌兹别克斯坦工业化进程加快,2019年对GDP的贡献度首次超过服务业,消费主导型产业在国民经济中的重要性下降。与俄罗斯和哈萨克斯坦不同,乌兹别克斯坦的经济结构转型政策确实取得了成效:2016年之前,主要的居民消费品产值增长最快;之后,冶金和金属加工业加速增长(表2)。出口结构可进一步证实乌兹别克斯坦经济发展的阶段性特征(表3)。同样以 2016 年前后为分界,食品饮料和燃料润滑油的出口结构发生改变,原材料出口减少、加工品出口增加。燃料润滑油的出口总体下降,相反初级工业品出口增长明显,且其中成品出口的比重占到了 96% 以上。服务出口(主要是劳务移民)占很大比重,2016 年高达 25% 以上。国内工业化复兴提供了更多的就业岗位和更好的薪资条件,劳动力有回流迹象。

表2 2010—2020 年乌兹别克斯坦主要工业部门产值构成

(单位:%)

年份	2010	2012	2014	2016	2017	2018	2019	2020
食品、饮料和烟草制品	24.3	24.1	25.6	29.7	23.9	16.7	16.0	16.9
纺织品、服装和皮革制品	19.5	20.2	19.0	20.8	20.6	18.0	16.0	15.8
木材、纸张和打印用品	1.5	1.8	2.3	2.7	2.7	2.4	1.9	1.6
焦炭和精炼石油产品	6.3	5.2	4.6	3.2	3.1	2.9	3.8	3.7
化学品和基本药品	7.6	7.5	7.0	9.6	9.6	8.8	8.1	7.7
化工、橡胶和塑料制品	2.0	2.0	2.5	2.9	2.7	2.8	2.4	2.3
其他非金属矿物制品	5.8	6.7	7.1	7.1	6.4	6.4	5.9	5.5
冶金和金属制成品	13.0	12.4	11.6	11.5	13.7	19.2	24.9	28.2
电脑、电子、光学设备	3.8	4.6	4.0	3.8	4.7	6.1	5.8	5.3
汽车、拖车及其他运输设备	13.0	12.9	13.7	4.8	9.2	14.3	13.3	11.4
家具等成品生产、维修和安装	3.2	2.6	2.7	3.9	3.2	2.3	2.0	1.8

数据来源:乌兹别克斯坦国家统计委员会,https://stat.uz/ru/ofitsialnaya-statistika/industry。

表3 2000—2020 年乌兹别克斯坦出口结构

(单位:%)

年份	2000	2005	2010	2015	2016	2017	2018	2019	2020
食品饮料	4.0	3.4	9.4	10.3	5.5	6.7	7.6	8.4	9.1
其中:加工品	30.4	39.9	5.4	5.1	9.7	15.5	14.6	15.6	25.9
原材料	69.6	60.1	94.6	94.9	90.3	84.5	85.4	84.4	74.1
初级工业品	65.5	63.8	51.2	41.0	50.6	55.3	47.2	52.1	65.4
其中:加工品	56.2	68.2	74.3	84.0	87.9	91.8	94.6	94.4	96.1
原材料	43.8	31.8	25.7	16	12.1	8.2	5.4	5.6	3.9
燃料和润滑油	7.6	11.4	22.8	21.4	14.1	12.8	19.0	14.5	4.3
其中:加工品	8.3	21.9	14.8	4.8	10.7	13.2	8.8	10.3	30.1

续表

年份	2000	2005	2010	2015	2016	2017	2018	2019	2020
原材料	91.7	78.1	85.2	95.2	89.3	86.8	91.2	89.7	69.9
机械设备（运输设备除外）及其配件	0.8	0.5	0.8	0.3	0.9	0.9	0.5	0.7	0.6
运输设备及其配件	2.4	7.5	4.4	0.6	0.7	1.5	0.6	1.1	1.7
服务	13.7	12.2	10.3	24.5	25.8	19.7	22.0	19.7	13.2

数据来源：同上。

（二）哈乌环境政策演变

哈萨克斯坦、乌兹别克斯坦是全球绿色发展议程的积极支持者和主要受益者。哈乌支持《巴黎气候协定》和《联合国 2030 年可持续发展议程》，并积极在其框架内制定或整合国内相关绿色发展战略和政策规划，向绿色经济过渡。

哈萨克斯坦是中亚地区第一个通过立法向绿色经济过渡的国家。参照经合组织标准，2013 年制订并通过了《哈萨克斯坦向绿色经济转型构想》，计划分三个阶段予以实施（图 3）。

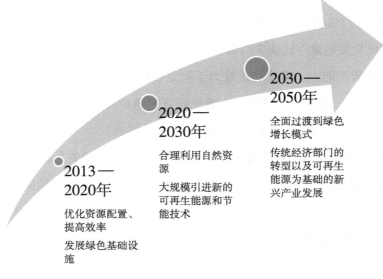

图 3　哈萨克斯坦向绿色经济过渡的阶段（2013—2050 年）

随着《巴黎气候协定》的通过和2030年议程启动,哈萨克斯坦加快推进国内经济改革和相关制度建设,2018年8月,在副总理马明领导下成立了可持续发展目标协调委员会。2019年7月,哈萨克斯坦提出《国家自主贡献》计划,承诺减少温室气体排放:至2030年底无条件减排目标为较1990年减少15%;在增加国际投资、获得低碳技术转让和绿色基金支持、制定经济转型国家灵活机制的条件下,减排目标可提高到25%。《联合国2030年可持续发展议程》在很大程度上与《哈萨克斯坦—2050:成功国家的新政策方针》(即"2050战略")的优先事项相吻合,可持续发展17项目标的80%已经反映在国家规划体系的战略和文件之中。① 2021年1月,哈总统签署新版《生态法典》,把气候变化、废物处理和清洁空气列为迫切需要处理的问题,并规定未来10年内,政府以免除征收企业环境污染税费的方式激励企业用于绿色科技研发。

在格拉斯哥举行的《联合国气候变化框架公约》第26次缔约方大会(COP26)领导人峰会上,哈萨克斯坦作为全球率先批准《巴黎气候协定》的国家之一,更新了国家自主贡献方案,计划到2030年将可再生能源发电量占比提高4倍,从3%提高至15%;将燃气发电量占比提高1倍,从20%提高至38%;将煤炭发电量占比从70%降至40%。同时,计划到2025年前植树20亿棵,以提高碳汇能力。哈政府正致力于制定《2050年前低碳发展愿景》,以期在2060年成为"碳中和"国家。为避免向欧盟缴纳高昂的碳税金额,哈政府提出三种经济发展场景,从而逐步降低温室气体排放。

乌兹别克斯坦绿色议程起步较晚,前期工作主要集中在提高工业能效方面,但进展相对缓慢。2017年4月,乌兹别克斯坦加入《巴黎气候协定》,2018年9月获得批准,承诺采取必要措施减少温室气体排放——2030年前单位GDP温室气体排放量较2010年减少10%。在此背景下,10月推出了本国的

---

① Цели устойчивого развития в Республике Казахстан.https://egov.kz/cms/ru/zur.

2030 年前可持续发展目标,组建了协调理事会,要求把应对气候变化的措施纳入国家发展战略和政策文件之中,并特别关注咸海地区的生态问题。2019年 10 月,乌兹别克斯坦制定了《2019 至 2030 年向绿色经济过渡战略》,预期结果除了自主贡献承诺外,还包括:将能源效率提高 2 倍,降低 GDP 碳强度;将可再生能源发电占比提高到 25% 以上;实现现代化、廉价、可靠能源供应的全覆盖;工业企业基础设施现代化,能效提高不低于 20%;发展电气化交通;提高水资源利用率,为 100 万公顷土地引入滴灌技术,使农作物增产 20% 至40%;实现土地退化中立;将主粮生产率提高 20% 至 25%。2021 年,乌总统指出,乌将遵守《巴黎气候协定》2030 年减排目标,通过推行绿色技术革命将可再生能源占比提高 3 倍以上。乌兹别克斯坦副总理表示,2030 年前乌政府将为能源行业发展制定脱碳发展路线图,按步骤实现国民经济发展向绿色经济发展模式过渡。在欧洲复兴开发银行与日本政府支持下,乌兹别克斯坦正着手制定 2050 年电力生产碳中和工作路线图,力求到 2050 年实现电力行业脱碳,能源领域零排放。乌兹别克斯坦已将绿色经济纳入疫后经济复苏计划,并积极寻求与国际组织合作。2021 年 7 月,乌兹别克斯坦减贫工作负责人与世行达成共识,今后双方将分三阶段进行绿色经济过渡计划,主要步骤包括通报绿色和公正转型日程、环境和气候的制度评估以及协调推动参与绿色发展。

(三)绿色“一带一路”与哈、乌战略对接的方向与领域

1. 环保合作

哈萨克斯坦是共建“一带一路”的重要伙伴,近年来哈高度关注绿色发展。2010 年 9 月,在阿斯塔纳召开的第六届亚太地区国家环境与发展部长级会议上,哈萨克斯坦提出了“绿色桥梁”倡议。2011 年 9 月,在联合国大会期间纳扎尔巴耶夫总统提出“绿色桥梁”伙伴计划,截至目前,共有 15 个国家(哈萨克斯坦、俄罗斯、吉尔吉斯斯坦、格鲁吉亚、德国、蒙古国、白俄罗斯、黑山、拉脱维亚、阿尔巴尼亚、芬兰、匈牙利、保加利亚、瑞典、西班牙)和 12 个非

政府组织签署了《"绿色桥梁"伙伴计划章程》。该计划的理念与中国提出的绿色"一带一路"倡议相互呼应,高度契合。2017 年 5 月 30 日至 6 月 1 日,在哈萨克斯坦召开的中哈环保合作委员会第六次会议上,中哈双方表示愿意在落实"一带一路"倡议、哈萨克斯坦"绿色桥梁"伙伴计划和中方绿色发展理念框架下加强交流与合作。乌兹别克斯坦矿产资源丰富,水资源匮乏,生态环境脆弱,在绿色"一带一路"倡议下,中方不仅为乌咸海生态修复提供科研力量,还为乌三座超期服役的水电站进行升级改造,中乌两国相关国际合作也陆续展开。

2. 绿色能源领域的合作

哈萨克斯坦境内可再生能源丰富,小水电站蕴藏量年均 960 亿千瓦,其中 100 亿千瓦具有经济开发价值。每年可利用太阳能时间约 2200—3000 小时,年均每平方米可产生 1300—1800 千瓦时热量。地热资源约 4 万亿吨燃料当量,每年不依靠泵站可生产 520 兆瓦电力,依靠泵站可生产 4300 兆瓦。全年风能潜力为 1.82 万亿千瓦。但受地理位置、技术条件等因素限制,可再生能源占总能源供应的比重不足 2%(2018 年),可再生电力的比重也低于 10%(2019 年)。哈能源部部长诺加耶夫称,2021 年还将有 23 个(容量为 381.1 兆瓦)可再生能源项目投产。中国企业虽然已进入哈可再生能源市场,但规模和市场占有率均逊于欧洲和俄罗斯企业,未来合作可聚焦于电网的互联互通以及核电、风电、太阳能光伏和水电的开发利用方面。

2013 年以来乌政府出台的各项战略规划,为可再生能源开发和利用提供了清晰的法律框架,目前《乌兹别克斯坦低碳能源战略》也在加紧制订当中,其中特别强调了可再生能源的发电前景,主要是太阳能、风电和水电。根据乌能源部的计划,2030 年之前要建设 25 个 100 兆瓦太阳能光伏发电厂,部署总容量为 3800 兆瓦的水力和 3000 兆瓦的风力发电厂,以公私合作的方式在官方网站进行公开招标。中乌两国密集的绿色项目合作将催生更多的合作需求。

3. 绿色工业化技术合作

哈萨克斯坦在再工业化进程中面临投资短缺和技术落后等问题。油价下跌和出口萎缩导致的财政收入锐减将继续限制政府的支出能力，国家难以在经济复苏中发挥作用，而欧亚经济联盟国家目前的技术水平也不足以作为包括哈在内的成员国经济创新和现代化的基础，联盟的主导国俄罗斯也面临同样的发展困境。而中国在此则拥有丰富经验，可在工业绿色标准制定、绿色技术共享、开发绿色投资平台等方面开展广泛合作。

2020年乌兹别克斯坦首次获得工业竞争力绩效排名，并成为首个进入"全球创新指数"排名的中亚国家，被《经济学家》誉为自2017年以来改革速度最快的国家。大规模的工业化导致其对油气资源的需求增长，这不仅对基础设施造成了投资压力，又受到低碳发展的目标约束。我国应抓住产业转型的重要机遇，在深加工领域提供独特的技术解决方案，扩大基础设施（尤其是电力和运输）领域的投资，利用乌兹别克斯坦制造业和劳动力优势，在其着力发展产业集群的地区布局合作。

4. 绿色金融合作

哈萨克斯坦在绿色金融的制度设计和机构设置方面已具备发展条件。2017年9月，阿斯塔纳金融中心（AIFC）与欧洲复兴开发银行共同制订了绿色金融体系发展构想，规定了绿色债券的发行。2018年6月AIFC绿色金融中心成立，目标是成为中亚和东欧地区绿色发展枢纽。同年7月阿斯塔纳国际交易所（AIX）成立，致力于发展成为中亚地区的人民币交易中心和"丝绸之路经济带"上的重要金融平台。2020年8月，哈"达姆"企业发展基金在AIX登记发行总规模为2亿坚戈的绿色息票债券，期限为36个月，票息率为11.75%。① 这是哈首次发行绿色债券，对于提升哈金融市场的投资吸引力意义重大，也为中哈在双多边层面开展绿色金融合作提供了示范。

---

① 绿色金融与绿色"一带一路"。中华人民共和国驻哈萨克斯坦共和国大使馆经济商务处，http://kz.mofcom.gov.cn/article/scdy/202008/20200802994698.shtml。

乌兹别克斯坦正积极拓宽与国际金融机构的联系、加快进入国际金融市场，探索利用外资和外债的有效途径。稳定的经济增长前景、平衡性的债务政策、低水平的债务负担以及可靠的偿债能力将有助于吸引国际投资，2020年乌兹别克斯坦历史上第一次发行了2亿苏姆的欧元债券。中乌两国可尝试面向欧亚区域市场，寻找绿色融资的多种方式（债券、贷款或担保），深化绿色发展战略的对接。

5. 绿色农业

哈萨克斯坦不使用化学肥料和杀虫剂的生产传统，使其在发展绿色农业方面具有竞争优势，该国90%的有机食品用于出口。2015年11月，哈出台《有机食品生产法》，规定了生产、流通和认证标准，但管理体系和标签要求并不完全符合国际标准。此外还面临农场债务负担过重、缺乏有机产品生产和加工经验等问题。作为主要的目标市场，应积极推动哈有机食品适应我国市场标准，深化产业链供应链合作，解决资金和技术难题。

乌兹别克斯坦被列为全球十大拥有种植有机水果的土地优势的国家，但其有机农业仍处于发展的早期阶段。世界粮农组织自2015年开始提供技术援助，改善有机体系的法律框架和体制结构。2020年5月出台了《乌兹别克斯坦有机农业生产和有机食品发展构想》，以发展技术法规、建立官方授权和认证制度、开发国家商标、扩宽出口渠道、升级技术合作等，并将中国列为重要伙伴。在有机食品领域的合作将有效提升中乌两国的农业合作水平。

四、政策建议

（一）积极回应俄罗斯合作建议与诉求

俄罗斯对在格拉斯哥会议上（包括在之后的气候议程中）与中国合作有很高的期待。俄方建议的气候合作主要领域涉及多方面的议题和方案。

第一,中俄合作,共同反对气候保护主义和因欧盟单方面实施碳边界调节 (TUR)机制而对 WTO 规则的侵蚀,反对对国际气候协议的曲解。俄罗斯高等经济大学的报告建议,俄罗斯和中国应当联合起来,共同反对欧盟"绿色欧洲路线"中针对俄罗斯、中国和其他未满足欧盟要求的国家设置碳密产品贸易障碍。中俄必须加强合作,共同反对强加的气候责任,特别是《巴黎气候协定》中没有规定的多余义务。该报告的建议得到俄经济发展部部长列舍特尼科夫的支持。

第二,中俄合作,共同发展相互承认对方国家的温室气体排放量和清除量估算方法,相互承认气候中性生产和相关产品的认定机制,并采用共同的跨边境碳交易工具。俄罗斯和中国应当合作,就减少排放和固碳、捕获、再循环等制订相应的评估标准,并努力使相关标准和评估方法在联合国机制内实现相互和国际承认,让这些机制在促进应对气候变化的国际合作方面发挥核心作用。此外,中俄需要合作发展跨边境碳交易机制,以确保在国际气候议程问题上的国家竞争力。

第三,合作发展可再生能源和氢能,促进核能的"绿色"国际承认。在电网建设、电力传输和输送领域开展合作。俄罗斯把氢能和核能作为自己特有的绿色发展战略方向。因此,俄罗斯期望在气候议程问题上重新定义"绿色"的技术标准,强调核能、氢能和水力发电在减排方面的潜力。

第四,合作提高资源利用效率,降低碳当量,发展废物循环利用。俄罗斯认为,节约资源、提高能源和资源效率、实施循环经济原则,是实现中俄气候和环境发展目标的关键方向之一。俄专家认为,中国燃煤火力发电厂的灰渣废物被积极用于道路建设、水泥生产、氧化铝生产以及废物处置设施的恢复,是废物循环利用的良好案例。另外,俄方建议,在智能发电、数字化电网以及小型发电系统领域,中俄都有丰富经验,合作潜力巨大。

第五,加强在国际组织和相关平台的合作,促进应对气候变化议程的公平和公正性,确保世贸组织等国际组织的规则不被当前气候议程中的某些做法扭曲。俄方认为,欧亚经济联盟、金砖国家组织、上海合作组织、亚太经合组织等多边机构都有自己的绿色发展议题,这些平台为中俄在气候议程方面的建设性合作提供了更多的机会。中俄可以以上海合作组织和金砖国家为主要纽带,共同为发展中国家和世界其他地区提出一项比西方议程更公平、更具包容性的环境议程。

鉴于以上俄方的诉求,中国应从中寻找共同关切,对俄方的建议和诉求给予积极的回应。

(二)共同制定绿色能源和绿色发展标准

我国应与俄、哈、乌共司制定绿色能源和绿色发展标准,共同构建跨边界碳交易和补偿机制,作为未来绿色国际议程在国际平台合作的优先事项。

俄罗斯期望通过自然(森林)补偿和氢能、核能的途径,走出一条符合俄罗斯经济发展特点和自然资源优势特征的绿色发展道路,在暂时不降低排放总量的前提下,通过提高碳吸收能力和绿色(核能和氢能)能源占比,来完成气候责任。哈乌在相关议题上具有同样的诉求。中国同样需要根据当前的经济发展需要和环境可持续要求,走出自己的绿色发展之路。我们的碳达峰碳中和"3060 目标"需要在减非、新能源和碳捕捉方面发展自身特有的技术,特有的循环经济路径,包括燃煤火力发电的碳捕捉和废物循环利用问题。因此,中国可以和俄、哈、乌共同矿究和制定符合各国利益的绿色发展和绿色能源标准,争夺绿色发展的国家竞争力和话语权。

(三)通过绿色低碳合作,构建欧亚地区可持续发展治理体系

一是加强政策沟通。可以注重加强与俄、哈、乌在可持续发展理念和具体能源政策上的沟通与对话,从政治层面提供有力的政策保障。二是注重与俄、哈、乌等国的发展规划沟通和"油源""油路"等基础设施建设项目,在顶层设计规划、吸引投资、技术攻坚克难、项目施工具体环节、质量检查勘验、运营和

后期管理维护等方面将工作落到实处，切实提升合作效率。如哈的"可再生能源"、乌的"稳定供电"项目等。三是重视金融产品的开发和风险管理。可运用当地能源转型过程中实行的财税优惠政策，同时利用细化操作流程、建立分析工具和运用金融保险产品等方式主动管控融资风险。四是注重加强绿色合作人力资源机构的建设与合作。现阶段俄、哈、乌等对能源转型、绿色技术的研发与应用、企业管理及项目运营、监督及检测等方面人才缺口较大。可借助双边高校合作，进行相关专门人才培养，为国家间能源持续合作做好智力保障。五是通过召开智库论坛、研讨会和展销会等方式，推动与俄、哈、乌等国家相关智库和科研机构的了解与交流，加大对能源转型和可持续发展理念的宣传与推介，提升大众认知、夯实国家间合作的民意基础。

（四）利用好多边机制平台

在上海合作组织和金砖国家合作框架下加强与俄、哈、乌在绿色发展议程方面的合作，提升合作的效果和扩大我国的地区影响力。上海合作组织和金砖国家合作框架是当前开展国际政治经济议题合作的合适和有效的平台。

"一带一盟"对接框架下的农业合作展望①

　　欧亚经济联盟五个成员国是"一带一路"建设具有核心地位的沿线国家，对华合作的地缘区位优势十分突出。俄罗斯、哈萨克斯坦、吉尔吉斯斯坦与中国接壤，俄罗斯、哈萨克斯坦和白俄罗斯连接着与中国对外经济密切关联的亚太经济圈和欧洲经济圈。"一带一路"沿线国家建设的六大经济走廊中有三条——新亚欧大陆桥经济走廊、中蒙俄经济走廊、中国—中亚—西亚经济走廊，分别经过俄罗斯和中亚的中部和南部地区，贯穿欧亚经济联盟成员国，是丝绸之路经济带陆路运输最具前景的交通运输走廊。2015 年 5 月，中俄两国签署《中华人民共和国与俄罗斯联邦关于丝绸之路经济带建设和欧亚经济联盟建设对接合作的联合声明》以来，丝绸之路经济带建设和欧亚经济联盟（以下简称"一带一盟"）对接合作不断走深、走实，在制度对接、项目对接和产业对接等方面均取得了丰硕的成果。中国不仅与联盟签署了促进贸易便利化的经贸合作协定，以及简化海关程序的国际运输货物和交通工具信息交换协定，还积极推进跨境运输能力基础设施建设，不断加强产业对接领域的务实合作。而农业作为"一带一盟"对接的重要产业合作部门，近年来取得了较快的发展，特别是农产品贸易和农业投资等合作进入了快车道，且未来具有强劲的发展潜力。

　　近年来，受新冠疫情、乌克兰危机、自然灾害频发和气候环境变化等多重

---

　　①　作者:蒋菁,中国社会科学院俄罗斯东欧中亚研究所俄罗斯经济室副研究员。

影响,全球正面临第二次世界大战以来最严重的粮食危机。尤其是俄罗斯在乌克兰进行特别军事行动以来,西方对俄进行极限经济制裁,导致全球的粮食运输和化肥等物资运输出现部分供应链中断,加之地缘政治的紧张局势更趋复杂化,这些因素的叠加使全球粮食的供需加剧失衡,导致世界粮食市场的整体形势进一步恶化。当前,粮食供给和粮食价格成为全球市场面临的主要问题,引发了国际社会对保障世界粮食安全的广泛担忧。而欧亚经济联盟国家作为世界粮食的主要供给国,正处于地缘政治重构的特殊时期,其地缘政治局势和周边安全环境更加复杂多变,大国博弈由暗转明,交错叠加。在此背景下,确保成员国的粮食安全成为当前欧亚经济联盟国家农业发展的主要优先事项。

当前,全球粮食安全局势变化和西方经济制裁等多重影响,为推动"一带一盟"框架下的农业合作高质量发展提供新的机遇。这不仅符合新形势下双方共同保障粮食安全的客观需要,还可为"一带一盟"对接下一阶段的高质量发展注入新动能。

一、欧亚经济联盟国家农业发展现状与前景

欧亚经济联盟国家农业土地资源丰富,集中了世界上近十分之一的耕地,且各类农产品的自给率较高,尤其是谷物类产品和油脂作物加工产品等,具有较强的出口潜力。近年来,受地缘政治因素和西方经济制裁等多重因素的影响,欧亚经济联盟国家充分利用自身的农业资源禀赋,不断调整农业发展政策,积极推动联盟内农工一体化政策的实施。同时,加快农产品领域的进口替代进程,积极拓展国际农产品市场。据统计,欧亚经济联盟的小麦出口连续数年位居世界第一,在大麦、油籽、玉米、冷冻鱼等品类的出口方面也位居世界前列。当前,联盟国家的农业生产和农产品贸易呈现出积极的发展趋势,种植业和畜牧业进一步发展,已成为全球重要的农产品供给国。未来,联盟国家农业发展的总体形势良好,仍有较大的发展空间和强劲的农产品出口潜力。

（一）欧亚经济联盟成员国家的农业资源禀赋概况

1. 俄罗斯

俄罗斯幅员辽阔,横跨欧亚大陆北寒带、亚寒带、北温带和亚热带四个气候带,具有得天独厚的农业自然资源。境内用于农业发展的土地资源十分丰富,拥有全世界10%的可耕地,其中优质黑土地的面积占世界黑土地的55%,人均可耕地面积约为0.8公顷,超出全球人均可耕地水平约4倍。境内农业用地约有3.832亿公顷(2018年),占国土面积的比例约为22.4%。最新的统计数据显示,2022年俄罗斯的农田总面积达到1.9347亿公顷,其中耕地面积有1.17亿公顷,占60.51%。在经济结构中,农业占GDP的比重约为4%,农业人口占劳动人口的比例约为6.5%。种植业生产的主要农作物包括:谷物和豆类作物、油料作物、土豆和蔬菜等。畜牧业主要以养殖奶牛、肉牛、生猪、家禽和羊为主。2014年乌克兰危机以来,俄罗斯农业领域积极推行进口替代,取得了较快的发展,包括粮食在内的核心农产品产量和出口量均大幅增加。2014—2022年,俄罗斯的农产品产量增加27.4%,粮食自给自足已成为俄罗斯农业真正的竞争优势。2021年俄罗斯粮食的自给率高达150%,植物油自给率为117%,肉类产品自给率为101%,糖的自给率达到100%,鸡蛋和奶制品的自给率分别为98%和84%。[①] 俄罗斯2020年底已成为农产品净出口国,主要出口产品包括小麦、鱼类产品、油菜籽、植物油、可可、烟草和其他食品等。

2. 白俄罗斯

白俄罗斯的农业用地总面积约有860万公顷,约占国土面积的41%,其中耕地占三分之二,干草地和牧场约占32%。农业占GDP的比重约为7%,农业

---

① Евразийский банк развития, Продовольственная безопасность и раскрытие агропромышленного потенциала Евразийского региона, Алматы, 2023 г. стр.28, https://eabr. org/upload/iblock/8b7/EDB_2023_Report-1_Food-Security_rus.pdf.

人口占劳动人口的比重约为 7.9%。主要农作物包括:谷物、土豆、油菜籽、甜菜、蔬菜和水果等。畜牧业主要以养殖奶牛、肉牛、生猪和家禽为主。白俄罗斯农业较为发达,各类农产品的自给率水平较高,且具备强劲的出口潜力。尤其是牛奶制品和植物油,自给率分别高达 263% 和 220%。此外,肉类产品、白糖、鸡蛋、蔬菜和豆类产品均能完全满足自身需求,自给率分别为 134%、141%、128% 和 103%。白俄罗斯出口的主要农产品有植物油、奶制品、谷物、面粉、麦芽、油菜籽、蔬菜水果、烟草、白糖和其他食品等。

3. 哈萨克斯坦

哈萨克斯坦的农业用地总面积超过 1 亿公顷,其中耕地面积占 24%,牧场占 68%。农业占 GDP 的比重为 5% 左右,农业人口占劳动人口的比重约为 16%。主要农作物包括:谷物和豆类作物、油料作物、浆果、蔬菜、棉花等。畜牧业主要以养殖牛、羊、马、骆驼为主。2021 年,哈萨克斯坦的粮食自给率为 125%,蔬菜自给率为 108%,土豆和鸡蛋的自给率分别为 104% 和 100%。其出口的主要农产品包括谷物、面粉、果蔬、油菜籽、烟草和其他食品等。

4. 吉尔吉斯斯坦

吉尔吉斯斯坦的农业用地总面积为 1080 万公顷,主要以干草地和牧场为主,占农业用地总面积的 87% 左右。农业占 GDP 的比重约为 13%,境内三分之二的居民生活在农村地区,三分之一的劳动人口从事农业相关工作。其生产的主要农作物包括:棉花、向日葵、甜菜、烟草、蔬菜和粮食作物等。畜牧业主要以养殖羊、马、牛为主。吉尔吉斯斯坦生产的牛奶和奶制品、水果能完全满足自身市场需求,自给率分别为 110% 和 111%,土豆、蔬菜、鸡蛋和肉类产品基本满足,自给率分别为 99%、96%、90% 和 87%。其出口的主要农产品有蔬菜、土豆、水果、奶制品、烟草、牲畜和其他食品等。

5. 亚美尼亚

亚美尼亚的农业用地面积约为 200 万公顷,占国土面积的比重约为 46.8%,其中耕地面积占 20% 左右,牧场约占 50%。农业占 GDP 的比重约为

16%,农业人口占劳动人口的比重约为 35%。主要农作物包括:葡萄、瓜果、土豆、精油植物和烟草等。畜牧业主要以养殖奶牛、肉牛和绵羊为主。亚美尼亚生产的土豆、蔬菜、水果和鸡蛋,自给率分别为 101%、102%、103% 和 100%。奶制品的自给率为 83%。其出口的主要农产品有酒水饮料、烟草、果干、鱼类产品、肉类产品、蔬菜、土豆、坚果等。

(二)欧亚经济联盟国家农业生产总体状况

欧亚经济联盟农业生产和农产品市场发展的总体趋势在很大程度上是由俄罗斯农产品的生产和消费变化决定的。从统计数据来看,俄罗斯农产品在欧亚经济联盟生产的所有农产品中占比居主导地位且呈增长趋势,从 2018 年的 75.7% 提高到了 2022 年的 77.1%,哈萨克斯坦从 11.6% 提高至 11.8%,白俄罗斯从 8.4% 下降至 7.1%,吉尔吉斯斯坦从 2.6% 降至 2.5%,亚美尼亚从 1.7% 降至 1.5%。[①]

1. 欧亚经济联盟国家的农业发展总体情况

乌克兰危机发生以来,在西方制裁和经济危机的双重压力下,欧亚经济联盟国家农业经济发展呈现出较强的发展韧性。总体来看,推动欧亚经济联盟农业生产取得较快增长的主要举措包括:一是以保障自身和地区粮食安全为目标,联盟主要农业生产国俄罗斯在农业领域采取了一系列以进口替代为战略导向的政策措施,同时加大了国家对农业的支持力度,采取了多效并举的刺激政策和措施,有效地促进了农业的持续增长;二是以不断扩大农业领域的相互贸易和投资为目标,充分利用一体化机制加大在农工政策一体化方面的实施力度,为俄罗斯实施进口替代计划创造有效市场条件,并建立了联盟共同的种子和种畜市场,构建了联盟在农业补贴领域的监管框架;三是以充分保障联盟内部农产品的市场供应为目标,加大农产品消费市场协调力度,进一步加深

---

① ЕЭК,Евразийский экономический союз в цифрах: краткий статистический сборник,Москва, 2023 г. Стр.99.

了包括牛奶和奶制品、肉类和肉类制品、油脂类作物和加工产品、果蔬和豆类作物及加工产品,以及白糖、棉花、烟草、大米等重要农产品领域的专业化合作力度,以此进一步促进相互合作,不断提高产品竞争力。目前,联盟大多数成员国已基本实现了粮食、乳制品、肉类和蔬菜的自给自足,且每年的产量呈持续增长的态势。

五年来,联盟农产品生产总值从 2018 年的 1129.75 亿美元增长至 2022 年的 1700.46 亿美元,年均增幅超过 10%。其中俄罗斯和哈萨克斯坦两个农业生产大国的增幅较为明显。2018—2022 年,俄罗斯的农产品生产总值从 855.26 亿美元增至 1312.02 亿美元,五年增幅为 53.4%;哈萨克斯坦则从 130.48 亿美元增至 201.04 亿美元,五年增幅为 54.1%。从农产品产量的统计数据来看,2022 年联盟农产品产量同比增加了 9.4%,而农产品和食品供应的平均水平同比增加了 1.5%。尤其是俄罗斯和哈萨克斯坦的农产品产量增长幅度较大,同比上年的增幅分别达到了 10.2% 和 9.1%。具体如表 1、表 2 所示。

表 1　欧亚经济联盟国家农产品生产总值(2018—2022 年)

(单位:亿美元)

年份	2018	2019	2020	2021	2022
欧亚经济联盟	1129.85	1185.57	1199.37	1384.81	1700.46
俄罗斯	855.26	896.25	899.2	1046.89	1312.02
白俄罗斯	95.06	103.85	96.06	102.92	120.36
哈萨克斯坦[1]	130.48	135.28	154.11	177.22	201.04
吉尔吉斯斯坦[1]	29.77	31.66	32.26	38.34	42.16
亚美尼亚[1]	19.28	18.53	17.74	19.44	24.88

注:1)农、林、渔产品。

数据来源:ЕЭК, Евразийский экономический союз в цифрах: краткий статистический сборник, Москва, 2023 г. Стр.98。

表 2　欧亚经济联盟国家农产品产量（2018—2022 年）

（单位：亿吨）

年份	2018	2019	2020	2021	2022
欧亚经济联盟	99.9	103.6	102.1	99.0	109.4
俄罗斯	99.8	104.3	101.3	99.6	110.2
白俄罗斯	96.7	103.4	104.4	96.0	103.6
哈萨克斯坦[1)]	103.5	99.9	105.7	97.8	109.1
吉尔吉斯斯坦[1)]	102.7	102.6	101.0	95.2	107.3
亚美尼亚[1)]	93.1	96.4	103.2	99.2	101.6

注：1）农、林、渔产品。
数据来源：同上。

2. 欧亚经济联盟国家的粮食产出规模

近年来，欧亚经济联盟国家粮食种植发展势头良好，粮食播种面积逐步扩大，种植结构进一步优化，粮食总产量和人均粮食产量不断提高。欧亚经济委员会的统计数据显示，2022 年欧亚经济联盟国家所有农业组织的总播种面积为 1.13 亿公顷，较去年同期增长 1.9%。其中 59.4% 的播种面积为粮食和豆类作物，播种总面积为 6692.48 万公顷，较去年同期增长 0.8%。在联盟所有成员国中，除亚美尼亚的播种面积有所下降之外，其余各国的播种面积都有不同程度的小幅增长。近五年来，在粮食总产量和人均粮食产量方面，除亚美尼亚之外，其余国家均保持不同程度的增长。联盟粮食总产量从 2018 年的 1.42 亿吨增至 2022 年的 1.91 亿吨，联盟人均粮食产量则从 2018 年的 771 公斤增至 2022 年的 1028 公斤。联盟各成员国的粮食总产量和人均粮食产量近五年的变化详见表 3 和表 4。

表 3　欧亚经济联盟国家粮食总产量（2018—2022 年）

（单位：万吨）

年份	2018	2019	2020	2021	2022
欧亚经济联盟	14182.6	14799.1	16444.3	14670.9	1906.41
俄罗斯	11325.5	12120.0	13346.3	12139.9	15767.6

续表

年份	2018	2019	2020	2021	2022
白俄罗斯	607.0	723.2	866.1	732.0	870.1
哈萨克斯坦	2027.4	1742.9	2006.5	1637.6	2203.0
吉尔吉斯斯坦	188.9	193.1	200.8	146.1	199.2
亚美尼亚	33.8	19.9	24.6	15.3	24.2

数据来源:同上。

表4 欧亚经济联盟国家人均粮食产量(2018—2022年)

(单位:公斤)

年份	2018	2019	2020	2021	2022
欧亚经济联盟	771	804	893	798	1028
俄罗斯	771	826	911	932	1075
白俄罗斯	643	768	923	787	943
哈萨克斯坦	1109	941	1070	862	1122
吉尔吉斯斯坦	299	299	305	218	289
亚美尼亚	114	67	83	52	81

数据来源:同上。

3. 欧亚经济联盟国家畜牧业农产品的产出规模

近年来,联盟种植面积的扩大和主要农作物产量的增加为畜牧业稳步发展创造了一定条件,其牲畜和家禽存栏量呈小幅上升态势,肉蛋奶的产量呈逐步增加趋势。在存栏量方面,近五年来联盟各类牲畜和家禽的存栏量均保持增长态势。牛的存栏量从2019年初的3183.8万头增加到2023年初的3252.1万头,猪的存栏量从2019年初的2758.8万头增加到2023年初的3103万头,羊的存栏量从2019年初的4878.1万头增加到2023年初的4965万头,马的存栏量从2019年初的447.7万头增加到2023年初的573.6万头,家禽的存栏量从2019年初的6.471亿只增加到2023年初的6.644亿只。在肉禽产量方面,2018—2022年间,联盟的肉禽屠宰量从1324万吨增加到1455

万吨,牛奶产量从 4591.7 万吨增加至 4958 万吨,鸡蛋产量从 551.12 亿只增加至 559.81 亿只。与此同时,联盟不断加强畜牧业农产品的标准体系建设,参照国际市场相关产品的认证标准,在肉禽产品的质量和安全性指标方面加强监管,积极推动联盟成员国的畜牧业农产品打入国际市场。

(三)欧亚经济联盟农工综合体发展与对外合作前景展望

农工综合体是联盟各成员国农业生产的主要经营主体。近年来,联盟农工综合体保持了积极向好的发展态势,这不仅有助于在新形势下稳定联盟内部的农产品市场,保障欧亚地区的粮食安全,还有助于加快联盟农产品对外合作,尤其是加强对友好国家农产品进出口的合作力度,进一步刺激优势农产品出口,致力于提高高附加值农产品的出口份额,以进一步夯实世界粮食主要供给国的国际地位。

1. 新形势下联盟推动农业生产与合作的重点

当前,面临地缘政治局势急剧变化、西方制裁持续施压和全球物流链遭遇破坏所带来的新挑战和新问题,亟待联盟各成员国采取共同的应对措施。今后一段时期内,联盟在推动农业领域发展与合作中将重点关注以下几个方面:

第一,着力继续加快联盟农业领域的一体化进程。将重点关注和发展联盟内的农产品和食品的运输储存、域内批发配送中心的网络建设、加强育种和种子生产领域的合作,以及提高向第三国出口农产品和食品的规模。同时,对联盟内进口依存度仍旧居高不下的进口农业机械和种子继续实施进口替代。

第二,着力实现联盟统一农工政策的基本原则。重点是保证农产品市场的公平竞争和均衡发展,以及规范农产品流通领域的相关要求,消除种子和育种材料流通障碍,以满足共同农产品市场需求,并增加优势农产品向第三国出口的总量。

第三,着力解决农产品出口运输通道的瓶颈问题。重点是加强联盟南部海运和东部陆运方向物流运输基础设施和港口码头的能力建设,尤其是加大农产品的仓储能力建设。此外,还应积极为农产品贸易和物流公司创建信息平台,进一步加快农产品批发和配送中心的建设。这些问题的解决是实现欧亚经济联盟粮食和农产品出口潜力的关键。

2. 联盟农产品产出的中长期前景预测

在全球粮食安全局势不断恶化的大背景下,联盟农工综合体一体化深入推进和农业领域数字化与现代化的加快建设,以及农业领域进口替代政策的贯彻实施,将进一步刺激联盟农业发展的积极性,农业生产效率也将有所提升。尽管中长期内联盟的农业人口仍旧呈小幅下降的趋势,但联盟域内农产品产出将保持增长态势。

按照欧亚经济委员会对联盟农工综合体中长期发展的前景预测,联盟所有类型的农业组织的农产品产值在中长期内将保持持续增长态势。[①] 2025 年的农产品产值将在 2019 年的基础上,预计增加 17.1%,达到 1382 亿美元;到 2030 年则可增加 31.3%,达到 1550 亿美元。今后一段时期内,联盟农产品产值的增加将在很大程度上依托畜牧业产值的提升,尤其是联盟肉禽的产量(以屠宰重量计重),在 2030 年前同比 2019 年将增加 17.4%,达到 1590 万吨的产量规模,其中猪肉的产量预计增幅最大,达到 24.2%,总计可达 550 万吨;牛肉的产量预计增加 22.9%,达到 320 万吨;羊肉的产量预计增加 17.8%,达到 54.79 万吨;家禽的产量预计增加 12.6%,达到 6500 万吨。而牛奶总产量在 2030 年前,同比 2019 年也将有 16.8%的增幅,总产量可达 5480 万吨。

在粮食产出方面,2030 年联盟的粮食产量同比 2019 年预计将增长 21.6%,粮食收成达到 1.802 亿吨,其中油料作物预计增长最快,增幅可达 66.3%,产量将达到 4320 万吨;蔬菜和浆果作物预计将增长 17%,达到 3110 万吨;水果和浆果(包括葡萄)的增幅可达 34.8%,2030 年的预计产量可增至

---

① ЕЭК, Прогнозы развития агропромышленных комплексов государств-членов Евразийского Экономического Союза на среднесрочный период 2021 – 2025 годов и на долгосрочный период 2021–2030 годов, https://eec.eaeunion.org/upload/medialibrary/3e5/Prognozy-razvitiya-APK_ITOG.PDF .

800 万吨;甜菜 2030 年的预计产量为 5000 万吨,土豆则可达 3340 万吨。

在粮食自给率方面,联盟 2025 年的粮食自给率预计可达 159%,2030 年预计达到 160%。

3. 联盟农产品对外贸易形势中长期前景预测

目前,扩大向第三国农产品的出口潜力是联盟最为重要的任务之一。根据欧亚经济委员会的数据,联盟成员国 2025 年粮食产品和农业原料向第三国的进出口贸易规模预计可达 612 亿美元,同比 2019 年的增幅为 10.1%。2030 年预计可达 639 亿美元,同比 2019 年的增幅为 14.9%。联盟农产品、食品和农业原料对第三国的进出口贸易增长主要将来源于出口。2025 年联盟向第三国的粮食产品和农业原料出口额预计可达 316 亿美元,同比 2019 年增加 26.5%。2030 年预计可达 355 亿美元,同比 2019 年增加 41.9%。

与此同时,联盟所有成员国从第三国的进口规模都将持续缩小。2025 年从联盟第三国进口的农产品预计为 295 亿美元,相比 2019 年缩减 3.3%。2030 年预计为 284 亿美元,相比 2019 年的降幅为 7.1%。

在贸易差额方面,2025 年联盟预计可实现 21 亿美元的农产品贸易顺差,到 2030 年预计可实现 71 亿美元的农产品贸易顺差。联盟向第三国出口农产品和食品增速最快的国家是白俄罗斯,2030 年的出口增速同比 2019 年的增幅可翻倍,其次是俄罗斯,预计增幅同比 2019 年可达 24.9%。

二、中国与联盟主要农业国的
合作进展:以俄罗斯为例

中国与欧亚经济联盟国家的农业合作主要以双边形式展开。联盟中俄罗斯和哈萨克斯坦是向第三国出口谷物和面粉的主要国家。近年来,中俄、中哈,包括中白、中吉在内的双边农业合作进展迅速,成绩突出且后续发展潜力较大。由于俄罗斯在联盟农业产出和出口中所占的比例最高,对世界粮食市场的影响最大,且近年来在对华农业合作中进展较快,对推动"一带一盟"对接框架下的农业合作具有主导作用。因此,中国与联盟主要农业国合作的进展将以俄罗斯为例。

(一)俄罗斯农业国际地位和农产品市场发展特点

俄罗斯作为联盟主要的农业生产国,近年来在农业领域取得了长足的进步和稳定的发展。尤其是 2014 年乌克兰危机以来,俄罗斯农业发展态势良好,包括粮食在内的核心农产品产量和出口量均大幅增加,不仅保障了本国和地区的粮食安全,还一跃成为世界粮食主要供给国,占据了世界粮食市场五分之一的份额。2020 年底,俄罗斯已成为农产品的净出口国。2021 年俄罗斯的农业增加值位居世界第 5,农业领域的外国直接投资流量排名第 7,大麦生产居世界首位,葵花籽产量居世界第 2,马铃薯和牛奶的产量居世界第 3,小麦产量位列世界第 4,小麦出口暂列首位,鸡蛋和鸡肉产量居世界第 5。[①] 今后,俄罗斯还将通过农业现代化建设和不断扩大出口规模进一步夯实世界主要粮食供给国的国际地位,并有望成为全球最大的粮仓。

从俄罗斯农产品市场近十年的发展来看,总体呈现出稳中向好趋势。其主要特征表现为:一是,粮食和植物油的生产和出口规模显著增长;二是,在肉类养殖和加工及白糖生产领域积极推行进口替代且增势明显;三是,果蔬和鸡蛋的消费量有所增加,但牛奶和土豆的消费总量有所下滑。联盟内部,白俄罗斯是俄罗斯最为重要的农产品供应国。联盟外部,中国是俄罗斯农业国际合作的优先方向。

(二)中俄农业合作取得实质性进展

近年来,中俄充分利用突出的地缘优势和农业生产及市场供需两端资源

---

① 蒋菁:《2021 年俄罗斯农业发展和农业政策》,载《俄罗斯发展报告(2022)》,社会科学文献出版社 2022 年版,第 172 页。

配置的互补性，在农产品贸易、农业科技、农业生产和投资等诸多领域展开积极的务实合作，取得了较快的发展。① 两国农业合作已由此前单纯的边境贸易、劳务输出逐步转向境外农业资源开发、绿色食品深加工等产业合作方向，并逐步形成了从种植、养殖、农产品深加工到仓储和物流等整个产业联动的发展趋势。尤其是两国农产品贸易和投资合作进入快车道，且未来合作前景十分广阔。具体体现在以下几个方面。

首先，两国农产品贸易规模不断扩大，粮食和食品的供应潜力有望进一步提升。进入 21 世纪以来，两国农产品贸易发展迅速，贸易额从 2000 年的 6.18 亿美元增加到 2022 年的近 70 亿美元，其中俄罗斯对华农产品和粮食出口保持高速增长，出口量同比上年增长 36%，出口额同比增长 44%。②俄方统计数据显示，2022 年上半年俄罗斯对华农产品出口额占总出口额的比重为5.07%。目前，中国重拾俄罗斯农产品和食品最大的出口国地位，已成为俄罗斯蜂蜜、大豆、燕麦、牛肉、家禽肉产品、鱼类和海产品以及菜籽油、亚麻籽油等油脂类产品最主要的进口国之一。今后，俄罗斯的鱼类和海鲜产品、谷物类产品、肉禽类产品、乳制品和植物油产品等是对华出口最有潜力的出口产品。

其次，农产品相互准入清单不断扩大，俄罗斯相关企业展开对华农产品贸易的积极性不断提高。近年来，中俄通过多边和双边的国际农业合作机制，不断加强政策沟通，自 2015 年起先后快速批准了俄罗斯多种农产品的准入许可，包括：小麦、大麦、荞麦、燕麦、玉米、稻米、大豆、油菜籽、葵花籽、亚麻籽、油类和粕类产品、苜蓿、鸡肉、牛肉和乳制品以及豌豆等，尤其是放开了俄全境大麦、小麦、玉米和葵花籽等产品的入华许可。这大大激发了俄罗斯企业对华展开农产品贸易的积极性，两国农产品进出口的贸易结构日趋多元化。根据俄

---

① 蒋菁：《中俄农产品贸易和投资合作新进展》，载中国社会科学网，2023 年 3 月 16 日，https://www.cssn.cn/skgz/bwyc/202303/t20230316_5608048.shtml。

② В 2022 году российский агроэкспорт в Китай вырос на 44%, Федеральный центр развития экспорта продукции АПК Минсельхоза России, 29 февраля 2023 г., https://aemcx.ru/2023/02/09/в-2022-году-российский-агроэкспорт-в-кита/.

罗斯联邦兽医和植物卫生监督局的数据,2022 年在中国海关总署的进口食品境外生产企业注册管理系统中成功注册的俄罗斯企业共有 988 家,主要涵盖了鱼类制品、蜂蜜、冰激凌、乳制品等多种在华热销的农产品与食品的生产和加工企业。

再次,农业投资合作日趋深化,且粮食跨境运输通道的互联互通水平逐年提高。自 2009 年农业被列为《中俄投资合作规划纲要》的优先投资领域以来,中国对俄罗斯的农业投资与开发合作逐步深化,已从最初单纯的种植和养殖领域逐步向农业全产业链延伸,投资领域涉及农产品加工、现代化仓储设施建设、销售和物流网点布局等环节,一些规模企业已初步形成了较为完整的跨境农业产业链。为此,两国设立了农业投资基金,积极推动中俄投资合作试点平台建设,并成立了中俄农业合作园、科技园和农业自贸区等,逐步形成了"两头在外"的产销模式、"订单种植"及"两国双园"等多种灵活的创新合作模式。农业投资存量仅次于采矿业,且增长态势明显。同时,两国还积极推动中俄粮食跨境运输通道建设,进一步提升农产品过境运输的效率。尤其是俄境内最大的粮食物流设施后贝加尔湖粮食码头投入运营,不仅解决了中俄多轨铁路线路的粮食供应问题,还提供了完整的粮食可追溯性。此外,俄罗斯还计划新建和改造口岸的基础设施,提升向中国出口粮食的仓储、周转、运输、通关的综合能力。[①]

未来,伴随着"一带一路"建设框架下互联互通基础设施水平的不断提升和经贸关系的快速发展,中国巨大的农产品进口市场将为联盟对华展开双边和多边的农产品贸易发展提供广阔的空间。

(三)中俄农业合作面临的主要问题及应对策略

近年来,尽管中俄农业合作不断升温,农产品贸易规模和农产品相互准入

---

① 蒋菁:《粮食安全视角下的中俄农业合作展望》,《世界知识》2023 年第 13 期。

清单不断扩大,在农业科技合作和投资合作领域也取得了突破性的发展,但两国在农业合作领域仍旧面临诸多棘手的问题,比如农业贸易壁垒多、农产品质量标准差异大、农业基础设施薄弱、农产品通关效率不高,农业投资环境不确定因素多、农业技术合作平台欠缺、农业园区建设软环境差等。为此,需要两国加强沟通,共同应对挑战。重点可围绕以下几个方面展开。

一是政策层面,亟待加强顶层设计,建立灵活有效的多层次农业合作体系,以满足新时期两国进一步加强农业合作的现实对接需求。除了高层会晤机制外,还应建立一套高效的中层级别的地方政府和行业协会间的农业合作机制,便于定期接洽,共同协商解决新时期农业合作中的突出问题,保持两国农业合作可持续的协同发展。比如,探讨简化农产品市场的相互准入和动植物检验检疫的标准问题,提高农产品通关效率问题,建立农产品互认标准体系问题,协商劳务派遣的配额问题,以及依法维护相关企业的合法权益等问题。

二是互信层面,亟待进一步加强软环境建设,推动政治互信向农业合作领域延伸,以不断增进民间互信,增强合作透明度。一方面,要促进中俄地方媒体的合作,正向引导两国正面的舆情报道,同时做好示范性农业项目的宣传。另一方面,要提升劳务输出质量,通过正规的劳务公司对赴俄农业劳务人员进行全面培训。同时,加强绿色环保意识和绿色农业安全意识的宣传和引导。

三是科技层面,亟待加强农业现代化建设方面的科技合作力度,重点聚焦双方共同关切的品种改良、新品选育、病虫害防治、节能灌溉和环境治理等领域,进一步发挥各自优势,在动植物卫生防疫和食品安全、农产品储藏保鲜技术、农机设备改进等方面积极展开深层次的农业科技合作。通过联合研究、共建实验室、建立农业科技孵化园等方式加大应用型农业技术的研究与转化的力度,以科技赋能,推动中俄农业合作更高质量的发展。

四是金融层面,亟待建立政策性农业保险体系并制定相应的激励机制和资金支持措施,同时加快建立中俄独立的金融结算系统。一方面,可加大对境外农业开发的资金支持力度,并将其纳入农业政策性保险扶持范围;另一方面,可促进农产品贸易本币结算的规模不断扩大,从而规避相应的风险。

五是信息层面,亟待完善中俄农业合作的管理和服务平台建设,通过数字化平台整合信息发布及加强相关农产品的质量跟踪和监管。同时,充分利用各种有影响力的展示平台,如中俄博览会、中国进口食品博览会、中国国际农产品交易会、广交会等,进一步加大优质绿色农产品的宣传力度,从供需两端信息的对接、管理与服务着手,尽快解决两国农业合作中信息不充分、不对称、不准确等问题。

三、"一带一盟"对接框架下的农业合作展望

农业合作是"一带一盟"对接框架下重要的契合点。特别是2022年新的乌克兰危机以来,全球遭受饥饿和营养不良的人数持续攀升,加之受粮食减产、地缘政治冲突导致的供应链中断和不确定因素增加等影响,全球粮食的供需矛盾进一步加剧。在此背景下,以共同保障自身和地区的粮食安全为目标进一步加强农业领域的合作是双方必然的选择。一方面,欧亚经济联盟农产品产出的中长期前景预测表明,联盟国家在保障国际粮食供应方面具备较大的潜力,有扩大农产品出口的能力与需求。另一方面,中国有加大部分进口农产品供应多元化的需求,亟待适时调整粮食安全保障的国际战略,通过提高与联盟国家的国际农业合作水平进一步提升自身的粮食安全。这为新时期"一带一盟"对接框架下的农业合作提供了新机遇。

(一)欧亚地区在国际粮食体系中的综合地位有所提升

目前,全球粮食危机持续加剧。据国际粮农机构的统计,地球上每九个居民中就有一人存在饥饿或营养不良。尽管联合国在2015年就制定了到2030年消除饥饿、粮食不安全和一切形式营养不良的目标,但日趋严峻的全球粮食安全形势使我们离这个目标渐行渐远。《世界粮食安全和营养状况》2022年

的报告指出,2021 年底全球遭受饥饿和营养不良的人数估计为 8.28 亿,比新冠疫情流行前增加了约 1.5 亿人,且主要分布在非洲、拉丁美洲和加勒比海地区以及亚洲。今后一段时期内,如果这一趋势不能扭转,那么到 2030 年这个数字将继续增长并超过 8.4 亿,占世界人口的比例将高达 9.8%。

在此背景下,欧亚经济联盟国家作为世界粮食和农业生产资料重要的供给国,在国际粮食体系中的地位将有所提升。俄罗斯联邦农业部副部长埃琳娜·法斯托娃在欧亚经济论坛上表示,到 2025 年欧亚经济联盟国家的农产品产量预计将比 2022 年增长 17%,到 2030 年增长超过 30%。① 今后一段时期内,欧亚经济联盟国家不仅有能力保证粮食自给自足,而且在保障国际粮食供应方面拥有巨大潜力。欧亚开发银行的数据显示,随着欧亚地区农业潜力的逐步开发,到 2035 年该地区的粮食产量能够完全满足 6 亿人的粮食需求,包括地区内的 2.4 亿人和地区外的 3.6 亿人。鉴于世界人口的快速增长及有限的区域生产资源潜力,欧亚经济联盟国家在国际粮食体系和食品市场的综合地位将显著加强,其中俄罗斯有望成为全球最大粮仓。据俄罗斯方面估计,未来 60 年将有 25%的永久冻土可转化为农业用地,特别是将进一步开发俄罗斯东部西伯利亚地区的广袤土地。同时,伴随着农业科技的进步,俄罗斯国内抗寒抗旱种子技术的突破可新增 2000 多万公顷的可利用耕地,并可大幅提高单产。在粮食出口方面,随着国际市场粮食供应重要性的与日俱增,欧亚地区的粮食产品出口或将实现翻番,预计从 2021 年的 400 亿美元增加到 2035 年的 740 亿美元,其中"最有潜力"的出口目的地,包括中国、中东、北非和印度等。

(二)加强"一带一盟"农业对接合作契合双方客观需求

目前,世界粮食发展和安全格局发生巨大变化,非传统风险因素的影响加

---

① Татьяна Карабут, Производство сельхозпродукции в странах ЕАЭС к 2030 году может увеличиваться на треть, 24, 05, 2023 г., https://rg. ru/2023/05/24/proizvodstvo - selhozprodukcii-v-stranah-eaes-k-2030-godu-mozhet-uvelichitsia-na-tret.html.

剧了全球粮食生产和供给的不平衡。一方面,受地缘政治和自然灾害等多种因素影响,全球的粮食总产量呈下降态势。根据联合国粮农组织的预测,2022—2023 农业年度内,全球谷物产量预计将达到 27.68 亿吨,同比上个农业年度的降幅达 1.7%。另一方面,全球的饥饿人口规模在扩大。伴随着全球食品价格的上涨,世界极端贫困人口的数量仍在不断增加。

虽然目前中国总体粮食安全保障处于历史最高水平,但面对当下复杂多变的国际形势和全球粮食市场的价格波动,以及全球贸易保护主义和单边主义的盛行,由非常态粮食安全因素所导致的新挑战和新问题日益突显,尤其是冲突引发的供应链断裂问题不容忽视,短期内对全球粮食贸易秩序造成不利影响,长期内还将影响到全球农业产业的布局和优化。这些不确定因素的叠加,给中国粮食安全保障体系带来一定压力,也给提升粮食安全治理能力提出新的要求。在新的变局中,我们除立足自身粮食生产和供给保障的安全性和稳定性之外,还应适时调整粮食安全保障的国际战略,积极推动包括"一带一盟"对接框架下的国际农业合作,尤其要加强与俄罗斯和哈萨克斯坦等农业大国的全面合作。

从中国现实的需求来看,推动"一带一盟"对接框架下的国际农业合作有助于解决自身的粮食安全问题。近年来,中国的粮食安全问题更多集中表现在土地和水资源匮乏、科技支撑能力偏弱和高成本低收益带来的不安全,以及大豆和个别高附加值的小品类农产品进口来源地过度集中导致的不安全等。推动"一带一盟"对接框架下的农业合作向更高水平、更深层次发展,可补足自身的短板,充分利用双方高度互补的农业资源和科技创新能力,结合区位优势进一步深化与欧亚经济联盟主要农产品供给国的合作,并将合作领域从单纯的农产品贸易逐步扩展到产业和基础设施投资,以及物流、仓储和交通运输建设等各个领域,从而在全球粮食安全局势不稳的情况下减轻西方经济制裁和国际粮农市场行情波动等一系列因素给各方带来的不利影响。

从欧亚经济联盟现实的需求来看,客观上有进一步扩大与中国这一农产品消费邻国加强农业合作的需求,并且对包括中国在内的友好国家的合作依赖将会持续加深。乌克兰危机后,西方对俄罗斯和白俄罗斯实施的经济制裁使欧亚经济联盟的对外经济关系的地理结构发生了有利于中国的变化趋势。一方面,为弥补与欧盟在联盟贸易和对外经济合作方面的急剧缩减;另一方面,联盟内部有保障自身和地区粮食安全的客观需要,同时稳步实现农产品中长期出口战略目标。

现阶段,在全球粮食安全危机加剧的大背景下,积极推动"一带一盟"农业领域的对接合作,符合双方在新形势下共同保障自身和地区粮食安全的客观需要。一方面,可增强双方共同应对粮食安全问题的治理能力,确保世界粮食市场和区域经济发展的稳定;另一方面,可有效推动本国粮食安全问题的解决,助力实现"一带一盟"的高质量发展。

(三)"一带一盟"对接框架下农业合作展望

近年来,"一带一盟"农业对接合作取得了一定的进展,双方也积累了很多实践经验,这为下一阶段持续深化"一带一盟"农业对接合作奠定了基础。今后,在全球粮食安全危机加剧的背景下,双方应以共同保障粮食安全为目标,基于欧亚经济联盟国家农业资源状况、农业生产水平、发展潜力,以及地缘政治环境变化和客观现实需求等展开全面的务实合作。未来,双方在该领域的合作前景广阔,合作规模有望进一步扩大,合作层次将不断提高,合作领域也将日益扩大。合作重点主要包括:

在国际合作层面,应共同致力于参与全球粮食安全的治理。主要是加强"一带一盟"对接框架内合作与协商的决策机制建设,提出有建设性的解决方案,旨在提高各类粮食安全保障的抗风险能力,重点是提高粮食供给能力和解决发展中国家的粮食安全问题,共同抵制席卷全球的贸易保护主义。同时,在西方制裁不断施压的情况下 维护好世界粮食产品的供应链和市场价格的稳定性及产品的多样性,确保全球粮食安全治理体系稳定、持续,并更好维护双方在全球粮农体系中的自身利益和国际地位。

在对接合作层面,应及时调整农业合作战略,做好"一带一盟"对接的制度和法律规范建设。充分利用联盟一体化方面的整合力,通过与联盟签订协议的形式,就"一带一盟"对接合作项目密切相关的技术标准协调、农产品检验检疫互认等方面,将合作制度和法律框架尽快明确下来,并制定互认的监管流程。此外,要以前期双边农业合作面临的诸多现实问题为导向,分层分级协商提出有效的解决方案,并落地实施。农业合作中比较突出的现实问题主要包括:农业基础设施薄弱、农产品通关效率不高,农业贸易壁垒多、农产品质量标准差异大、农业投资环境不确定因素多、农业技术合作平台欠缺、农业园区建设软环境差等。为此,重点可围绕以下几个方面展开:一是加大政策沟通协调的力度,进一步简化农产品市场的相互准入;二是完善农产品贸易的供应链通道和配套基础设施建设,提高南北交通走廊的互联互通水平,并充分利用"互联网+农业"的方式,进一步提高农产品的通关效率和运输时效;三是加强境外农业产业园建设的重点领域产能合作力度,积极构建完整的跨境农业产业链,进一步提升农产品的价值链;四是加大农业现代化和能源结构绿色转型建设方面的科技合作力度,加快农业基础研究和前沿技术应用转化,提高农产品的国际竞争力;五是探索新型农业投资模式,推动建立投资保障机制,制定相应的激励机制和支持措施,加大对农业科技投资的金融支持力度;六是加大饲料粮供应方面的合作,建立稳定的粮源引进渠道;七是依托上合组织等多边合作机制下的农业合作平台,发挥海外农业园区集群的引领带动作用,推动"一带一盟"框架下的农业国际贸易、人才交流、科技合作、产能合作迈上新台阶。

未来,"一带一盟"框架下的农业合作应以共同应对全球粮食危机为契机,推动农业领域全方位合作不断走深、走实,切实为保障自身和地区粮食安全作出贡献。

"一带一路"建设与欧亚经济联盟对接合作^①

以欧亚经济联盟(Eurasian Economic Union,EEU)为机制载体,欧亚大陆中心地带区域一体化进程进入了新的发展阶段。自成立运行8年来,欧亚经济联盟并没风生水起,实现大的发展,离预设目标仍有较大距离,但也没有半途夭折,并未出现机制运转"空心化"的现象,^②在关税协调、商品贸易、能源共同市场及数字经济建设等功能领域也取得了一定的成就。应该说,在欧亚地区复杂的地缘政治环境(如乌克兰危机)及西方对俄罗斯制裁等不利因素的冲击下,欧亚经济联盟作为新型的区域一体化组织算是"挺"住了。而且,欧亚经济联盟已经成为中国欧亚战略与政策实施,以及丝绸之路经济带建设过程中绕不开的藩篱。10年前,习近平创造性地提出了"一带一路"重大倡议,该倡议也成为实现人类命运共同体这一外交总目标的国际合作平台。欧亚经济联盟不久后就与"一带一路"启动对接合作。8年来,"一带一路"与欧亚经济联盟成果显著,前景光明。

一、欧亚经济联盟运行现状

推动地区经济合作是联盟框架下区域一体化的重点。联盟运行的目标就

① 作者:王晨星,中国社会科学院俄罗斯东欧中亚研究所副研究员;牛义臣,中国社会科学院俄罗斯东欧中亚研究所助理研究员。

② 2019年8月7日,欧亚经济委员会一体化与宏观经济部部长助理菲德尔·切尔尼岑(Fedor Chernitsyn)在中国社会科学院俄罗斯东欧中亚研究所学术交流时指出,欧亚经济联盟成立5年来最大的成绩就是依旧还在良性运转。

278

是为成员国经济稳定发展创造条件；建立商品、服务、资本和劳动力资源统一市场；实现全面现代化，提升成员国在全球经济中的竞争力。为落实上述目标，2018年12月成员国元首共同发表的《关于在欧亚经济联盟框架下进一步推动一体化进程的声明》中明确了成员国经济合作的4大方向，即确保联盟统一市场高效运转，为企业和消费者提供更多机会；构建"创新区"，推动科技进步；挖掘一体化潜力，提高民众福祉；将联盟打造成当今世界发展的中心之一，对与外部伙伴开展互惠平等合作保持开放，并构建新型互动模式。经过6年的发展，联盟框架下商品共同市场基本建成，下一阶段联盟将以服贸、投资、能源共同市场建设为重点。① 因此，商品共同市场的运行效果是现阶段评估联盟经济一体化效应的关键。

具体而言，联盟框架下成员国间开展经济合作有以下侧重点：一是对内举措，就是消除各项壁垒，协调成员国经济发展利益，构建统一、全面且高效的内部市场；二是对外举措，就是在充分利用欧洲（欧盟）和东亚（中、日、韩）两大区域经济发展中心带来的资金、市场及技术资源的同时，还需在欧洲和东亚两大经济集团向欧亚中心地带挺进的背景下，努力开拓海外市场，在夹缝中寻求发展机遇。鉴此，评估联盟框架下经济一体化效应可以从域内和对外经济合作两个层面展开。

（一）域内经济合作

第一，联盟内部贸易规模偏小，但呈现出弱增长态势。联盟内部贸易规模有限，离千亿美元大关仍有一段距离（见表1）。随着联盟框架下商品共同市场基础不断夯实，联盟内部贸易呈现"弱增长"的特点日益鲜明。一是内部贸易额总体呈弱增长趋势。自2010年俄、白、哈关税同盟、2012年统一经济空

---

① 以2019年为例，该年联盟框架下共同药品市场正式启动；共同水泥市场建设迈出重要一步，俄罗斯取消水泥产品的相关技术壁垒，这为联盟框架下构建共同建材市场奠定基础；构建共同金融市场的构想正式通过，金融共同市场建设正式提上联盟工作日程。

间以来,区域内部贸易发展经历三个阶段:第一阶段从 2010 年至 2012 年,为快速增长期,俄、白、哈三国间贸易从 2010 年的 501 亿美元,增长至 2012 年的 685.82 亿美元;第二阶段从 2013 年至 2016 年,内部贸易规模持续萎缩,下降到 2016 年的 430 亿美元;第三阶段从 2017 年至今,为弱增长期。联盟内部贸易止跌回升的拐点出现在 2016 年第三季度,10—11 月内部贸易额出现止跌迹象,10 月比 2015 年同期上涨了 0.3%,11 月上涨了 4.4%。2017 年联盟内部贸易出现明显反弹,增长了 27.3%,达到 547 亿美元,随后联盟内部贸易进入缓慢增长阶段。二是内部贸易对联盟 GDP 总额的贡献率呈弱增长趋势。从表 1 可知,从 2011 年关税同盟阶段,到 2012 年启动统一经济空间,再到 2015 年联盟正式运行以来,成员国内部贸易对联盟 GDP 贡献率从 2011 年的 2.71%,缓慢增长到 2019 年的 3.11%。

表1 2011—2019 年欧亚经济联盟(含关税同盟、统一经济空间时期)
内部商品贸易额及其增长率

(单位:亿美元,%)

年份	内部贸易总额	增长率	联盟 GDP 总额	占联盟 GDP 总额比重
2011	622.73	—	23003.8	2.71
2012	685.82	8.7	24816.8	2.76
2013	641.00	−5.5	26041.63	2.46
2014	574.00	−11	25651.2	2.24
2015	454.00	−25.8	16210.68	2.80
2016	430.00	−5.8	14793.6	2.91
2017	547.00	27.3	18147.4	3.01
2018	597.00	9.2	19300.99	3.09
2019	610.34	1.3	19653.65	3.11

资料来源:笔者根据世界银行和欧亚经济委员会统计数据汇总测算而成。

第二,联盟内部贸易流向保持"单向化锁定",但中小成员国间贸易实现突破。鉴于俄罗斯在联盟中经济体量大,内部消费市场相对广袤,以及地理上与其他成员国市场相邻,因此俄罗斯自然是联盟内部贸易流向的主要目的地。应该说,联盟内部贸易流向呈现"单向化锁定"具有一定的合理性。除了吉尔吉斯斯坦对俄和对哈贸易额几乎并重外,其余成员国对俄贸易占其对联盟内部贸易总额的88%—97%。尽管对俄贸易是其他成员国在联盟内部贸易中的主要部分,然而随着商品共同市场的确立,其余成员国间贸易增长率也实现快速增长。其中涨幅最大的是亚美尼亚,自2016年到2019年,亚美尼亚参与联盟内部贸易增长率分别是53.7%、41.5%、20.6%、10.5%。除了对俄贸易外,亚美尼亚对白俄罗斯贸易增长势头迅猛,2018年和2019年分别增长了69.4%和49.2%。2019年哈萨克斯坦对亚美尼亚贸易也实现大幅增长,为85.4%。

第三,联盟内部贸易结构以矿物燃料为主,并正在朝多元化发展。2015年矿物燃料占联盟内部贸易的33.4%,2019年下降至25.8%。此消彼长,非能源领域贸易在联盟内部贸易中的比重小幅提高,如机电产品从2015年的16.4%提高至2019年的19.8%;农产品从15.2%提高至15.6%;化工产品从10.5%提高至12.1%。

第四,联盟商品共同市场的制度环境不断优化的同时,内部贸易非关税壁垒却居高不下。自运行以来联盟为完善商品共同市场,通过一系列法律文件,规范合作路径,切实优化了联盟内部的制度环境。仅以2019年为例,该年联盟框架下共同药品市场正式启动;共同水泥市场建设迈出重要一步,俄罗斯取消水泥产品的相关技术壁垒,这为联盟框架下构建共同建材市场奠定了基础;构建共同金融市场的构想正式通过,金融共同市场建设正式提上联盟工作日程。根据2019年10月世界银行发布的《全球营商环境报告(2020)》(见表2),俄罗斯和哈萨克斯坦的营商环境排名连续3年稳步上升,俄罗斯从2017年的全球第35位上升至2019年的第28位;哈萨克斯坦从2017年的第36位上升至2019年的第25位。然而需要指出的是,联盟框架下商品共同市场中非关税壁垒问题依旧突出。时任欧亚经济委员会执委会主席季格兰·萨尔基相（Тигран Саркисян）指出,消除非关税壁垒是今后欧亚经济联盟框架下商品共同市场建设领域的工作重心,然而在消除旧的非关税壁垒的同时,又有新的非关税壁垒出现。2017 年欧亚经济联盟成员国间贸易非关税壁垒总数为 60 项,但是新产生的非关税壁垒有 71 项。现任执委会主席米哈伊尔·米亚斯尼科维奇（Михаил Мясникович）高度重视这个问题,并指出《联盟到 2025 年一体化发展战略》中的重要目标之一就是取消联盟内部各种限制和壁垒。

表 2　欧亚经济联盟成员国营商环境全球排名

国家	2017 年	2018 年	2019 年
俄罗斯	35	31	28
哈萨克斯坦	36	28	25
白俄罗斯	38	37	49
亚美尼亚	47	41	47
吉尔吉斯斯坦	77	70	80

资料来源:*Doing Business-2018:Reforming to Creating jobs*,World Bank Group,p.4;*Doing Business-2019:Training for Reform*,World Bank Group,p.5;*Doing Business-2020:Comparing Business Regulation in 190 Economies*,World Bank Group,p.4.

第五,联盟对独联体地区投资能力显著提升,但仍面临域外国际金融机构的竞争。联盟框架下的多边投资合作主要依托欧亚开发银行来推进。[①] 自 2013 年起,俄、白、哈统一经济空间就与欧亚开发银行建立了兼容合作关系。从表 3 可知,从 2015 年至 2019 年,欧亚开发银行对独联体地区的投资能力显著提升。2015 年欧亚开发银行对独联体地区的投资额仅为 0.89 亿美元,2019 年增长到 13.81 亿美元,2018 年还一度超越欧洲复兴开发银行,成为对

---

　　① 欧亚开发银行成立于 2006 年,成员国有俄罗斯、哈萨克斯坦、白俄罗斯、吉尔吉斯斯坦、塔吉克斯坦及亚美尼亚。欧亚开发银行在欧亚经济一体化中的作用不可小觑。首先,欧亚开发银行以俄、哈为主导,主要投资交通、能源、通信、高附加值产业等领域。其次,欧亚开发银行承担了大量涉及欧亚经济联盟问题的先期研究工作。欧亚稳定与发展基金的前身是 2009 年欧亚经济共同体为应对全球金融危机而成立的反危机基金。

独联体地区投资力度最大的国际金融机构。截至 2020 年 7 月 1 日,欧亚开发银行在 6 个成员国内的投资组合为 41.76 亿美元,包括 87 个投资项目。值得注意的是,欧亚开发银行主要集中在要素投资,其投资优先方向是能源、交通基础设施,分别占总投资额的 19.7% 和 20.5%。然而,欧亚开发银行依旧面临来自欧洲复兴开发银行的竞争,后者仍是独联体地区投资额最大的国际金融机构。2015 年至 2019 年,欧洲复兴开发银行对独联体地区投资额共计75.25 亿美元,比欧亚开发银行高 67.3%。

表 3　2015—2019 年欧亚开发银行与其他主要国际金融机构对独联体地区投资额

(单位:亿美元)

年份	2015	2016	2017	2018	2019
欧亚开发银行	0.89	7.01	6.13	17.15	13.81
欧洲复兴开发银行	20.11	12.28	15.93	6.46	20.47
欧洲投资银行	5.20	1.27	1.43	0.05	2.63
亚洲开发银行	3.5	5.06	—	0.01	5.69
黑海贸易与开发银行	1.87	1.18	1.72	1.22	3.51
亚洲基础设施建设投资银行	—	6.0	—	—	0,47
国际金融公司	—	—	1.20	1.49	1.74
国际经济合作银行	—	—	0.17	0.7	0.59

资料来源:笔者根据欧亚开发银行官网数据整理而成,参见:https://eabr.org/cooperation/reviews - idb-investment/。

第六,联盟成员国间政策协调明显加强,但利益分歧依然严重。自成立以来,联盟框架下成员国间先后通过了《建立天然气共同市场构想》(2016)、《建立石油和成品油共同市场构想》(2016)、《2017—2018 年成员国宏观经济政策重点方向》(2017)、《2018—2020 年成员国交通政策协调主要方向与实施阶段规划》(2017)、《建立石油和成品油共同市场规划》(2018)等文件,成员国围绕区域一体化关键领域的政策协调逐步加强。然而,从《2025 年前欧亚经济一体化发展战略》文件迟迟难以通过可知，成员国围绕核心利益领域依然存在较大分歧。主要分歧点如下：一是天然气运输税率问题，俄罗斯、哈萨克斯坦、吉尔吉斯斯坦主张确立统一的天然气运输税率，而白俄罗斯、亚美尼亚表示反对；二是欧亚经济委员会权限扩大问题，执委会主席米亚斯尼科维奇主张扩大委员会权限，而哈萨克斯坦明确表示反对。也就是说，合作并不意味着和谐：国家会担心被利用，在某些条件下还有可能担心相对收益。①

（二）对外经济合作

第一，联盟对外贸易呈恢复性增长态势，但增长乏力。从表4可知，2012年俄、白、哈统一经济空间时期，三国对外贸易总额达到峰值，为9393亿美元。2013年起开始下跌，2016年跌至谷底，为5094亿美元。2017年联盟对外贸易开始反弹，并进入缓慢回升阶段。但2019年联盟对外贸易又出现小幅下降。主要原因是俄罗斯的对外贸易额出现下滑，2019年比2018年下降了3.3%，为6128.5亿美元，其中出口贸易降幅较大，下降了6.4%，进口贸易增长率仅为2.4%。在联盟对外贸易总额中，俄罗斯占比最大，为83.6%。因此，俄罗斯对外贸易额的下降势必会拉低联盟总体对外贸易的增速。对外贸易结构的单一化是联盟贸易增长缓慢的主要羁绊。2015年至2019年期间，与联盟内部贸易相比，联盟对外贸易结构并未出现明显的多元化趋势。在出口结构中，矿物燃料的比重几乎未变，其2015年的比重为65.6%，到2019年为65.8%；在进口结构中，机电产品依旧是联盟最主要的进口商品，其比重从2015年的42.9%小幅提升到2019年的44.4%。因此，在国际市场对矿物燃料需求大幅缩小的情况下，联盟对外贸易额势必会出现下降。在新冠疫情的冲击下，全球油气资源需求下降，2020年1—4月联盟对外出口额出现明显下降，比2019年同期下降了17.7%；联盟进口受疫情影响有限，仅下降了5.9%；

---

① ［德］赫尔戈·哈夫腾多恩、［美］罗伯特·基欧汉、［美］西莱斯特·沃兰德：《不完美的联盟：时空维度的安全制度》，世界知识出版社2015年版，第4页。

联盟对外贸易总额最终下降了 13.6%。

**表 4　2011—2019 年欧亚经济联盟(含关税同盟、统一经济空间时期)
对外商品贸易总额及增长率一览表**

(单位:亿美元,%)

年份	对外贸易总额	对外贸易总额增长率	联盟 GDP 总额	占联盟 GDP 总额比重
2011	9130	33.0	23003.8	39.69
2012	9393	3.2	24816.8	37.85
2013	9310	-0.4	26041.63	35.75
2014	8685	-6.9	25651.2	33.86
2015	5795	-33.6	16210.68	35.75
2016	5094	-12.1	14793.6	34.43
2017	6343	24.5	18147.4	34.95
2018	7534	18.8	19300.99	39.03
2019	7331	-2.7	19653.65	37.30

资料来源:笔者根据世界银行和欧亚经济委员会统计数据汇总测算而成。

第二,联盟对外经济合作空间不断扩大,然而与欧盟发展合作关系并未有实质性突破。截至 2020 年 5 月底,联盟已经与 4 个国家签订自贸协定,与 14 个国家政府、38 个国际组织签署了合作备忘录,并建立有 1 个境外工业园区。[1] 总体来看,运行五年多来联盟对外经济合作呈现以下特点:

一是联盟对外经济合作对象多为"亲俄""友俄"国家,与联盟的合作关系往往是与俄关系的延续和发展。比如,2015 年联盟与越南(俄越全面战略伙伴关系)签署自贸协定;2018 年联盟与中国(新时代中俄全面战略协作伙伴关系)[2]

---

① 2019 年 10 月,"埃及—俄罗斯工业园"正式获批。该工业园也将对联盟其他成员国开放。这是联盟在海外地区建立的第一个工业园。

② 中俄 1996 年建立战略协作伙伴关系,2001 年签署《中俄睦邻友好合作条约》,2011 年建立平等信任、相互支持、共同繁荣、世代友好的全面战略协作伙伴关系,2019 年提升为中俄新时代全面战略协作伙伴关系。参见中国外交部网站,https://www.fmprc.gov.cn/web/gjhdq_676201/gj_676203/oz_678770/1206_679110/sbgx_679114/。

签署经贸合作协定；①2019 年联盟与塞尔维亚（俄塞战略伙伴关系）签署自贸协定，此外，2019 年联盟与俄罗斯在中东地区的战略支点——伊朗签订临时自贸协定，还与俄罗斯在东盟地区的重要合作伙伴——新加坡签订自贸协定。

二是联盟对外经贸协定呈现多样化。目前，联盟对外经贸协定类型主要有：(1)框架性经贸协定，如 2018 年 10 月联盟与中国签订的经贸合作协定。欧亚经济委员会执行委员会一体化与宏观经济部部长格拉济耶夫指出，该协定是联盟与中国开展经贸合作的框架性协定，其意义在于为双方开展合作对话、协调对接立场及解决具体纠纷提供了平台和机制；②(2)自贸协定，如上文所述，迄今为止联盟已与 4 个国家签署自贸协定，但各自贸协定的广度和深度均不同（表 5）。

表 5 欧亚经济联盟对外自贸协定内容特点与评价

签订时间	协定名称	内容特点与评价
2015 年 5 月	与越南自贸协定	该协定是联盟成立以来第一个自贸协定，战略意义重大。根据协定要求，在 10 年内联盟与越南贸易将取消接近 90% 的商品关税。需要指出的是，越南大幅降低从联盟进口的关税意义不大。联盟希望向越南扩大出口的商品并不多，仅占双方自贸协定规定的商品名单的 12%，其中包括机械产品、成品油、乳制品等。对联盟来说，汽车是向越南市场主推的优势产品之一。此外，协定内关于服务贸易、投资合作及人员流动的条款暂时仅在俄越双边层面执行。
2018 年 5 月	与伊朗自贸区临时协定	协定将执行 3 年，执行 1 年后双方启动正式的自贸区谈判。现阶段，该协定具有一定局限性，其原因是双方贸易自由度较低，双方贸易中只有 50% 的商品享受不同程度的降税。随着美伊关系日趋复杂化，在美国对伊朗单方面制裁层层加码的背景下，联盟与伊朗进一步推动自贸协定存在一定变数。

---

① 《欧亚经济联盟与中华人民共和国经贸合作协定》，欧亚经济委员会官方网站。

② 2019 年 12 月 3 日，格拉济耶夫在"中国社会科学院俄罗斯东欧中亚研究所调研团与欧亚经济委员会执行委员会座谈会"上的发言。

签订时间	协定名称	内容特点与评价
2019 年 10 月	与新加坡自贸协定	协定内容相对综合,不仅涉及商品贸易,还涉及服务贸易、投资。联盟与新加坡的自贸协定由 7 份文件组成,涉及商品贸易的自贸协定由联盟与新加坡签署,涉及其他领域的自贸协定由联盟成员国与新加坡分别在双边层面签署。时任执委会主席萨尔基相认为,联盟与新加坡的自贸协定可以形成"新加坡经验",用于与以色列的自贸谈判中,与以色列签署类似较为综合的自贸协定。
2019 年 10 月	与塞尔维亚自贸协定	这是联盟与欧洲国家签署的首个自贸协定。实际上,俄罗斯与塞尔维亚在双边层面已有自贸协定。早在 2000 年,俄罗斯就与南联盟签署自贸协定,2003 年南联盟解体后,塞尔维亚继承了该自贸协定。当前的联盟与塞尔维亚签署的自贸协定就是在俄塞自贸协定基础上继承而来。2015 年,终止与俄罗斯的自贸协定,是欧盟给塞尔维亚提出的入盟条件之一。为避免塞尔维亚倒向欧盟,俄罗斯主导联盟与其签署自贸协定势在必行。

三是联盟高度重视与欧盟关系。双方虽有接触,但尚未实现全面突破。[1] 不管从地理、历史及文化等"宿命论"角度来看,还是从与欧盟的空间经济联系等现实角度来看,联盟把欧盟视作对外合作的优先伙伴都是合理的。[2] 正如欧亚经济委员会执委会贸易部部长斯列普涅夫所言,尽管与欧盟尚未开启自贸谈判,但是与欧盟建立自贸区始终在联盟的对外合作议程内,始终具有现实意义。而谈及与中国建立自贸区时,斯列普涅夫却指出,在中短期内不考虑与中国建立自贸区。乌克兰危机升级以来,俄欧原有对话机制失效。为重启对欧关系,俄罗斯主张建立"欧亚经济联盟——欧盟"对话机制,以替代原有的"俄罗斯——欧盟"对话机制。而欧盟对此回应冷淡。在政策偏好上,欧盟

---

[1] 关于欧亚经济联盟与欧盟关系可参见王晨星:《矛盾与彷徨:欧盟对欧亚经济联盟的认知与对策分析》,《俄罗斯学刊》2017 年第 2 期。

[2] 2020 年 5 月 26 日,笔者对欧亚开发银行欧亚稳定与发展基金首席经济学家维诺库罗夫（Е.Ю.Винокуров）的访谈。

选择与联盟成员国进行双边合作,①回避与联盟整体进行对话,开启两大区域一体化机制间的全面合作尚遥遥无期。目前,联盟与欧盟只在双方无法回避的技术调节领域进行工作交流。2019 年 11 月,欧盟委员会代表访问联盟,并围绕双方在技术调节领域开展合作进行了商议。双方决定将建立相关会晤机制,专门协调双方贸易中的技术调节及产品标准问题。

二、"一带一路"与欧亚经济联盟对接的特点

自 2015 年 6 月"一带一路"与欧亚经济联盟启动对接以来,各方务实合作取得长足发展,归纳起来具有以下特点。

(一)坚持元首战略引领,强化政治保障

在"一带一路"与欧亚经济联盟对接过程中最鲜明的特点就是元首的战略引领。2013 年以来,习近平总书记与欧亚国家元首保持高频对话,有效巩固和提升了双边政治互信,为推动"一带一路"建设提供政治保障。比如,与普京总统在不同场合共会晤 38 次②;与哈萨克斯坦首任总统纳扎尔巴耶夫共会晤 19 次③;白俄罗斯总统卢卡申科先后 6 次访华④,2015 年习近平总书记也对白俄罗斯进行了国事访问。此外,在元首的战略引领下,中国与欧亚国家相互支持提出的重大国际倡议,欧亚地区治理理念内容不断丰富,各国发展目标进一步趋同。习近平总书记在欧亚地区提出了诸多外交理念,仅

① 在乌克兰危机爆发和欧亚一体化快速推进的背景下,欧盟先后于 2015 年与哈萨克斯坦签订扩大伙伴关系与合作协议,2017 年与亚美尼亚签署扩大全面伙伴关系协定,同年启动与吉尔吉斯斯坦就更新全面伙伴关系协议进行谈判,2020 年与白俄罗斯签订签字简化协定。
② 《中俄元首"新春之会",引海内外高度关注》,http://www.news.cn/world/2022-02/05/c_1211555286.htm。
③ 《习近平会见哈萨克斯坦首任总统》,https://world.huanqiu.com/article/9CaKrnKk7ZR。
④ 《论白俄罗斯与中国的政治关系》,https://china.mfa.gov.by/zh/bilateral/political/。

2013 年先后就有人类命运共同体理念、新型国际关系及"一带一路"倡议提出,在 2014 年又提出了新安全观。这些重要理念得到欧亚各国积极响应,成为中国与欧亚国家外交关系和务实合作的指导性理念。2014 年,时任哈萨克斯坦总统纳扎尔巴耶夫提出"光明之路"计划,意在与"一带一路"建设实现对接。2016 年,俄罗斯总统普京正式提出"大欧亚伙伴关系"构想,2019 年中俄两国在联合声明中明确"大欧亚伙伴关系"与人类命运共同体是并行不悖的关系。

(二)践行"丝路精神",凝聚合作共识

"丝路精神"几乎与"一带一路"倡议同时提出,是共建"一带一路"的理念基础。2013 年 9 月 13 日,习近平在吉尔吉斯斯坦比什凯克举行的上海合作组织成员国元首理事会第十三次会议上首次提出"丝路精神"。习近平指出:"作为上海合作组织成员国和观察员国,我们有责任把丝绸之路精神传承下去,发扬光大。"此后,习近平多次阐释"丝路精神"的内涵,回答了"什么是丝路精神,如何弘扬丝路精神"这一基本问题。所谓"丝路精神",归纳起来就是和平合作、开放包容、互学互鉴、互利共赢。为弘扬"丝路精神",就要促进文明互鉴、尊重道路选择、坚持合作共赢、倡导对话和平。习近平指出:"我们以共商、共建、共享为'一带一路'建设的原则,以和平合作、开放包容、互学互鉴、互利共赢的丝绸之路精神为指引,以打造命运共同体和利益共同体为合作目标,得到沿线国家广泛认同。"[①]在"丝路精神"的指引下,"一带一路"建设的前进方向更为明确,就是要建成和平之路、繁荣之路、开放之路、创新之路及文明之路。2021 年,在中国共产党百年华诞之际,"丝路精神"被纳入首批中国共产党人精神谱系,成为中国共产党精神力量的重要支撑,也成为党指导对外工作的重要思想源泉之一。

---

① 中共党史和文献研究院编:《习近平谈"一带一路"》,中央文献出版社 2018 年版,第 8、33—34、109—110 页。

(三)推动中俄关系,筑牢大国关系框架

大国关系事关全球战略稳定,大国间相互合作才能实现全球发展①。推进大国协调合作,构建总体稳定、均衡发展的大国关系框架是新时代中国特色大国外交的重要组成部分。纵观当前世界上各组大国关系发展态势,显而易见的是,中俄关系是世界上最重要的双边关系之一,也是最好的一组大国关系,是新型国际关系的典范,具有强大内生动力和独特价值。2017年7月,两国元首在"三不原则"(不结盟、不对抗、不针对第三方)基础上,达成"四个相互坚定支持"共识②,进一步丰富中俄共同外交理念,两国政治互信水平上了新台阶。欧亚地区是中俄实现崛起和复兴赖以生存的共同周边,也是两国国家安全的周边屏障。为维护欧亚地区和平、稳定和繁荣,中俄两国肩负着特殊的使命。中俄加强地区层面战略协作,不仅要加强防范"三股势力"外溢,还要防止以美国为首的西方国家在欧亚国家策动新一轮"颜色革命"、粗暴干涉别国内政、在中俄欧亚共同周边制造不稳定因素。因此,在欧亚地区筑牢以中俄关系为核心的大国关系框架符合中俄两国共同利益,也是中俄新时代全面战略协作伙伴关系的地区延伸。正如2019年6月习近平会见时任俄罗斯总理梅德韦杰夫时所言:"面对纷繁复杂的国际形势、特别是一些遏制新兴市场国家发展的不正当行径,中俄加强全面战略伙伴协作,对维护我们两国和两国人民利益、对维护世界和平稳定繁荣意义重大。"③

---

① 中共中央宣传部、中华人民共和国外交部编:《习近平外交思想学习纲要》,人民出版社、学习出版社2021年版,第122页。
② "四个相互坚定支持"共识指的是,支持对方维护本国主权、安全、领土完整等核心利益的努力,支持对方走符合本国国情的发展道路,支持对方发展振兴,支持对方推行自主的内政方针。参见《中华人民共和国和俄罗斯联邦关于进一步深化全面战略协作伙伴关系的联合声明》,新华社,2017年7月5日。
③ 《习近平会见俄罗斯总理梅德韦杰夫》,http://www.gov.cn/xinwen/2019-06/06/content_5398111.htm。

（四）践行真正多边主义，塑造制度环境

践行真正的多边主义就是要基于各国共同制定的规则和制度，走开放包容、协商合作、与时俱进的路子，实现各国利益深度交融，激发国际合作动能和潜力。2021 年 5 月，习近平总书记与联合国秘书长古特雷斯通话时指出："世界需要真正的多边主义。各国应该按联合国宪章宗旨和原则办事，不能搞单边主义、霸权主义，不能借多边主义之名拼凑小圈子，搞意识形态对抗。"①带盟对接作为一种新型跨区域合作的制度安排，其目标作用在于提升制度间相互学习、相互嵌入，形成多制度聚合及制度间和谐共生的局面；避免地区制度出现"意大利面条碗"效应，②甚至制度间竞争及对抗，造成制度散流化，导致地区治理赤字。换言之，带盟对接在中国与俄罗斯及其他欧亚国家开展经济合作过程中起到不可或缺的制度引流、制度规范及制度激发作用。③

（五）发挥经济互补优势，共享发展成果

中国与欧亚经济联盟国家经济极具互补性，这为扩大共同利益圈提供良好的条件。从空间上看，大部分欧亚国家为内陆国，甚至还存在"双内陆国"（乌兹别克斯坦）。缺乏入海口，物流通道不畅，远离世界经济发展中心是长期制约欧亚国家经济发展的结构性因素。参与共建"一带一路"，借道中国，打通向亚太地区物流通道，同时吸引中国物流，利用本国区位优势和物流通道潜能，试图在中欧物流通道网络中占据节点位置，成为大部分欧亚国家参与世界经济体系和国际分工，挖掘本国经济新增长点的必然选择。

---

① 《习近平同联合国秘书长古特雷斯通电话》，https://www.mfa.gov.cn/web/zyxw/202105/t20210506_9136749.shtml。

② 参见周卓玮:《"意大利面条碗"效应:国际制度的重合与失效》，《俄罗斯东欧中亚研究》2022 年第 4 期。

③ 王晨星:《有限团结:欧亚经济联盟效能评估》，《俄罗斯学刊》2020 年第 6 期。

如哈萨克斯坦利用中国连云港来装卸和运输同东南亚、南北美洲国家间的过境货物；哈萨克斯坦、阿塞拜疆和格鲁吉亚三国铁路公司提出"跨里海东西运输走廊"构想，吸引中方企业通过该通道向土耳其、南欧地区运输货物。从要素上看，欧亚国家自然资源丰富，如石油、天然气、木材、煤、稀有金属等储量均处于世界前列。也基于此，资源出口型经济是欧亚国家经济发展的普遍模式。中国是与欧亚国家资源毗邻的大体量消费市场，在中国从欧亚国家的进口贸易结构中资源类商品一般占主导。同时，欧亚国家是中国工业制成品、电子产品的毗邻消费地，在中国向欧亚国家的出口贸易结构中此类产品占多数。随着"一带一路"建设向高质量发展阶段迈进，中国与欧亚国家务实合作从开展贸易活动向共塑区域价值链、产业链转型，上、中、下游全产业链合作已成为中国与欧亚国家合作的新亮点。从形式上看，大项目合作一直以来是中国与欧亚国家开展务实合作的主要形式。大项目合作具有政府主导性、战略性、安全性的特点，符合双方合作领域的特殊性和重要性。

三、"一带一路"与欧亚经济
联盟对接的机遇与挑战

欧亚地区始终是国际关系历史演进的重要舞台。国际合作、地区冲突、大国竞合大多生于斯、长于斯。新时代背景下，推动"一带一路"与欧亚经济联盟对接既面临多重机遇，又遇到多样挑战。

（一）机遇

第一，大国关系重组，"东升西降"更趋明显。大国关系是决定国际格局演变、世界体系走向的决定性因素。尤其新冠疫情暴发后，美国霸权危机感加深，战略重心回归大国竞争，大国战略博弈成为推动国际体系深刻变革的关键变量①。欧亚地区更是大国战略博弈的重要地缘空间。从国家间力量对比角度看,大国力量对比此消彼长,以中、俄、印为代表的新兴大国和发展大国群体性崛起深刻改变现有国际格局和世界体系。从大国互动角度看,大国在追求未来国际体系合理地位的过程中出现分化组合。大国的整体国家利益是追求在国际体系中的一种合理位置。这可以带给大国相应的国际资源②。因此,大国之间出于对未来国际体系中不同位置的追求,出现了不同的分化组合,如美国及其盟友体系极力维护西方霸权单极体系,是国际体系的守成国组合;中俄及广大发展中国家追求更加公正、民主、合理的多极化国际秩序③,构成推动国际体系变革的国家组合。应该说,在很长一段历史时间内,"世界"首先是围绕着欧洲和欧洲殖民秩序,继而围绕着美国以及"大西方"而建立起来的④。而在"东升西降"的历史发展背景下,原有以西方为中心的国际体系正在向"东西均衡"的新型国际体系过渡,甚至在个别领域出现了"东风压倒西风"的新格局⑤。

第二,世界经济震荡,求合作谋发展更深入人心。自 2008 年全球金融危机以来,世界经济体系就进入深刻调整期。2020 年突如其来的新冠疫情导致世界经济下行压力进一步增大。尤其是 2022 年 2 月俄乌冲突爆发以来,国际贸易投资急剧下滑、大宗商品价格高位波动、主权债务危机泛起、通货膨胀率持续走高、全球产业链供应链受阻等诸多因素交错叠加,贫困问题、粮食安全、能源安全进一步凸显,世界经济复苏势头再次被打断。根据国际货币基金组织(IMF)数据统计,全球经济增速预计将从 2021 年的 6.1%下降至 2022 年和

① 韩璐、刘飞涛:《大变局下中美俄大国关系互动探析》,《和平与发展》2021 年第 4 期。

② 宋伟:《位置现实主义:一种外交政策理论》,上海人民出版社 2021 年版,第 63 页。

③ 《中华人民共和国和俄罗斯联邦外交部长关于当前全球治理若干问题的联合声明》,https://www.fmprc.gov.cn/zyxw/202103/t20210323_9136641.shtml。

④ [英]安德鲁·赫里尔:《全球秩序与全球治理》,林曦译,中国人民大学出版社 2018 年版,第 7 页。

⑤ 王晨星:《上海合作组织提升全球治理能力的挑战与路径》,《新视野》2021 年第 6 期。

2023 年的 3.6%，其中发达经济体从 2021 年的 5.2% 下降至 2022 年的 3.3%，新兴市场和发展中经济体从 2021 年的 6.8% 下降至 2022 年的 3.8%。① 面对世界经济诸多挑战，国际货币基金组织总裁格奥尔基耶娃（Kristalina Georgieva）指出："要么屈从于那些使我们的世界更贫穷、更危险的地缘经济分裂力量，要么重塑我们合作的方式——在解决共同面临的挑战上取得进步。"

第三，全球问题泛化，构建命运共同体更为迫切。近年来，单边主义、保护主义、霸权主义横行肆虐，"逆全球化""反全球化"思潮迭起，传统与非传统安全热点频发，全球治理面临重大赤字，国际合作产品出现供给不足甚至"断供"。毋庸置疑，现行全球治理体系解决全球性问题的能力明显下降。西方倡导的新自由主义模式、以"公民社会"为主要路径的全球治理模式陷入"死胡同"，全球治理规则破碎、治理能力不足问题突出。关心全球治理权力的集中、分配与平衡、代表性与协商民主的平衡、权利与义务的平衡、公平与效率的平衡以及系统性顶层设计的全球治理东南主义正在兴起②。此外，"地区"出现了分担全球治理压力和责任的倾向，地区治理体系作用明显上升。因此，全球治理不仅出现了规则碎片化，还出现了区域碎片化。正如俄罗斯国际事务委员会执行主席科尔图诺夫（Andrei Kortunov）所言，构建人类命运共同体正是为了"对抗"从地理上分裂世界整体，世界的未来应该是属于"一体化"的合作模式，这是推动世界和人类进步的主要动力。③

（二）挑战

第一，新冠疫情全球大流行。2020 年初以来的新冠疫情是近百年来人类

---

① 国际货币基金组织：《世界经济展望》增速预测，2022 年 4 月，https://www.imf.org/zh/Publications/WEO/Issues/2022/04/19/world-economic-outlook-april-2022。

② 张胜军：《全球治理的"东南主义"新范式》，《世界经济与政治》2017 年第 5 期。

③ 俄罗斯国际事务委员会执行主席科尔图诺夫在 2022 年度中俄智库高端论坛上的发言。

遇到的最严重的公共卫生安全威胁。根据世界卫生组织截至 2022 年 7 月 8 日的统计,全球已感染新冠肺炎的人数高达 5.51 亿人,其中 634.5 万人死亡。[1] 在新冠疫情冲击下,中国与欧亚国家人员往来受限,物流运输不畅,诸多项目进度延缓,双边和多边务实合作遇到阻力。比如,受疫情限制影响,中亚地区最大规模的风电项目之一——哈萨克斯坦江布尔州札纳塔斯 100MW 风电项目,曾一度出现技术人员无法到岗的情况。

第二,大国国际合作空间竞争态势加剧。为摆脱经济增长低迷、国内市场规模萎缩的困境,大国都把目光投向周边和国际市场空间,试图拓展国际合作空间,进而扩大经济规模效应,提升本国经济创新能力。因此,对国际合作空间的争夺亦成为大国间战略竞争的重要内容之一。2021 年美国纠集英、法、德、日宣布推出"重返更好世界倡议"(B3W),重点加大对广大发展中国家的基建投资。2022 年,美国针对不同地区又先后提出"印太经济框架"构想(IPEF)、美洲经济繁荣伙伴关系(Partnership for Economic Prosperity),试图塑造其主导下的区域性合作制度环境。2021 年 12 月,欧盟宣布启动"全球门户"计划(Global Gateway),将斥资 3000 亿欧元用于推动发展中国家的基础设施建设。美欧倡导的基建合作项目为欧亚国家提供了新的国际合作选项,客观上起到了稀释"一带一路"影响力的效果。

第三,传统与非传统安全风险交织。当今世界正处在大调整大变动的特殊时期,各类安全风险犬牙交错,地缘政治和安全矛盾愈发突出。欧亚地处不同文明汇集带和地缘政治板块交汇带,历来是兵家必争之地,是传统与非传统安全风险的聚集区。近年来,乌克兰危机、纳卡冲突、阿富汗问题、哈萨克斯坦"1 月骚乱"等已经成为继"三股势力"后新一波地区动荡因素,为推进"一带一路"相关项目平添不少地缘政治、地缘安全风险。

---

[1]　参见世界卫生组织官网,2019 年冠状病毒病(COVID-19)疫情,https://www.who.int/emergencies/diseases/novel-coronavirus-2019。

四、深化"一带一路"与欧亚经济联盟对接的路径

党的十八大以来,在习近平外交思想指引下,中国特色大国外交披荆斩棘,奋发有为,中国比历史上任何时候都接近世界舞台的中心。习近平把握时代潮流,创造性地提出"一带一路"倡议,并以此为重要的国际合作实践平台,推动构建新型国际关系和人类命运共同体。聚焦到欧亚地区,下一阶段推动"一带一路"与欧亚经济联盟对接要以实现更高合作水平、更高投入效益、更高供给质量、更高发展韧性为实践目标。同时,在推动"一带一路"高质量发展进程中,欧亚经济联盟作用的重要性不言而喻。

(一)推动硬、软、心三联通有机结合

习近平指出,"一带一路"高质量发展就是要继续坚持共商共建共享原则,把基础设施"硬联通"作为重要方向,把规则标准"软联通"作为重要支撑,把共建国家人民"心联通"作为重要基础①。"硬联通、软联通、心联通"三者是有机整体,相辅相成、相得益彰。在"硬联通"上,中国与欧亚地区陆地毗邻,地理条件优越,需继续完善以铁路、公路、管道为主要通道载体的互联互通网络;与此同时,加强航空、网路建设,加快在欧亚地区建成中国与欧亚国家自主可控的区域性互联互通体系。"一带一路"建设的"六廊"中有"三廊"地处欧亚,具体是新亚欧大陆桥、中蒙俄经济走廊、中国—中亚—西亚经济走廊。"软联通"是中国与欧亚国家共建"一带一路"的薄弱环节,也是今后各方努力的重点方向。多边机制是制定、实施、监督多边制度和规则的平台。为填补"软联通"短板,中国与欧亚国家将在现有多边机制基础上,推动"大多边"和"小多边"相结合,区域性普遍规则和具体项目规则相结合,在欧亚地区积极

---

① 《习近平出席第三次"一带一路"建设座谈会并发表重要讲话》,http://www.gov.cn/xinwen/2021-11/19/content_5652067.htm。

塑造开放型、包容型、友好型制度环境。在"心联通"方面，要始终牢记"国之交在于民相亲，民相亲在于心相通"的道理。近年来，欧亚国家社会中的中国形象普遍改善，中国民众对欧亚国家也有更深的认识和了解。然而，"心联通"是一项需要长期推进的工作，各方应继续高举"丝路精神"的理念大旗，在相互尊重、求同存异的基础上形成尽可能多的共同外交理念和合作共识。

（二）把政治互信持续转化为务实成果

具有较高水平政治互信是在各方元首的战略引领下，长期重视发展伙伴关系取得的战略红利。高水平政治互信是凝聚合作共识，扩大务实合作，推动共建"一带一路"的发展根基。在下一阶段，政治互信转化为"一带一路"与欧亚经济联盟对接的成果主要有两条路径。一是继续做好政策沟通。迄今为止，中国与大部分欧亚国家都签署了共建"一带一路"合作谅解备忘录，2021年7月中国与土库曼斯坦也就尽快签署"一带一路"合作文件达成一致。在此基础上，各方继续做好政策沟通，进一步降低国际合作的成本，不断做大共同利益圈。二是建立更多合作对接机制。合作对接机制建设方面最典型的成果要数2015年启动的带盟对接。但是仅有带盟对接还不够，各方还需探索其他形式合作对接机制，不一定局限在官方层面，还可以创新对接模式，在非官方、非正式层面建立新机制，官民并举，多渠道推进，激发欧亚各国民众参与"一带一路"建设的能动性，进一步彰显"一带一路"建设的人民性。

（三）进一步改善地区安全环境

近年来，欧亚地区安全形势总体可控，但也出现了新的传统和非传统安全威胁，如"三股势力"、俄格战争（2008年）、新冠疫情（2020年）、纳卡冲突（2021年）、乌克兰危机（2022年）等。这些地区安全威胁的生成既有内因，也有外因；既有历史原因，也有现实原因。就本质而言，当今欧亚地区安全问题是苏联解体、世界两极体系崩溃后的"余震"。为改善欧亚地区安全环境，为

"一带一路"建设保驾护航，下一阶段各方应坚持安全不可分割原则，践行以共同、综合、合作、可持续为核心的新安全观，重点围绕以下热点加强安全对话和合作。一是积极解决阿富汗问题，一方面要防止冲突外溢，抵御"三股势力"北窜；另一方面要推动阿富汗内部和解，推动其融入国际社会大家庭。二是应对公共卫生安全问题。新冠疫情严重冲击区域产业链、价值链、供应链。为此，要树牢共同体意识，稳步推进上合组织卫生健康共同体建设，发挥中欧班列独特作用，扩大物资运送规模。三是抵御以美国为首的霸权主义势力向欧亚地区渗透，着力保障欧亚国家发展道路自主选择权，维护欧亚各国政权安全和稳定。四是要加强多边安全对话，推动上合组织与集体安全条约组织开展积极互动，努力构建区域性综合安全网络。各方应清楚地认识到，"冲突对抗不符合任何人的利益，和平安全才是国际社会最应珍惜的财富"①。

（四）积极拓展合作新领域

欧亚地区各国大多为新兴经济体或处在转型过程中的发展中国家，其经济发展目标具有相似性，就是提高经济增速，扩大经济规模，改善民生福祉，融入地区及世界经济体系②。正如习近平所言："发展是新兴市场国家和发展中国家的共同任务。"③在欧亚地区共建"一带一路"中，除了能源合作、通道建设等传统合作领域外，绿色经济、数字经济逐渐成为中国与欧亚国家合作的新领域、新业态。在绿色经济合作方面，一要构建绿色贸易体系，增加具有高附加值的生态、环保的绿色产品和服务，取消因环保原因而设立的贸易壁垒。二要完善绿色基础设施建设，推动清洁能源合作。三要发展绿色科技，构建区域

---

① 《习近平：国家关系不能走到兵戎相向这一步，冲突对抗不符合任何人的利益，和平安全才是国际社会最应珍惜的财富》，https://www.fmprc.gov.cn/zyxw/202203/t20220318_10653155.shtml。

② 王晨星：《上海合作组织提升全球治理能力的挑战与路径》，《新视野》2021年第6期。

③ 《习近平在金砖国家外长会晤开幕式上发表视频致辞》，https://www.fmprc.gov.cn/zyxw/202205/t20220519_10689493.shtml。

性绿色科技价值链。四要发展绿色金融,推动金融支持向绿色产业及项目倾斜,为发展绿色经济新业态提供金融要素支持。在数字经济合作方面,一要改变全球数字经济发展速度和质量不均衡状况。在共建"一带一路"过程中,带动欧亚国家共享中国数字经济发展成果。二要推动欧亚区域互联网基础设施建设。三要加强数字经济政策对接,降低数字经济项目跨境合作门槛。四要合作培养数字经济人才。

(五)着力服务新发展格局

2021 年 11 月,习近平总书记在第三次"一带一路"建设座谈会上提出了要统筹构建新发展格局和共建"一带一路"的要求。具体指的是,要加快完善各具特色、互为补充、畅通安全的陆上通道,优化海上布局,为畅通国内国际双循环提供有力支撑。① 这意味着,推动"一带一路"高质量发展是实行高水平对外开放,以国际循环提升国内大循环效率和水平的重要路径。习近平总书记曾指出,开放带来进步,封闭导致落后。② 针对欧亚地区,只有相互开放、共同开放,才能促进欧亚区域间互联互通,维护地区产业链、供应链稳定顺畅,提升欧亚各国经济实力。为更好服务于新发展格局,中国同欧亚地区共建"一带一路"的着力点在于:一是充分利用中国超大规模市场优势,扩大对欧亚国家开放,吸引欧亚国家优质货品进入中国消费市场;二是在对外开放总体布局下推动向西开放,向内陆开放,向沿边开放,提升国内丝绸之路沿线各省对外开放能力和水平;三是重视制度开放,在标准、管理、规则等方面加强对接,构筑区域性制度体系。

---

① 《习近平出席第三次"一带一路"建设座谈会并发表重要讲话》,http://www.gov.cn/xinwen/2021-11/19/content_5652067.htm。

② 《习近平在"一带一路"国际合作高峰论坛开幕式上的演讲全文》,http://china.cnr.cn/gdgg/20170514/t20170514_523753936.shtml。

责任编辑:高晓璐

图书在版编目(CIP)数据

"一带一路"高质量发展:认识、实践与前景/孙壮志等 著. —北京:
　人民出版社,2023.12
ISBN 978－7－01－026154－6

Ⅰ.①—…　Ⅱ.①孙…　Ⅲ.①"一带一路"-国际合作-研究　Ⅳ.①F125

中国国家版本馆 CIP 数据核字(2023)第 239807 号

"一带一路"高质量发展:认识、实践与前景
YIDAIYILU GAOZHILIANG FAZHAN RENSHI SHIJIAN YU QIANJING

孙壮志　等　著

人 民 出 版 社 出版发行
(100706　北京市东城区隆福寺街 99 号)

北京建宏印刷有限公司印刷　新华书店经销

2023 年 12 月第 1 版　2023 年 12 月北京第 1 次印刷
开本:710 毫米×1000 毫米 1/16　印张:19.5
字数:372 千字

ISBN 978－7－01－026154－6　定价:76.00 元

邮购地址 100706　北京市东城区隆福寺街 99 号
人民东方图书销售中心　电话 (010)65250042　65289539